南开政治学丛书
教育部人文社会科学研究一般项目资助
南开大学亚洲研究中心资助

干涉的悖论
——冷战后人道主义干涉研究
THE PARADOX OF INTERVENTION:
Humanitarian Interventions in the Post-Cold War Era

黄海涛 著

南开大学出版社
天 津

图书在版编目(CIP)数据

干涉的悖论：冷战后人道主义干涉研究／黄海涛著.
—天津：南开大学出版社，2015.10
（南开政治学丛书）
ISBN 978-7-310-04980-6

Ⅰ.①干… Ⅱ.①黄… Ⅲ.①人道主义－干涉－研究 Ⅳ.①B089

中国版本图书馆 CIP 数据核字(2015)第 220567 号

版权所有　侵权必究

南开大学出版社出版发行
出版人：孙克强
地址：天津市南开区卫津路 94 号　邮政编码：300071
营销部电话：(022)23508339　23500755
营销部传真：(022)23508542　邮购部电话：(022)23502200

*

唐山新苑印务有限公司印刷
全国各地新华书店经销

*

2015 年 10 月第 1 版　2015 年 10 月第 1 次印刷
230×155 毫米　16 开本　15.5 印张　2 插页　230 千字
定价：35.00 元

如遇图书印装质量问题，请与本社营销部联系调换，电话：(022)23507125

前　言

　　冷战结束后,以"人权高于主权"和"制止人道灾难"为口号的人道主义干涉在美英等西方国家的强力推动下从理论走向了实践。人道主义干涉的倡导者们认为:人道主义干涉意在处理冷战后的新型安全威胁、维护自由与人权价值观、保护发展中国家受压迫人民,因而是合法与正当的行为。在其眼中,人道主义干涉追求的是关涉个人福祉的更大的"善",那么国家主权和不干涉原则应该退居次席,不能阻碍国际社会对侵犯人权的国家施加制裁和惩罚。与此同时,反对人道主义干涉的声音也不绝于耳,人们指控人道主义干涉不过是大国借"人道"之名,行"干涉"之实。强力支持与断然反对之间,围绕干涉产生的种种争论呈现在每个人的面前。冷战后人道主义干涉的实质究竟是什么?主要由西方倡导和实施的人道主义干涉,其战略意图何在?人道主义干涉又会对国际关系造成什么样的影响与后果?本书试图通过对人道主义干涉的理论与实践进行对比分析,并结合大量经验证据来回答以上问题。

　　传统上,人们习惯于将围绕人道主义干涉展开的争论看作是"争取正义"与"维护秩序"之争。然而本书的研究表明,在无政府状态的国际社会中,人道主义干涉是一个悖论,其理论与实践存在太多自相矛盾之处,因而"正义"与"秩序"之争也就成为了一个假命题。冷战后,现实存在的人道主义干涉既不合法也不正当,反而充分体现了单极体系下霸权国改变和主导国际秩序的意图。霸权国为了能更长期和有效地维护其权力地位，必然会寻求改变制约自身行动的旧秩序，进而建立起新的霸权秩序。这种霸权秩序最显著的特征是：霸权国能够在适当的时机，合法地对潜在的挑战国或不接受其主导地位的其他国家实施干涉。冷战后的西方人道主义干涉理论与实践就是美国及其盟友试图建立霸权秩序的重要工具。它们以强大的实力为后盾控制国际社会的话语权，提升"人权"和"人道主义"等"道义"因素在国际互动规则中的地位，并且通过实践加以强化。西方国家试图以此突破得到公认的主权和不干涉原则对使用武力的限制，有意识地侵蚀和颠覆现行国际秩序。

在充分揭示人道主义干涉的实质后，本书对其定义和历史发展进行了梳理，并分别评估了人道主义干涉的理论和实践。本书认为，冷战结束后，由于制衡缺失，西方人道主义干涉的理论与实践得以迅速发展。从理论上看，人道主义干涉的法理基础并不稳固，只是在西方国家的选择和持续推动下才成为国际社会中无需检验的"真理"。在人道主义干涉实践中出现的多重动机、选择性干涉等问题也饱受争议。本书发现，在实践中并不存在完全符合定义的人道主义干涉。美国等西方国家在使用武力时的利益需求与意识形态动机在人道主义干涉中表现得尤为明显。作为建立新的霸权秩序的重要工具，人道主义干涉集中体现了以美国为首的西方世界在对待非西方国家时的专横倾向。

以"人权高于主权"为出发点的人道主义干涉思潮将会严重动摇以《联合国宪章》为基础的现行国际秩序。在以权力和资源严重不均衡为标志的国际政治领域，经由《联合国宪章》才真正建立的主权原则在法律和政治上保证国家不分大小、强弱一律平等。在国际无政府状态下，国家间政治平等、不允许未经联合国授权使用武力的原则为国家生存提供了最低限度的保障。尽管这种保障常常在大国权力面前失去作用，但也聊胜于纯粹"弱肉强食"的丛林法则。一旦难以严格界定的"人权保护"的道义原则成功地破坏主权优先的法律原则，真正可以代表"国际社会"行动的只能是具备实际干涉能力的大国。而大国则完全可以抛开主权限制，按照自己的意愿和设定的标准采取行动。这无疑将恶化国际环境，导致更危险的动荡和冲突。

为了在经验层面上检验对冷战后人道主义干涉的判断，本书选取了五个案例做进一步的分析。五个案例分别为以美国为首的西方国家

20世纪90年代在非洲的索马里和卢旺达的相关行动、伊拉克"禁飞区"计划、科索沃战争以及在进入21世纪后凸显的达尔富尔问题。之所以选择以上案例,是因为它们都是冷战之后西方实施人道主义干涉的典型案例,并且对后续理论与实践的发展产生了深刻的影响。案例的现实背景、决策过程和影响后果,支持本书对冷战后人道主义干涉性质的基本观点。

本书的创新之处在于以国际无政府状态为前提进行逻辑推导,突出西方人道主义干涉背后的战略意图,全面评估人道主义干涉的理论与实践,避免在关于人道主义干涉的传统论争中由于立场和价值观不同而造成的研究相互割裂、对话停滞的现象。在对人道主义干涉进行较为全面的研究之后,本书还为中国处理相关问题的方法提供了政策建议。当前,中国学界对于涉及人道主义干涉的某些最新理论,如"保护的责任"等也展开了积极的讨论。通过本书的研究,我们可以认识到,无论使用多么美好精巧的道义言辞进行修饰,冷战后西方人道主义干涉的理论和实践事实上对国际秩序的稳定构成了相当严重的威胁。

目 录

前言 …………………………………………………………… （1）
引言 …………………………………………………………… （1）
  第一节 问题的提出与研究意义 ………………………… （3）
  第二节 既有研究评估 …………………………………… （7）
  第三节 研究框架 ………………………………………… （24）
  第四节 本书结构安排 …………………………………… （35）

第一章 人道主义干涉概述 ……………………………… （37）
  第一节 界定人道主义干涉 ……………………………… （37）
  第二节 历史进程中的人道主义干涉 …………………… （44）
  第三节 冷战后人道主义干涉理论与实践的发展 ……… （51）
  第四节 小结 ……………………………………………… （60）

第二章 人道主义干涉的法理辨析 ……………………… （62）
  第一节 人道主义干涉的思想渊源及其争论 …………… （63）
  第二节 人道主义干涉的法律基础分析 ………………… （74）
  第三节 基于经验层面的辨析 …………………………… （77）
  第四节 法理辨析的总结 ………………………………… （86）

第三章 人道主义干涉的实践评估 ……………………… （87）
  第一节 美国对外干涉演变的分析 ……………………… （87）
  第二节 冷战后人道主义干涉实践的主要表现 ………… （94）
  第三节 多重干涉动机作用下的干涉实践 ……………… （99）
  第四节 人道主义干涉性质的判断 ……………………… （112）

第四章 非洲：动力不足的干涉 ………………………… （114）
  第一节 冷战后美国对非政策概况 ……………………… （115）
  第二节 索马里人道危机与救援 ………………………… （117）

第三节　拒绝介入：卢旺达大屠杀 …………………………… (124)
　　第四节　"动力不足"的评估与解释 ……………………………… (130)
　　第五节　案例比较 ………………………………………………… (140)

第五章　新干涉主义实践：伊拉克"禁飞区"与科索沃战争 …… (141)
　　第一节　"禁飞区"行动与美国对伊政策 ……………………… (142)
　　第二节　科索沃的"人道灾难"与西方的介入 ………………… (152)
　　第三节　对实施"禁飞区"计划的解释 ………………………… (156)
　　第四节　科索沃战争：新干涉主义实践 ………………………… (163)
　　第五节　案例总结：新干涉主义的特征 ………………………… (174)

第六章　达尔富尔问题与中国外交的应对 ……………………… (176)
　　第一节　达尔富尔冲突的缘起与发展 …………………………… (177)
　　第二节　西方介入的原因分析 …………………………………… (186)
　　第三节　中国面临的压力及其应对措施 ………………………… (190)
　　第四节　小结 ……………………………………………………… (197)

结论 ………………………………………………………………… (198)
　　第一节　研究结果分析 …………………………………………… (198)
　　第二节　人道主义干涉的发展趋势 ……………………………… (202)
　　第三节　政策建议 ………………………………………………… (204)

参考文献 …………………………………………………………… (209)

附录一　冷战后主要国内冲突一览 ……………………………… (222)

附录二　干预和国家主权委员会(ICISS)报告：《保护的责任》
　　　　　（中文版节选） ……………………………………………… (224)

后记 ………………………………………………………………… (237)

引 言

　　1648年签订的《威斯特伐利亚和约》宣告欧洲三十年战争落幕。这一系列和约的重大历史意义不仅仅在于其标志着牵涉欧洲多国、持续数十年的大战终告结束,更在于从法理上确认了随后数百年间国际关系互动的基本原则之一——国家主权原则,从而奠定了近代国际关系的基础,意味着国际法真正诞生。① 所谓主权,是指国家在对外关系上是独立和平等的,在对内方面则享有对其领土内的一切人、物和行为的排他性的最高管辖权。主权意味着在法律层面上外部势力对国家的任何干涉与控制都是违法的。"主权原则"及由此引申出的"不干涉原则"为现代民族国家提供了一个"坚实的法律外壳",构成了当代国际政治运行的最重要规则之一,是形成国际秩序的关键性因素。②

　　第二次世界大战结束后,中、美、苏、英、法等反法西斯同盟国主导建立了以《联合国宪章》为核心的战后国际法体系。在该体系中,主权与不干涉原则对于维护战后国际秩序具有根本性作用。《联合国宪章》明确宣布,除自卫和联合国授权的集体安全行动之外使用武力均为非法。对使用武力的限制性规范厘定了现代国际秩序的运行逻辑。然而在实践层面,《联合国宪章》却并未能实质性地约束各国尤其是大国对

---

① 王铁崖主编:《国际法》,北京:法律出版社,2004年版,第26页。
② [美]小约瑟夫·奈著,张小明译:《理解国际冲突:理论与历史》,上海:上海人民出版社,2000年版,第225页。

别国实施军事干涉。国家或国家集团等外部势力针对某个国家的内部事务使用或威胁使用武力的行为在当代国际关系中可谓司空见惯，干涉甚至被看作是"国际社会的固有特征之一"。①干涉与主权之间的矛盾构成了国际政治舞台上众多矛盾关系之一，也是国际关系研究的重点问题。

值得注意的是，在冷战期间，无论干涉国以何种目的、手段实施对外干涉，也无论其所获收益究竟如何，但在法理层面与官方口径中，它们都较为一致地将主权原则奉为圭臬，从不直接挑战这一原则的权威。然而随着冷战结束，情况出现了质的变化。在冷战结束后的很短一段时间里，围绕人道主义干涉理论和实践的讨论变得极为热烈，"人权高于主权"、为"人权"和"人道主义"而动用武力的理念得到了美国等西方国家决策层、学术界、非政府组织和普通民众的高度推崇和广泛宣传。在以单边或多边形式实施的各种对外干涉中，以"维护人权""制止人道灾难"为口号的人道主义干涉十分明确地将"人权"价值置于"主权"之上。由于其理论对主权原则的颠覆性和实践过程中出现的种种问题，人道主义干涉成为了当代国际安全领域的重要议题之一。

1999年，以美国为首的北约发动了针对南联盟的科索沃战争。这场事先就进行了声势浩大的宣传造势，并借助现代媒体向全世界"同步直播"的高科技战争直接将"人道主义干涉"概念推向了整个国际社会。不少人道主义干涉的倡导者们称其为人道主义干涉历史上的"分水岭"。然而，正当人们普遍认为"人道主义干涉"已经开辟了一种新型干涉路径时，"9·11"事件爆发了。在此之后，美国等西方国家对于在实践层面推动人道主义干涉的热情大幅度下降。小布什政府最主要的外交决策者之一赖斯（Condoleezza Rice）在未入阁前就曾表示，不能以人道危机为标准来判断是否使用武力②。然而在理论界，将人道主义干涉同"反恐"相联系，一系列围绕限制国家主权、扩展干涉正当性基础的论述模式不断出现。奥巴马上台后即致力于结束"反恐战争"，调整美

---

① Adrian Guelke, "Force, Intervention and Internal Conflict", in F. S. Northedge ed., *The Use of Force in International Relations*, London: Faber and Faber, 1974, p.99.

② Condoleezza Rice, "Promoting the National Interests", *Foreign Affairs*, Vol.79, No.1, 2000, pp.52—54.

国对外政策重心。与此同时,西方国家在西亚、北非多国爆发内部革命和战乱时又开始以"保护人权"和"推翻暴政"等名义不同程度地介入其中。人道主义干涉似乎又有东山再起之势。

　　如果仅从干涉目的而言,传统上由获取战略优势、争夺势力范围等"自利"目标推动的干涉肯定无法与具有"利他"性质的人道主义干涉等量齐观。那么冷战后美国等西方国家主导的人道主义干涉究竟是何种性质的行为?其真实战略意图何在?应该如何评价西方国家实施人道主义干涉的法理基础、行为动机和行为后果?对于中国来说,我们又应如何理解和看待与人道主义事务相联系的国际问题,并确立与之相关的外交原则和处理方式呢?这将是本书要讨论的关键问题。

第一节　问题的提出与研究意义

一、问题的提出

　　人道主义干涉是一个相当古老的话题。对于动用武力以维护某些人类基本权利的行为,相关讨论甚至可以追溯到欧洲中世纪政治思想家,如奥古斯丁(St. Augustinus)和托马斯·阿奎那(Thomas Aquinas)等人的著述中。他们在讨论正义战争时均把反对暴政、保护臣民生命安全作为衡量战争正义性的重要标准。[①]而19世纪欧洲列强所组建的"神圣同盟"武力干涉奥斯曼土耳其帝国,向其境内信奉基督教的各民族提供军事保护的行动被西方人道主义干涉的倡导者们看作是早期的

---

① [美]肯尼思·汤普森著,谢峰译:《国际思想之父:政治理论的遗产》,北京:北京大学出版社,2003年版,第52—54页;[意]托马斯·阿奎那著,马清槐译:《阿奎那政治著作选》,北京:商务印书馆,1993年版,第135—136页。

人道主义干涉实践。①

随着冷战的结束,从20世纪90年代开始,美国等多数西方国家在对外政策中赋予了"人权"和"道义"因素以重要地位。其中,以"制止人道灾难"和"维护人权"为口号的"人道主义干涉"将西方人权和道义外交推进到了一个新的阶段。美国及其西方盟国通过主流舆论话语不断宣扬"人权高于主权"的理念,主张对发生"人道灾难"的主权国家进行干涉是合法的和正当的,并在实践中将人道主义干涉的逻辑用于为在索马里、伊拉克、海地和科索沃等地的军事行动提供政治和法律支持。由于对外干涉是美国外交政策中最重要的工具之一②,因而有学者认为,人道主义干涉的兴盛在一定程度上显示了传统国际关系中以权力和利益为主轴的国家行为模式又增添了民主权利、民族自决和人权保护等道义因素。美国等西方大国认为其将对外干涉运用到国际道义和人权领域是国际社会运行规则的巨大进步。③人道主义干涉也被西方国家自身看作对其他法律和道德上无能民族的拯救。④人道主义干涉的理论和实践在这一时期发展到了高潮。

从政界、学术界再到普通民众当中,人道主义干涉都引发了激烈的讨论。围绕人道主义干涉的讨论越丰富,我们就越希望能够准确地评估冷战后西方人道主义干涉的内在逻辑与属性。在整个冷战期间,人道主义干涉几乎销声匿迹。直到冷战结束,人道主义干涉的理论与实践才又重新得到全世界的广泛关注。冷战前后的戏剧性变化意味着人

---

① 参见 Martha Finnemore, "Constructing Norms of Humanitarian Intervention", in Peter J. Katzenstein ed., *The Culture of National Security: Norms and Identity in World Politics*, New York: Columbia University Press, 1996, pp.161－169. Sean D. Murphy, *Humanitarian Intervention: The United Nations in an Evolving World Order*, Philadelphia: University of Pennsylvania Press, 1996, pp.49－56. 当然还是有学者更倾向于将这些干涉行动直接看作是帝国主义扩张的组成部分,参见 Hans Köchler, "The Use of Force in the New International Order", paper delivered at the international conference "Interventionism against International Law: From Iraq to Yugoslavia", Madrid, Nov. 20, 1999.

② Eugene R. Wittkopf, Charles W. Kegley, Jr., and James M. Scott, *American Foreign Policy: Pattern and Process*, Beijing: Peking University Press, 2004, p.84.

③ Michael Glennon, "The New Interventionism: The Search for a Just International Law", *Foreign Affairs*, Vol.78, No.3, 1999.

④ 张睿壮:《警惕西方以"人道主义干涉"为名颠覆现行国际秩序》,载《现代国际关系》2008年第9期。

道主义干涉的"复兴"与国际结构的转变存在着一定的关联性。这一现象引导本书考虑从国际关系变革的角度理解人道主义干涉的行为逻辑。为什么人道主义干涉的理论和实践集中出现在冷战结束之后？在自卫和集体安全之外，美国及其盟国另辟为了维护人道主义、人权和民主等理由而使用武力的"新途径"的战略意图何在？西方国家在行动中依据的所谓"干涉的权利"和"人道责任"的法理基础是什么？其主要的行为动机又应当如何加以评判？人道主义干涉会对当代国际关系和国际秩序造成何种后果？以上相互联系的问题都紧紧围绕着评估冷战后西方人道主义干涉这一中心任务展开。本书将综合评估冷战后西方人道主义干涉的理论与实践，包括其法律与道义基础、行为动机、实践后果等关键性内容，以期能更加深入地理解和辨析这一当代国际关系研究中的重要问题，并为中国在处理相关事务时提供政策建议。

　　本书将重点考察国际体系中的霸权国——美国的人道主义干涉行为。美国作为冷战后唯一有能力在全球范围实施干涉的国家，不同程度地参与乃至主导了冷战后绝大部分人道主义干涉行动，因而其行为的重要性和代表性对本书的研究来说是不言而喻的。但在关注美国的实践之外还必须认识到，美国的西方盟国（如英国、法国和加拿大等）在人道主义干涉问题上所提供的理论铺垫、舆论准备和行动支持也具有十分重要的作用。尤其是相关理论支持和舆论准备在一定程度上甚至比具体的干涉行动产生的影响更为深远。诸如"保护的责任"等人道主义干涉所援引的最新理论与规范就引发了对国家主权责任、联合国改革目标以及其他相关问题的激烈讨论。因此，本书对冷战后西方人道主义干涉的研究并不局限于美国的干涉实践，而是将从整体上分析西方国家人道主义干涉的相关理论和行动。

二、研究意义

　　综合评估人道主义干涉问题是基于当前学术研究中的明显不足和缺失。首先，学术界对人道主义干涉的研究存在比较明显的割裂现象，缺乏从整体上理解人道主义干涉问题的框架。一方面，大多数学者从干涉的道义基础、合法性与正当性（legality and legitimacy）的角度进行研究，论证的重点是在何种条件下存在实施人道主义干涉的义务和权利。而另一部分研究则侧重于干涉的政治和战略条件,重点考察干涉者的行为动机和战略利益问题。当前研究状况的最大问题在于理论评估与实践分析的脱节。多数从道义和正当性出发的研究处理的是"应然"问题,没有考虑国际政治的现实状况,更忽视了具体的行为者进行"人道主义干涉"时的动机。尤其对于人道主义干涉理论与实践可能带来的后果缺乏充分认识。本书对人道主义干涉问题的综合评估将干涉的理论和实践作为研究对象,一方面对其行为的法理支持、动机和重要影响做系统梳理,另一方面则将从整体上评估其对国际秩序造成的影响。通过结合理论与实践两个层次的分析,希望对从整体上理解冷战后人道主义干涉的逻辑提供帮助。

其次,当前的人道主义干涉研究存在较为明显的西方话语霸权。在当前的研究中,西方学者以自由主义/理想主义为理论基础的研究占据了主导地位,其目的多在于为人道主义干涉寻找正当性和合法性支持。因此,此类研究多数是从干涉实施者的角度进行论述,缺少从战后国际秩序的角度看待人道主义干涉问题的思路。更为重要的是,西方学者和政治人物提出人道主义干涉具有其特定的历史背景与现实目的。近期在中国学界也出现了对与人道主义干涉紧密相关的诸如"保护的责任"等概念的讨论。[1]他们大都将"保护的责任"当作能够化解主权和人权之间矛盾的有益概念,但却很少深入地辨析相关的国际背景和可能的政治及法律后果。这要求我们进一步加深对人道主义干涉理论及其最新发展的理解,以防"人云亦云""以讹传讹"。

在现实层面,本书希望相关研究能够在下述方面做出贡献。

第一,美国是冷战后人道主义干涉最主要的实施国家,对干涉动机和条件的研究将有助于判断和预测美国今后实施对外干涉的总体趋势与可能性。"9·11"事件后,在美国关于人道主义干涉的讨论不敌人们对反恐战争的关注,但这并不代表人道主义干涉问题已不再具有现实意义。我们看到,无论是在阿富汗还是在伊拉克的军事行动,美国都将

---

[1] 参见李寿平:《"保护的责任"与现代国际法律秩序》,载《政法论坛》2006年第3期;李杰豪:《保护的责任对现代国际法规则的影响》,载《求索》2007年第1期;张爱宁:《国际法领域的人权和主权关系》,载《法学》2008年第8期。

维护民主、保护人权等价值观论述作为反恐之外另一个证明行动正当性的理由。尤其是在种种证据表明伊拉克同"基地"组织并无联系、所谓的"大规模杀伤性武器"毫无踪迹的情况下,美国把建立民主政府和保障伊拉克人权提升为入侵行动的主要成果。①通过对人道主义干涉逻辑的准确解读,我们可以深入理解干涉的性质、行为方式和导致干涉发生的条件。这在冷战后美国对外干涉整体趋势不断加强的情况下尤为重要。

第二,本书通过对以美国为首的西方实施人道主义干涉的综合评判,试图为中国在相关领域中的应对方法提供启示。中国是一个处于上升时期并希望在国际事务中承担更大责任的大国,正确处理人权及相关问题对国家发展具有十分重要的影响。一方面,在国内切实保障人权,既有利于维护公民权利、减少社会冲突、保持社会团结,也有利于规避可能存在的外部压力与风险;另一方面,采取何种方式更为稳妥地处理国际人权和人道主义事务关系到中国能否在国际上有效地扩展影响力,全面地维护国家利益。

第二节 既有研究评估

与人道主义干涉相关的研究文献数量十分庞大,内容也极为丰富,涵盖了包括国际法、政治伦理、国际关系等学科在内的多个领域。例如斯坦利·霍夫曼的《人道主义干涉的政治与伦理》对前南地区的人道主义干涉行动所涉及的主权、干涉、使用武力等问题进行了探讨。②西恩·墨菲(Sean Murphy)则论述了人道主义干涉对联合国秩序的挑战,重点阐述了二者之间的法律关系。③科林斯和威斯(Cindy Collins

---

① 参见 Bush Speech on the Future of Iraq, http://www.whitehouse.gov/news/releases/2003/04/20030428—10.html; Bush Speech on Democracy in Iraq, http://www.whitehouse.gov/news/releases/2006/12/20061202.html。

② Stanley Hoffmann, *The Ethics and Politics of Humanitarian Intervention*, Notre Dame: University of Notre Dame Press, 1996.

③ Sean D. Murphy, *Humanitarian Intervention: The United Nations in an Evolving World Order*, Philadelphia: University of Pennsylvania Press, 1996.

and Thomas Weiss)研究了人道主义的历史演进、国际安全面对的新威胁和国家在做出干涉决策时的问题。①库珀曼(Alan Kuperman)着眼于冷战后发展中国家的内部冲突形成的威胁,认为人道主义干涉作为一项国家政策选择是正当的和有价值的。②现有文献中还有相当一部分来自科索沃战争后学界的反思与对未来的展望。如乔姆斯基(Noam Chomsky)的《新军事干涉主义:科索沃的经验教训》③、张睿壮的《科索沃闹剧与世界新秩序》④和《"人道主义干涉"神话与美国意识形态》⑤、斯蒂芬·沙龙(Stephen Shalom)的《对北约和科索沃的反思》⑥以及克劳斯·瑙曼(Klaus Naumann)的《北约、科索沃和军事干涉》⑦等。

如约瑟夫·奈所言,干涉既是一个描述型概念,又是一个规范性概念,"它不仅描述正在发生的事情,也做出价值判断。"⑧正因如此,人道主义干涉研究文献体现出的最大特点即为研究者自身的价值观与意识形态对研究的影响。目前国内外研究中的倾向性比较明显。中国研究者通常将人道主义干涉同霸权、侵略等概念挂钩。如李少军就认为干涉往往是与霸权联系在一起的。⑨范跃江则指出新干涉主义是霸权主义在新的历史条件下的产物。⑩相对而言,国外研究,尤其是美国学术界的相关研究,对人道主义干涉大多保持了正面的看法,如迈克尔·曼

---

① Cindy Collins and Thomas Weiss, *Humanitarian Challenges and Intervention: World Politics and the Dilemmas of Help*, Boulder: Westview Press, 1996.

② Alan Kuperman, "Humanitarian Hazardous: Revisiting Doctrines of Intervention", *Harvard International Review*, Vol. 26, No. 1, 2004.

③ Noam Chomsky, *The New Military Humanism: Lessons from Kosovo*, Monroe: Common Courage Press, 1999.

④ Ruizhuang, Zhang. "The Kosovo Farce and the New World Order", http://www.irchina.org/xueren/china/view.asp? id=141.

⑤ 张睿壮:《"人道干涉"神话与美国意识形态》,载《南开学报(哲学社会科学版)》2002年第2期。

⑥ Stephen Shalom, "Reflections on NATO and Kosovo", *New Politics*, Vol. 7, No. 3, 1999.

⑦ Klaus Naumann, "NATO, Kosovo and Military Intervention", *Global Governance*, Vol. 8, No. 1, 2002.

⑧ [美]小约瑟夫·奈著,张小明译:《理解国际冲突:理论与历史》,第225页。

⑨ 李少军:《干涉主义及其相关理论》,载《世界经济与政治》1999年第10期。

⑩ 范跃江:《论新干涉主义》,载《太平洋学报》2000年第1期。

德尔鲍姆(Michael Mandelbaum)就从尊重和保护人权的角度认为干涉是国际社会的权利和义务。①迈克尔·格雷伦(Michael Glennon)则认为国际社会现行的不干涉原则是不正义的,干涉则是对于不正义之法律的挑战。②

如此纷繁复杂的文献,一方面为本书的研究提供了良好的前期学术研究基础,但另一方面也容易陷入"文献的海洋"里莫衷一是。因此,在研究起始阶段有必要进行系统性的文献回顾工作,以利于下一步研究的展开。

文献回顾是指"系统寻找、识别、分析相关研究性文献的工作"③。文献回顾工作是从事科学研究的起点。通过对相关领域的研究成果进行系统性的回顾,可以分析在这一问题上取得的成果与尚存的缺陷,进而确定研究的突破口与推进方向。文献回顾不是相关文献的罗列,而是需要进行必要的筛选和提炼。从总体上看,当前学术界关于人道主义干涉的文献大致可以分为两大类:一类是规范性的研究和讨论,其核心内容是从法律和伦理的角度探讨人道主义干涉的合法性(legality)

---

① Michael Mandelbaum, "The Reluctance to Intervene", *Foreign Policy*, No. 95, Summer 1994, pp. 3—18.
② Michael Glennon, "The New Interventionism: The Search for a Just International Law", *Foreign Affairs*, May/Jun, 1999, pp. 2—7.
③ 孙学峰、阎学通:《国际关系研究中的文献回顾》,载《世界经济与政治》2007年第6期。

与正当性(legitimacy)问题;①另一类则可划归实证性研究,重点关注人道主义干涉形成的原因和条件。前一类文献的数量较多,涉及的学科也较广,是当前研究的重点领域。然而,仅仅局限于法律和伦理的角度讨论人道主义干涉是否正当是不充分的。从讨论的现状来看,忽略和脱离人道主义干涉实践的国际政治背景,仅仅聚焦于法理讨论是没有意义的。因此,在国际关系的现实条件下,将人道主义干涉的法理背景与实践运作相结合是本书创新的重要方面。

为了更加清晰明了地梳理当前人道主义干涉文献,本节将借鉴国际关系理论的分类方法,采用主流国际关系理论的视角对人道主义干涉目标、动机和效用等关键问题进行整理和评估。

一、干涉行动的现实利益导向

一般认为,干涉行为总是为了实现特定国家利益目标而产生的。现实主义为理解此类观点提供了理论支持。现实主义将权力/安全看作界定国家利益的核心内容。现实主义认为,国家是国际关系的主要行为体。国家是单一的、理性的,它在竞争性的国际体系中追求权力或安全。国家对外行为最根本的原因是国际体系的"无政府状态"——由于在国际体系中缺少一个中央权威,国家必须依靠自己的力量来保卫自身利益。因此,自助(self-help)是国家在国际体系中生存的基本规

---

① 这类讨论主要存在于国际法和伦理学研究中,其中包括"正义战争标准"、"人权与主权关系"和"联合国作用"等问题。参见 H. Lauterpacht, "The Grotian Tradition in International Law", in Richard Falketal ed., *International Law: A Contemporary Perspective*, Boulder: Westview Press, 1985; Jane Sharp, "Moral Considerations Should Outweigh Political Argument on Intervention", in Paul Winters ed., *Interventionism*, London: Greenhaven Press, 1995; John Stuard Mill, "A Few Words on Non-Intervention", in *Dissertations and Discussions: Political, Philosophical, and Historical*, Vol. III, 2nd edn., London: Longmans, Green, Reader, and Dyer; Alan V. Kartashkin, "Human Rights and Humanitarian Intervention", in Lori Fisler Damrosch and David J. Scheffer ed., *Law and Force in the New International Order*, Boulder: Westview Press, 1991. 在国际关系学科中,英国学派系统地研究了干涉/人道主义干涉的规范性问题,做出了突出贡献,参见 R. J. Vincent, *Nonintervention and International Order*, Princeton, N. J.: Princeton University Press; Hedley Bull ed., *Intervention in World Politics*, Oxford: Clarendon Press, 1984, 沃尔泽对正义战争的讨论也颇具启发意义,参见 Michael Walzer, *Just and Unjust Wars: A Moral Argument with Historical Illustrations*, London: Basic Books, 1977, and "The Politics of Rescue", *Dissent*, Vol. 42, No. 1, 1995。

则。而在自助的国际体系中,一方的安全增加相当于另一方安全的减少,国家随时都处于一种冲突性的"安全两难"境地。

在这种认识的指导下,现实主义者认为并没有充分证据证明冷战后以主权国家为主体的国际体系发生了根本性变化,主权国家仍然是国际关系的主要行为体,是构成国际体系的基本单位。现实主义者在考察了更长历史时期后指出,干涉既不是国际政治中的新兴现象,更不能代表这个时代的特征,解释干涉的最佳途径不是所谓规范的转换和新兴行为体的出现,而是国际体系的权力不对称(asymmetries of power):"解释国际体系中干涉的最有力途径仍然是国家权力。权力不对称程度越高,发生干涉的频率也相应增加。"① 奥兰·扬(Oral Young)也认为,国家间权力的不对称为干涉提供了机会。② 雷蒙德和凯格利(Raymond and Kegley)在研究中发现,当权力集中在单独一个国家手中时,国际体系中发生干涉的可能性更高。③

克拉斯纳(Stephen Krasner)直言不讳地指出,通观人类历史,强国在对弱国事务进行干涉时总是使用种种规范、原则和价值观来表明自身行为的正当性,而这些强国本身在违反上述规范时却能够免于外部干涉。④ 因此,干涉的决定性因素是国家间权力的不对称而非规范和价值观。克拉斯纳还认为,国家主权同权力密切相关,国家权力越大则主权越稳固,反之则更容易遭受外部干涉。⑤

在详细表述了干涉的实质后,针对人道主义干涉问题,现实主义者给出的答案十分简单明确,即国家利益推动国家实施干涉。摩根索(Hans Morgenthau)表示,一国政府采用包括支持人权在内的自由主

---

① Stephen Krasner, "Sovereignty and Intervention", in Gene Lyons and Michael Mastanduno ed. , *Beyond Westphalia? State Sovereignty and International Intervention*, Baltimore: The Johns Hopkins University Press, 1995, p. 249.

② Oral Young, "Intervention and International System", *Journal of International Affairs*, Vol. 22, No. 2, 1968, p. 180.

③ Richard Little, "Recent Literature on Intervention and Non-Intervention", in Ian Forbes and Mark Hoffman ed. , *Political Theory, International Relations and the Ethics of Intervention*, New York: St. Martin's Press, 1993, p. 16.

④ 参见 Stephen Krasner, "Sovereignty and Intervention", pp. 228—249.

⑤ Stephen Krasner, "Compromising Westphalia", *International Security*, Vol. 20, No. 3, 1995, p. 115.

义意识形态是为追求地缘政治利益提供正当性支持。①现实主义者认为,在人道主义干涉行动中,国家掩盖了使用武力的真正原因,所谓的人道和人权状况仅仅是国家追求自身利益的借口。由于在国际体系中没有高于国家的权威,在"正义"与"非正义"问题上不存在一个共同的意见,因此不可能有一个客观的标准界定什么时候干涉是正当的,也没有一个客观的标准来区分人道主义干涉和非人道主义干涉。

值得注意的是,由于现实主义者强调权力的重要性、关注追求国家利益的行为,因此常常被错误地认为罔顾道德。事实上,现实主义者所提倡的是区分国家道德与个人道德,国家应该将国家利益置于优先地位,认真衡量利弊,采取审慎的对外行动,反对因为意识形态狂热而进行"道德征伐"。摩根索就曾警告说,在国际政治中,"道德征伐"通常都会带来更加严重的结果——处于战争状态中的国家对正义和道德的概念是不会有共识的。②"所谓绝对的普遍的原则……只是对国家政策的不自觉的反映,而国家政策是以特定时期对国家利益的特殊理解为基础的"。③因此,当今世界"根本就不存在美国政府可以应用的全球普遍接受的道德标准"④。基于利益导向的认识框架,相关研究产生了对人道主义干涉最为严格的批判。批判内容大致可以归结为以下几类:

——对干涉性质的批判:由于道德具有相对性,因此人道主义干涉是"帝国主义"另一种形式的表现,即大国可以通过对道德和人道主义的任意定义,在自身利益需要的时候对其他国家实施干涉。正如沃尔兹(Kenneth Waltz)所说:"英国声称肩负白人的责任;法国人声称他们具有推广文明的使命。美国也一样,我们声称,我们的行动是为了建立和维持世界秩序。……对于权力最强大的国家来说,这样的言辞完全

---

① [美]汉斯·摩根索著,徐昕等译:《国家间政治——寻求权力与和平的斗争》,北京:中国人民公安大学出版社,1990年版,第327—328页。

② Hans Morgenthau, *In Defense of National Interest: A Critical Examination of American Foreign Policy*, New York: Knopf, 1952, pp.38—39.

③ E. H. Carr, *The Twenty Years Crisis*, 1919—1939, New York: Harper Torch Books, 1964, p.87.

④ George Kennan, "Morality and Foreign Policy", *Foreign Affairs*, Vol.64, No.2, Winter 1985/1986, p.207.

是意料中的事情。"①乔姆斯基认为,在冷战期间,美国操纵"反共"语言为其经济和政治霸权赢得支持,而冷战的结束要求西方集团为自身主导地位的正当性寻找一种新的话语支持。"随着苏联威胁的消失,冷战的胜利者们可以更自由地将其追求利益的意志掩盖在良性动机的外衣之下。"②穆罕默德·阿尤布(Mohammed Ayoob)强烈反对人道主义干涉。他将人道主义干涉看作对当今国际社会的最大挑战,认为人道主义干涉的实质是帝国主义的复兴。③在国际关系实践中,第三世界国家对人道主义干涉普遍持谨慎态度。不结盟运动和77国集团都拒绝所谓的人道主义干涉权利。④伊斯兰首脑会议在《关于〈世界人权宣言〉50周年的决议》中强调:"利用人权来达到政治和经济目的是违反联合国宪章宗旨和原则的,特别是违反承认和充分尊重不损害国家主权、独立和不干涉原则,同时违背《世界人权宣言》的精神和目标。"⑤

——对干涉方式的批判:实证国际法(Positive International Law)学派认为,任何对人道主义干涉给予许可的规定都可能使自利的国家在追求自身利益时滥用此种权利,进而导致国际体系的不稳定。⑥他们认为,将人道主义干涉作为"不干涉原则"的例外正常化将不可避免地导致滥用问题。⑦国家还会把对人道主义干涉的认可做选择性的实施。正如众多案例(如波黑内战、卢旺达大屠杀)所显示的那样,在发生人道灾难时,国家可以根据自身利益计算选择是否做出回应。总之,许可人

---

① Kenneth Waltz, *Theory of International Politics*, New York: McGraw-Hill, 1979, p. 200.
② Noam Chomsky, *The New Military Humanism: Lessons from Kosovo*, Monroe: Common Courage Press, 1999, p. 11.
③ Mohammed Ayoob, "Humanitarian Intervention and State Sovereignty", *International Journal of Human Rights*, Vol. 6, No. 1, 1995, pp. 81—82.
④ 参见《2000年5月5日尼日利亚常驻联合国代表给大会主席的信》,http://www.un.org/chinese/ga/55/doc/A55—74.htm.
⑤ 《关于〈世界人权宣言〉50周年的决议》,1997年第8次会议通过. www.oic—oci.org/english/conf/is/8/8th—is—sum(organic).htm#01.
⑥ Thomas Franck and Nigel Rodley, "After Bangladesh: The Law of Humanitarian by Force", *American Journal of International Law*, Vol. 67, No. 4, 1973, pp. 275—305.
⑦ Ibid., p. 281.

道主义干涉将导致对该原则的无原则使用和独断性干涉行动的增加。①

针对人道主义干涉理论中强调"人权"和"道义"对于国家政策的至关重要作用,以现实主义为基础的研究认为,由意识形态推动的国家行为是不正常的。因此即便人道主义干涉确乎出于对人道的关切,那它也是国际政治中的反常行为,会面临一系列的问题。

——对干涉动机与效果的批判。在外交决策中区分"重大利益"和"非重大利益"至关重要,这种区分直接影响到国家外交政策的选择。在人道主义干涉中,国家对干涉对象使用武力的同时也使自己处于危险境地。"任何人都不能承担超出其能力的义务",国家不能为无关紧要的事情冒损害自身安全的风险。②亨廷顿(Samuel Huntington)在谈及美国在索马里的军事行动时曾表示:"那些认为美军士兵应该为了阻止索马里人相互残杀而牺牲的想法在道德上和政治上都是站不住脚的。"③采用军事干涉可能导致更多的人员伤亡、制造大量战争难民、造成社会形势恶化,从而形成另一次"人道灾难"。因此,批评者们运用"效果论"(consequentialism)逻辑证明导致更加严重后果的道德外交政策是不被接受的。④

综上所述,利益导向的研究将人道主义干涉看作由大国主导的针对弱小国家的武力强制行动。在这一行动中,权力不对称为国家行动提供了条件,对利益的追求则为行动提供了动力,对成本收益的计算具体决定了是否实施干涉。人权和人道理由仅仅被用来掩饰大国政策的

---

① 参见 Nicholas J. Wheeler and Justin Morris, "Humanitarian Intervention and State Practice at the End of the Cold War", in Rick Fawn and Jeremy Larkins ed., *International Society after the Cold War*, New York: St. Martin's Press, 1996, p. 137; Nicholas J. Wheeler, *Saving Strangers: Humanitarian Intervention in International Society*, New York: Oxford University Press, 1996, pp. 27—33.

② [美]汉斯·摩根索:《国家间政治》,第328页。

③ 转引自 James Smith, "Humanitarian Intervention: An Overview of the Ethical Issues", *Ethics and International Affairs*, Issue 3, 1998, p. 63.

④ 效果论(consequentialism)逻辑认为,如果结果、成效是好的,那么手段、过程就是合法的、正当的。功利主义和实用主义都是典型的效果论。参见 Andrew Mason and Nicholas J. Wheeler, "Realist Objections to Humanitarian Intervention", in Barry Holder ed., *The Ethical Dimensions of Global Change*, Basingstoke: Macmillan, 1996, pp. 94—110.

独断性和有选择性。干涉所产生的人道效果是附带性的,而在很多情况下干涉甚至恶化了当地的人道状况。现实主义的观点切中肯綮,揭示了人道主义干涉的实质。与此同时,由于认识到大国实施对外干涉的较大可能性,一些学者针对实施人道主义干涉提出了近乎苛刻的条件,以致在实践中很难有干涉行为可以满足这些标准,从而削弱了人道主义干涉合法存在的基础。[①]

二、干涉的人权价值观动力

对人道主义干涉逻辑的另一种认识来源于人权价值观推动模式。这一模式扩展了在现实主义中以权力和安全为核心界定国家利益的做法,将人权价值观等意识形态因素当作国家利益的主要来源。这种观念得到了自由主义理论的支撑。

相对于现实主义,自由主义理论流派极为复杂。[②]但即便如此,我们仍然可以发现自由主义的一些核心设定。首先,在行为体的认定上,自由主义认为无论在国内政治还是国际政治中,个人都是最重要的行为体;其次,国家不是实心球式的单一行为体,而是国内社会利益的集

[①] 基辛格对美国实施人道主义干涉提出了严格的标准:(1)一致性,使其他国家不认为干涉是美国霸权的独断行为;(2)可支持性,即得到美国民众与国际社会的支持;(3)历史相关性,考虑相关的历史环境以免因当地阻碍或国内问题而致使失败。约瑟夫·奈也提出过类似的标准。这些条件与现有的"正义战争"标准相似,甚至更为严格。参见 Karen Mingst and Jack Snyder ed., *Essential Readings in World Politics*, New York: W. W. Norton & Company, 2nd edition, 2004。

[②] 自由主义国际理论体系十分庞大,其分类问题在学术界也未能达成共识。杰克逊(Robert Jackson)和索伦森(Georg Sorensen)将自由主义国际关系理论分为社会自由主义、相互依赖自由主义、制度自由主义和共和自由主义,参见 Robert Jackson and Georg Sorensen, *Introduction to International Relations: Theories and Approaches*, New York: Oxford University Press, 2002;基欧汉将自由主义国际理论分为商业自由主义、共和自由主义、管制自由主义和成熟的自由主义,参见 Robert Keohane, "International Liberalism Reconsidered", in John Dunn ed., *The Economic Limits to Modern Politics*, New York: Cambridge University Press, 1999, pp.176-185;莫拉夫切克(Andrew Moravcsik)将自由主义国际关系理论分为观念自由主义、商业自由主义和共和自由主义,参见 Andrew Moravcsik, "Taking Preferences Seriously: A Liberal Theory of International Politics", *International Organization*, Vol.51, No.4, 1997, p.524。

合体；第三，重视从国家—社会关系出发考察世界政治。①自由主义理论相信国家之间可以实现合作、人类及社会具有进步的可能性。②从上述基本观念出发，外交政策的目标被认为还应追求价值和美德，这是国家利益本身的要求。自由主义认为，国家是手段，个人是目的，个人的价值永远在国家之上。因此自由主义学者基于这一前提推导出了主权与人权的关系，即：主权是手段，人权是目的，人权的价值永远在主权之上，主权的存在只不过是人们为了公共利益而让渡部分人权的结果，因此主权不能够而且不应该破坏、干涉人类最基本也是最重要的权利。同时，自由主义法学家们认为，国际法上的主权所指的对象也是一个值得商榷的内容。主权不是政府的主权，不是君主的主权，更不是欺压人民的暴君、僭主和独裁者的主权，而是人民的主权。国际法保护的正是人民的主权，而非形形色色的专制者的主权。主权不能成为掠夺人权的借口。人权也不能仅局限于某一国国内，人权是具有国际性的。如果人权总是属于国内管辖的权限，从来不是任何形式的外部关心的合适的主题，那么《联合国宪章》的条款、《世界人权宣言》、各种各样的国际人权协议和协定、联合国和其他国际组织的无数活动、解决人权问题的方案及法律都将成为越权的行为了。③上述论断自然而然地形成了"人权高于主权"的结论。既然人权是高于主权的，那么为了保护更高的价值，对主权的削弱和侵犯就显得是正当而必要的了。

在将价值观作为利益目标的基本分析视角下，驱动人道主义干涉的外部条件被认为主要来源于下述两个方面。一是认为冷战后主权与人权的关系发生了转换，国内人权问题已经超越了主权界限，对国际社会造成了威胁。罗斯诺（James Rosenau）认为，全球化进程、经济相互

---

① 对自由主义理论核心设定的分析参见 Andrew Moravcsik, "Taking Preferences Seriously: A Liberal Theory of International Politics", pp. 516—524; "Liberal International Relations Theory: A Scientific Assessment", in Colin Elam and Miriam Fendius Elman ed., *Progress in International Relations Theory: Appraising the Field*, Cambridge: MIT Press, 2003, pp. 161—167. Robert Keohane, "International Liberalism Reconsidered", p. 174.

② Robert Jackson and Georg Sorensen, *Introduction to International Relations: Theories and Approaches*, New York: Oxford University Press, 2002, p. 105.

③ [美]路易·亨金著，信春鹰等译：《权利的时代》，北京：知识出版社，1997年版，第66页。

依赖以及资金、商品和信息的跨国界快速流动创造了一个全新的国际社会,国际组织、非政府组织以及跨国公司已在传统上由主权国家主宰的国际舞台上占据了一席之地。它们在人权问题、经济与环境政策、军控和防扩散等领域发挥了不可替代的作用。由于非国家行为体的大量出现,"对国内事务进行外部干涉已经成为普遍现象"。①自由主义者认为,在国家间联系日益紧密、国家关系相互交织的国际社会里,内战及侵犯本国公民人权的罪行对国际安全与稳定构成了威胁。自由主义学者常常引用联合国安理会的一份主席声明来阐述这种安全观上的变化:"单单国与国间没有战争和军事冲突,并不足以确保国际安全与和平。除了军事以外,经济、社会、人道主义和生态等领域的不稳定因素已经构成对和平与安全的威胁。"②人道主义干涉的支持者们认为,《联合国宪章》中应当写入人道主义干涉,使之成为除自卫和集体安全之外国家合法使用武力的另一类别。③

自由主义对人道主义干涉行动逻辑的另一类认识表现为强调民主国家在全世界扩展民主和人权价值观的重要性。④福山(Francis Fuku-

---

① 参见 James Rosenau, "Sovereignty in a Turbulent World", in Gene Lyons and Michael Mastanduno ed., *Beyond Westphalia? State Sovereignty and International Intervention*, Baltimore: The Johns Hopkins University Press, 1995, pp. 191—227.

② UN Security Council, S/23500, Jan. 1992, http://documents—dds—ny.un.org/doc/UNDOC/GEN/N92/043/33/img/N9204333.pdf? OpenElement.

③ 持这种观点的学者认为,人道主义干涉同《联合国宪章》的宗旨是完全一致的。参见 Michael Reisman, "Coercion and Self—determination: Construing Charter Article 2(4)", *American Journal of International Law*, Vol. 84, 1990, pp. 495—524; Michael Reisman and Myers McDougal, "Humanitarian Intervention to Protect Ibos", in Richard Lillich ed., *Humanitarian Intervention and the United Nations*, Charlottescille: University of Virginia Press, 1973, pp. 167—195。一些国际法学者认为对非法政权动用武力是可以被容忍的,参见 Anthony D'Amto, "Agora: US Forces in Panama", *American Journal of International Law*, Vol. 84, 1990, pp. 495—524。英国学派也曾有过类似的规范性论断。约翰·文森特将 20 世纪高度发达的相互依赖导致的现代国际社会在价值观上的相似性作为研究的核心问题,认为战后国际共同价值观念发生了巨大变化,普世人权同主权一样应当受到尊重,主权国家间的不干涉原则应该保护的是国际社会中的"好国家"而不是"坏国家",参见 John Vincent, "Grotius, Human Rights, and Intervention", in Hedley Bull ed., *Hugo Grotius and International Relations*, New York: Oxford University Press, 1992, pp. 242—255.

④ 类似的观点在英国学派中表现为:除了理性的效用计算之外,国际社会中的"普遍的道德意识"和"普遍价值"构成了国家合法行为的基础,参见 Hedley Bull, *Anarchical Society: A Study of Order in World Politics*, New York: Columbia University Press, 1977.

yama)认为,冷战结束后,自由民主制度成为人类意识形态发展的终点和人类最后一种统治形式,至此,构成历史的最基本的原则和制度就不再进步了,历史已经"终结"。①但他承认,目前的胜利并不代表以后没有事情发生,自由主义当前还只是在思想意识领域内取得了胜利,离在现实的物质世界的胜利还很远。②因此,国家从维护自由民主价值观的角度对国际政治经济生活进行干涉显得十分必要。③

与此同时,一些政界精英在决策过程中也积极响应自由主义对冷战后世界的看法。前联合国秘书长布特罗斯·加利认为,"重新思索主权问题将是新世纪一个重大而明智的要求"。④部分西方政要表示,现有的国际法和国际机构已经过时,作为对传统主权的限制,人道主义干涉是解决冷战后伴随各种危机和冲突而至的人道主义灾难的有效手段。⑤从20世纪90年代末期开始,自由主义学者提出了以"作为责任的主权"(sovereignty as responsibility)概念替换传统的"作为权威的主权"(sovereignty as authority)。⑥"干涉与国家主权问题国际委员会"(ICISS)⑦在2001年向时任联合国秘书长安南提交的报告中接受了这

---

① 参见[美]弗朗西斯·福山著,黄胜强、许铭原译:《历史的终结及最后之人》,北京:中国社会科学出版社,2003年版。

② 福山系统阐述"历史终结"观点的论文最早于1989年发表在美国保守派期刊《国家利益》上,这从一个侧面反映了冷战后美国思想界中保守主义同自由主义在对外政策上的趋同与结合。但近年来福山本人则对这种结合的产物——新保守主义大加批评,参见弗朗西斯·福山:《新保守主义时刻》,载《国外社会科学文摘》2005年第7期、第8期;《十字路口的美国》,载《国外理论动态》2006年第6期。

③ 同古典自由主义相比,新自由主义的特点之一就是强调适度干预以解决市场失灵问题,对外干涉一直是自由主义的选项。请参见苏长和:《自由主义与世界政治——自由主义国际关系理论的启示》,任晓、沈丁立主编:《自由主义与美国外交政策》,上海:上海三联书店,2005年版,第12页。

④ Boutros Boutros - Ghali, "Empowering the United Nations", *Foreign Affairs*, Vol. 71, Issue 5, 1992, p. 99.

⑤ 参见 Tony Blair, "Doctrine of the International Community", speech at the Economic Club, Chicago, April 23, http://www.number10.gov.uk/output/Page1297.asp; "Why We Fight On", speech at Foreign Policy Center, London, March 22, 2006, http://www.realclearpolitics.com/articles/2006/03/terrorism_must_be_tackled_head.html.

⑥ Francis Deng, *Protecting the Dispossessed: A Challenge to the International Community*, Washington, D. C.: Brookings Institution, 1995.

⑦ 该委员会是由加拿大政府于2000年9月成立的独立委员会。委员会的主要工作是就人道主义干涉行动的条件、授权与执行等问题进行研究并向联合国秘书长提交相应报告。

一观点,并将其发展为"保护的责任"(responsibility to protect)的观点。①安南在 2005 年 3 月关于联合国改革的报告《大自由》中提出了相应的要求:

> 干预和国家主权问题国际委员会以及最近由来自世界各地 16 名成员组成的威胁、挑战和改革问题高级别小组,都赞同"新的规范,即集体负有提供保护的责任"。虽然我清楚这一问题的敏感性,但我坚决赞同这种做法。我认为,我们必须承担起保护的责任,并且在必要时采取行动。这一责任首先在于每个国家,因为国家存在的首要理由及职责就是保护本国人民。但如果一国当局不能或不愿保护本国公民,那么这一责任就落到国际社会肩上,由国际社会利用外交、人道主义及其他方法,帮助维护平民的人权和福祉。如果发现这些方法仍然不够,安全理事会可能不得不决定根据《联合国宪章》采取行动,包括必要时采取强制行动。②

联合国的政策宣示似乎表明,维护民主人权的自由价值观成为了冷战后世界的重要目标,联合国授权实施人道主义干涉的主要动机是保护生活在世界上的每一个"个人"。③

在美国,以人道主义干涉为核心的"新干涉主义"思想在表述上充满了意识形态扩张的躁动。④斯特曼(Stephen John Stedman)评论说:"新干涉主义根植于美国外交政策的长期传统,即传教士般的狂热,对世界拒绝顺从美国期待时的困惑,以及认为所有问题都可以迅速简便

---

① ICISS Report(2001), http://www.iciss.ca/report—en.asp.
② 联合国秘书长报告:《大自由:实现人人共享的发展、安全和人权》,2005 年 3 月。http://www.un.org/chinese/largerfreedom/index.html.
③ 对冷战后人道主义干涉案例的研究力图印证这一看法。具体参见 Sean D. Murphy, *Humanitarian Intervention: The United Nations in an Evolving World Order*, Philadelphia: University of Pennsylvania Press,1996; Jennifer M. Welsh ed., *Humanitarian Intervention and International Relations*, New York: Oxford University Press,2004.
④ 参见 Michael Glennon, "The New Interventionism: The Search for a Just International Law", *Foreign Affairs*, Vol. 78, No.3, 1999; [美]理查德·哈斯著,殷雄、徐静译:《新干涉主义》,北京:新华出版社,2000 年版。

地解决的信念"。①冷战后,美国的威尔逊自由主义者和冷战自由主义者在保护人权问题上找到了结合点,即把保护人权作为冷战时期反苏反共意识形态的替代品,并以其来指导美国外交政策的制定和实施。②至于为何选择人权问题,自由主义学者们大都谈到了人权的普世性。布思(Ken Booth)激烈地批判了"文化相对主义"(相信不同文化有不同价值观),他认为所谓"不同文化有不同人权"是落后的表现,是违反人性的。③杰克·多纳利(Jack Donnelly)认为,世界上存在普世的人权,这些人权价值是基本的,不容侮辱和侵害的。④当人权被当成一种普世价值时,国际社会可以通过"经济制裁的威胁、最后通牒乃至军事干涉来解决人权问题"。⑤美国在科索沃的军事干涉使得自由主义者开始欢呼,美国当前"已经具备一种新的意愿去做它认为正确的事情"。⑥

综上所述,自由主义的观点认为:冷战结束后,全球化的发展和自由民主制度的胜利使得主权和不干涉原则不再是掩盖国内冲突与人道灾难的合法屏障。人权作为一种普世价值已成为国家(至少是西方国家)外交政策中的重要议题。自由民主国家对侵犯人权的国家进行干涉,一方面可以制止当地冲突和人道灾难,消除对国际社会的威胁;另一方面,由于对人权的威胁主要来自"镇压性的政治和经济制度"⑦,因而通过干涉对目标国进行改造,使之符合"自由、民主、法治与人权"的要求,最终建立一个符合西方意识形态标准的"民主和平"的新世界。因此,为保护人权而实施干涉是符合国家利益要求的。

民主和人权作为生活方式的一部分对美国人而言是核心利益,但

---

① Stephen John Stedman,"The New Interventionists", *Foreign Affairs*, Vol. 72, No. 1, 1993—1994, p. 3.

② Stephen John Stedman,"The New Interventionists".

③ 参见 Ken Booth, "Three Tyrannies", in Tim Dunne and Nicholas J. Wheeler ed., *Human Rights in Global Politics*, Cambridge: Cambridge University Press, 1999, pp. 31—70.

④ Jack Donnelly, *Universal Human Rights in Theory and Practice*, Ithaca: Cornell University Press, 1989, p. 23.

⑤ Jack Donnelly, "Human Rights: Old Scepticism, New Standards", *International Affairs*, Vol. 47, No. 1, 1998, pp. 1—25.

⑥ Michael Glennon, "The New Interventionism: The Search for a Just International Law", p. 2.

⑦ 参见 Jack Donnelly, "The Social Construction of International Human Rights", in Tim Dunne and Nicholas J. Wheeler ed., *Human Rights in Global Politics*, pp. 71—102.

这种价值观是否构成美国国家利益推动对外行为还需要进一步辨析。的确,历史上存在因为价值观分歧而产生的"道德征伐"。美国人也认为,"如果全世界真心想要和平,就需要接纳美国的道德处方"。[①]但我们也可以发现更多的反例:不论是历史上的传统干涉还是冷战后出现的"人道主义干涉",大多数干涉行为都不能简单地以意识形态和价值观来解释。例如美国在意识形态对抗最为激烈的冷战中大力支持亲美独裁政权、极力颠覆反美民主政府,就足以说明建立在自由主义基础上的人权价值观的作用并不是持续有效的。

三、规范塑造利益:另一种研究视角

现实主义认为,干涉反映了国家权力的不对称,国家利益推动了干涉的实施,人权和人道主义是国家为获得行动正当性而寻找的借口。然而芬尼莫尔(Martha Finnemore)指出,由于在部分人道主义干涉案例中(如索马里),干涉国并没有获得地缘政治利益或"经贸利益",因此"人道主义干涉从国际政治行为的常规角度来看是奇怪的"[②]。这种"反常"使得建构主义者试图以国际规范来解释人道主义干涉的行为变迁。

20世纪90年代兴起的建构主义强调社会活动对行为体身份和利益的建构作用,其核心观点是强调观念、文化、规范等非物质性因素的作用:非物质(或理念)因素规定了国家追求利益的合理范畴,甚至建构出新的国家利益(如维护人道的利益),从而限定了行为体的行动。在人道主义干涉问题上,建构主义重点关注干涉模式产生变化的原因,认为规范转换导致干涉目的(什么是值得保护的)和干涉手段(怎样进行

---

① [美]亨利·基辛格著,顾淑馨、林添贵译:《大外交》,海口:海南出版社,2012年版,第3页。

② Martha Finnemore, "Constructing Norms of Humanitarian Intervention", in Peter J. Katzenstein ed., *The Culture of National Security: Norms and Identity in World Politics*, New York: Columbia University Press, 1997, p.156.

保护)发生了变化。①秉持国际规范改变国家行为的观点,芬尼莫尔和斯金克(Kathryn Sikkink)等学者通过对人道主义干涉历史进行分析后指出,随着国际人道主义规范的变化,国家在决定什么是值得保护的(从在外国的本国公民到白人基督徒再扩展到所有的"人")和如何保护(从提供人道援助到直接军事干涉)方面发生了根本性改变。②他们认为冷战后人道主义干涉大量出现的原因是国际社会接受了新兴的人道主义规范。正如奴隶制和殖民主义在失去合法性后被国家放弃一样,维护人权和保护他国公民生命的信念重新建构了本国国家利益,从而对国家行动提出了与以前完全不同的要求。③建构主义者认为,国际规范塑造国家利益,进而影响国家的行为选择。因此,"规范塑造利益"成为了建构主义解释人道主义干涉行为变迁的基本模式。

建构主义没有直接讨论干涉动机问题,部分原因是认为动机本身并不如人们想象的那么重要,真正重要的是国家行动的规范环境。④通过对规范环境变化与国家行为变化相关性的考察,建构主义认为国际规范为国家提供了一个合理行为的范畴。当国家选择以人道为由证明自己行动的正当性时,则表示国家已经认可和接受了这一规范的合法性与正当性。国家的干涉动机常常十分复杂,多种理论各执一词,难以辨别。建构主义学者认为,如果从规范视角来理解人道主义干涉,尽管不能具体指出行为的动机,但也可以加强对行为可能的范畴的理解,故而十分重要。⑤

然而建构主义没有说明的是,当两种规范产生冲突时,究竟是什么

---

① 参见 Martha Finnemore, *The Purpose of Intervention: Changing Beliefs about the Use of Force*, Ithaca: Cornell University Press, 2003; Thomas Risse, Stephen C. Ropp, and Kathryn Sikkink ed., *The Power of Human Rights: International Norms and Domestic Change*, Cambridge: Cambridge University Press, 1999.

② 参见 Martha Finnemore, ibid.; Kathryn Sikkink, "Human Rights, Principled Issue Networks, and Sovereignty in Latin America", *International Organization*, Vol. 47, No. 3, 1993, pp. 411—441。

③ Kathryn Sikkink, "Human Rights, Principled Issue Networks, and Sovereignty in Latin America".

④ Martha Finnemore, "Constructing Norms of Humanitarian Intervention", p. 159.

⑤ Martha Finnemore, *The Purpose of Intervention: Changing Beliefs about the Use of Force*, p. 15.

原因使其中一种被人们接受。主权规范和"人道主义干涉"的规范究竟应该如何选择？决定这种选择的因素又是什么？这些问题恰恰关系到人道主义干涉的根本属性，决不能不加讨论，一笔带过。

规范塑造利益实际上并没有为美国等西方国家实施人道主义干涉的行为做出任何明确的答案。如果说实施干涉是因为接受人道主义规范，国家利益发生了改变，那没有进行干涉是否就是因为不接受相关规范。这显然容易陷入一种循环论证逻辑，无法对行为进行解释和预测。

四、小结

上述三类分析视角都试图回答一个根本问题，即干涉的目的是什么？现实主义关注以权力或安全界定的国家利益对行为的推动，但这种关注并不意味着否认人权、自由等价值观因素的作用。乔治·凯南（George Kenan）和摩根索都十分担忧意识形态对国家行为的扭曲。他们认为，意识形态冲动无疑削弱了国家从权力和利益的角度精确计算行为得失的能力。但这种担忧恰恰表明意识形态的确对国家行为产生了影响。自由主义的观点则认为外交政策的目标之一就是实现价值观，但对人权利益的坚持也顾及了国家安全的地位。约瑟夫·奈（Joseph Nye）在《美国霸权的悖论》中提出：人道主义干涉政策应该介于危险的威尔逊主义和布什狭隘的现实主义之间，并使民主、人权等价值观念与安全利益融为一体。[①]英国前首相布莱尔（Tony Blair）在阐述其人道主义干涉思想时也将国家利益作为必须满足的条件之一。[②]由此可见，国家利益在人道主义干涉的理论中也应该占有一席之地。而强调规范影响国家利益界定的观点，一方面突出了国家受国家利益推动的基本陈述，而另一方面又使得国家利益的内容过于宽泛，很难对此加以验证。

冷战结束后，在西方国家的强力推动下，人权观念的发展对于国际关系产生了实质性影响。在西方主流价值观主导的国际社会中，几乎

---

① Joseph Nye, *Paradox of American Power*, Cambridge: Harvard University Press, 2002.

② Tony Blair, "Doctrine of the International Community", speech at the Economic Club, Chicago, April 23, http://www.number10.gov.uk/output/Page1297.asp.

没有国家可以公开宣布不接受人权价值观,也很少有国家能够完全忽视人权状况带来的国际国内压力。然而很多研究者的观察也就此打住。他们仅仅将人权和道义原则作为不可争辩、也不受检验的核心设定,认为人权自然而然地发展并对国家行为施加影响,而对这些"核心设定"的缘起和内涵的探讨则相对匮乏。对于究竟哪些人、什么时候、为什么能从这种政治道德话语中获益也都语焉不详。这种状况不仅存在于西方理论界,还更为突出地体现在实践领域。如在科索沃战争期间,西方主流媒体不被允许提及北约军队造成的南联盟平民伤亡数字;而发表对这场战争的质疑和反对意见也会被认为是散布"异端邪说"。可以看出在冷战后的西方社会中逐渐形成了一种"任何以人权名义开展的活动都是正确的"的观念。①然而无论从历史还是理论的角度,人权和人道主义并不是如此顺理成章地结合在一起的,国家政策中的人道主义考量也绝非仅限于道义范畴。在其发展的背后,国家的主导作用不可忽视。因此,本书将以解析人道主义干涉的行为环境与历史背景作为出发点展开研究。

第三节 研究框架

通过文献回顾可以发现,当前人道主义干涉的研究者在基本立场上呈现出比较明显的两极分化态势,人道主义干涉的倡导者和质疑者均从法理、动机和实践效果等诸方面论述自身观点。人道主义干涉的支持者和积极倡导者们将人权作为不证自明的前提条件,认为在发生严重违反人权的情况下外部势力可以突破传统意义上的主权保护对一国内政实施干涉。而对于质疑和反对者们在实践层面提出的多种问题,如干涉的选择性、干涉动机混杂、干涉造成更大人道灾难等都被归结为"不好,但可以接受"的现象,是为了获取更长远的善而做出的必要牺牲。这样的研究状况似乎越来越缺少在双方共同接受的研究基础上

---

① David Chandler, *From Kosovo to Kabul and Beyond: Human Rights and International Intervention*, London: Pluto Press, 2005, p.15.

产生的对话与交流。为了破解这一争论僵局,本书需要以国际关系相关理论为视角深入解析冷战后人道主义干涉理论和实践,揭示其性质,发现支持人道主义干涉的法理基础,进而厘清西方人道主义干涉的基本逻辑。

一、研究设定

社会科学研究的范畴具有边界,不能无限扩展。限定研究范畴首先需要确立研究的起点:研究设定(assumption)。研究设定不是对现实真实和全面的反映,它的目的是"建立简单的理论结构,留取现实中与研究有关的实质性成分,删除非实质的干扰因素,以便导向理论概括、发现问题实质。"[①]本书确定的研究设定有两项,即国家是理性行为体和冷战后的单极体系结构。这两个设定将为评估冷战后西方人道主义干涉创造研究的起点。

第一,国家是理性的(rational)。理性是关于国家行为的重要设定。在经济学中,"理性人"设定是指在给定条件下追求经济行为的效用最大化。在决策上的理性则意味着行为体具有"为实现预期目标或获得最大价值而选择最有效和最合适的政策的能力"[②]。理性的行为体在给定的决策环境中可以客观地判断当前的形势,并且采取符合客观要求的行动。更具体地说,就是行为体可以使用某种标准来区分目标的重要性程度,并且据此选择比较有利的方案达到目标。需要注意的是,结构现实主义对理性的定义略有不同。正如沃尔兹所言,由于外交决策的复杂性,不能指望决策者做出效用最大化的决定。[③]因此他在建立国际政治理论时放弃了在效用最大化意义上的理性设定,仅仅将生存作为国家的首要目标。沃尔兹强调的是结构的"选择"作用。通过对符合结构选择行为的奖励和对另一些行为的惩罚,不论行为体自身

---

① 秦亚青著:《霸权体系与国际冲突:美国在国际武装冲突中的支持行为(1945—1988)》,上海:上海人民出版社,2008年版,第103页。
② 同上,第57页。
③ [美]肯尼斯·沃尔兹:《反思〈国际政治理论〉——对我的批评者们的答复》,[美]罗伯特·基欧汉编,郭树勇译:《新现实主义及其批判》,北京:北京大学出版社,2002年版,第302页。

是否具有理性,大部分行为体都会做出理性的行为,因为行为体对成本敏感了。①本书承认结构选择的基础性地位,但只要行为体能够将手段和目标结合在一起,并选择自认为能最有利地实现目的的手段时,行为体就具有理性特征。

在本书中,确立行为体理性的意义在于国家面对多种目标和选择时可以理智地选择优先目标和实现手段。在无政府状态的国际体系中,生存无疑是国家最优先考虑的目标。在处理具体问题当中,国家随时都会面对利益和价值观的不同选择。国家理性能够使其在各种选择中根据目标的轻重缓急排列顺序,进而找到自认为最有利的手段来达成优先目标。沃尔泽认为,一个国家在决定实施干涉与反干涉的行动中,必须"权衡干涉的风险因素,权衡干涉中与道德相关的因素,权衡其行动所能给特定人群带来的益处以及可能对其他人群造成的影响"②。无论是介入一场正在发生的冲突,还是选择先发制人式的打击,作为一个理性行为体,国家对外使用武力的决定是经过了反复衡量利弊得失之后的选择。

第二,冷战后的国际体系呈单极结构(unipolar)。单极结构是指在全球范围内只存在一个超级大国,这个国家的综合实力远远超过体系中的其他国家。在冷战结束后,美国就是这个单极体系中的霸权国。沃尔兹认为:"自从罗马帝国以来,还没有一个国家具备像美国这样支配世界的实力。"③苏联的解体消除了美国最大的外部安全威胁,目前世界上也没有一个国家或国家集团拥有制衡美国的实力。

单极结构设定是本书开展研究的关键。单极体系并没有改变世界的无政府状态属性。在无政府状态的国际体系中,国际结构的压力迫使国家采取措施制衡占有优势和支配地位的国家,以恢复体系的平衡,因为"无论谁行使失衡的力量都是对他人潜在的威胁"④。在单极体系

---

① [美]肯尼斯·沃尔兹:《反思〈国际政治理论〉——对我的批评者们的答复》,第302页。
② [美]迈克尔·沃尔泽著,任辉献译:《正义与非正义战争:通过历史实例的道德论证》,南京:江苏人民出版社,2008年版,第107页。
③ [美]肯尼斯·沃尔兹:《冷战后国际关系与美国外交政策》,载《南开学报(哲学社会科学版)》2004年第4期。
④ Kenneth Waltz, "Structural Realism after the Cold War", *International Security*, Vol. 25, No. 1, Summer 2000, p. 28.

中,国家始终遵守"自助"的逻辑,仍然追求均势。①然而在均势重新恢复之前,单极结构中的霸权国始终是国际体系中的主导性力量。为了保持自己的实力地位,霸权国有充分的动力建立有利于自身的霸权体系。有学者认为,建立霸权体系需要体系化、制度化和规范化等步骤,其中"体系化是指建立以美国为主导、地区大国相配合,中小国附从的安全体系。制度化就是通过联合国使之制度化,当在联合国行不通时,就利用地区组织使之制度化。规范化就是使世界认可他的霸权体系(例如认可军事干预等)"。②由于失去了有效的外部权力制约,霸权国在建立这一体系过程中将处于一个十分有利的地位,可以更加自由地追求利益、推广价值观、塑造相应的意识形态(如干涉主义)。③

二、单极结构下的人道主义干涉

从人道主义干涉的字面意义理解,其行为是以军事手段制止人道灾难。然而只要是由国家实施的行动就势必不能脱离国际环境而孤立地进行分析。对人道主义干涉的评估不应该仅仅在法律和道义的层面展开,还必须进入到国际关系的现实环境中加以探讨。更明确地说就是人道主义干涉的理论和实践都应该放到冷战后国际结构发生变化的背景下进行分析。本书认为,国际无政府状态是国际政治的固有状态,是国际关系运行的最大外部条件。有意无意地忽略这种条件都将导致错误的评估结果。对于冷战后人道主义干涉性质的理解需要首先从这个外部条件展开。

(一)无政府状态与国际秩序

阿特(Robert Art)和杰维斯(Robert Jervis)认为,"无政府状态是国际政治的根本事实。"④无政府状态意味着在国际体系中没有一个中央权威来执行法律、保证和平与安全,这导致国家维持生存的首要手段

---

① Kenneth Waltz, "Structural Realism after the Cold War", *International Security*, Vol. 25, No. 1, Summer 2000, pp. 5—6.

② 阎学通:《科索沃战争不是历史的转折点》,载《瞭望新闻周刊》,1999年6月25日第25期,第12页。

③ [奥地利]汉斯·科其勒:《现代强权政治背景下的人道主义干涉》,载《现代国际关系》2001年第9期。

④ Robert Art and Robert Jervis ed., *International Politics: Enduring Concepts and Contemporary Issues*, New York: Longman, 2008, p. 7.

就是自助。无政府状态并不等同于混乱。沃尔兹认为:"如果把无政府状态等同于混乱、毁灭和死亡,那么对无政府和政府的区分并不能告诉我们什么"。①国际政治和国内政治的根本区别就在于处理暴力的组织方式截然不同。国内政府垄断了对于武力的合法使用,而国际政治中却没有一个这样的公共机构。这才是国际政治无政府状态的特征。

因此,无政府状态并不意味着没有秩序的存在。从表面上看,在国际社会中存在着一系列的法律、原则和规范,它们虽然没有改变国际政治的无政府性质,但在一定程度上使国际互动处于有秩序的状态,在特定时期中起到了稳定国际关系的作用。需要注意的是,作为大国权力斗争和利益妥协的结果,构成国际秩序基础的原则和规范(或国际制度)是无法摆脱国家影响而独立地存在的。吉尔平曾指出:"尽管国际体系是无政府的,国家之间的各种关系却有着高度的秩序。无政府的国际体系对国家的行为有着一种无形的控制。"②例如均势就是控制国际秩序的重要机制之一。在历史上每一次大战结束后,人们都会讨论战后秩序问题。毋庸讳言,主要战胜国就是此时制定国际规则和确立战后秩序的具有主导地位的行为体。从拿破仑战争之后的维也纳体系、一战后的凡尔赛体系,到二战后建立的雅尔塔体系和联合国系统等等,都是建立在相关国家的实力保证基础之上的。

归根结底,在无政府状态下,实力才是国际秩序的来源和最佳保障。大国可以以实力为后盾参与国际秩序的创设和更改。在冷战后的单极体系中,美国作为霸权国具有对国际社会的主导能力。这种以实力为后盾的主导集中表现为霸权国可以主动创造和维持一个有利于自身的国际秩序。在这种秩序下,霸权国希望能够最大限度地自由行动,任何对霸权国不利的国家都将受到压制和惩罚,以便最有效地延续自身的霸权地位。霸权的长远目标就是通过秩序建设维护持久的权力地位,实现"美国治下的和平"。有利于自身的国际秩序可以增加行动的正当性,降低行动的成本,使霸权地位更加巩固。实际上,每当美国取

---

① [美]肯尼斯·沃尔兹著,信强译:《国际政治理论》,上海:上海人民出版社,2003年版,第136页。

② 转引自王磊:《无政府状态下的国际合作——从博弈论角度分析国际关系》,载《世界经济与政治》2001年第8期。

得重大国际胜利之后,都会在秩序建设上投入大量精力。从威尔逊倡议建立国联,到二战后的雅尔塔体系,均代表了美国在建立国际秩序上的努力。冷战后,美国作为单极霸权,一直在竭力建立符合其霸权利益需要的国际秩序。老布什倡导的"国际新秩序"强调在美国领导下的多边合作,克林顿侧重于通过自由贸易、扩展民主和实力压力的手段塑造新型国际秩序。老布什与克林顿二者的共通之处是在处理国际事务时倾向于采用多边主义手段塑造制度化的霸权秩序。相比之下,小布什政府在行动上更为强调单边主义,其新保守主义的国际秩序观专注于实际运用军事实力推行美国价值观指导下的国际互动规则,以便形成一个"帝国式"秩序。①

本书对冷战后西方人道主义干涉性质的基本判断就建立在这一认识基础之上。

(二)单极结构与人道主义干涉

人道主义干涉理论与实践在冷战后集中爆发具有主客观两方面的条件。在客观条件方面,两极格局终结,美国成为世界上唯一的超级大国。这为西方推动人道主义干涉提供了可能性。在冷战期间,苏联集团的存在不仅对美国及其盟友构成军事上的威慑,同时还在政治、经济和意识形态等领域展开了全面的争夺,有效地限制了美国及其盟友对外行动方式的选择。西方无法不受挑战地将"干涉主义"作为合法的对外政策。而在冷战后单极结构的国际体系中,美国实力远远超过其他国家,对其力量的有效制衡消失。因此,美国在对外干涉问题上获得了极大的自由空间。人们注意到,美国在冷战后不仅在实践中积极推行干涉主义,在理论上也根据自由主义意识形态大肆鼓吹为保护人权而实施干涉合法,这在冷战期间是绝无可能的。②正是国际结构的剧烈变

---

① 关于小布什"帝国式"秩序的讨论,见 John Ikenberry, "American Power and the Empire of Capital Democracy", *Review of International Studies*, Vol. 27, No. 2, 2001, and "America's Imperial Ambition", *Foreign Affairs*, Vol. 81, No. 5, Sep/Oct, 2002。对于冷战后国际秩序的分析还可见 Richard Copper, *The Postmodern State and the World Order*, London: Demons, 2000;门洪华:《美国霸权与国际秩序》,载《国际观察》2006年第1期。

② 参见汉斯·科其勒:《现代强权政治背景下的人道主义干涉》,载《现代国际关系》2001年第9期;David Chandler, *From Kosovo to Kabul and Beyond: Human Rights and International Intervention*, London: Pluto Press, 2005, pp. 61—62.

化为美国的干涉行为创造了条件。

　　作为理性行为体,美国及其盟友在冷战后积极推动人道主义干涉自然有其主观上的意图。干涉必然侵犯一国主权,美国宣扬"人道主义干涉"合法恰恰与主权和不干涉原则发生了冲突,直接影响了现行国际秩序。现行国际秩序是以《联合国宪章》为基础的,其最核心的部分是主权平等原则、不干涉内政原则和禁止使用或威胁使用武力原则。①以《联合国宪章》为基础的国际秩序在国际关系史上是一大进步,它从法理上把主权独立的权利赋予每一个得到国际承认的民族国家,避免弱小国家与过去一样沦为西方列强侵略和殖民的牺牲品。广大的第三世界国家在民族独立的斗争中将《联合国宪章》中的主权原则和不干涉原则等作为维护自身权益的重要武器。在战后国际秩序下,这些中小国家由于受到外来入侵而消亡的数量降到了历史最低。然而,美国所要改变的目标恰恰就是现行国际秩序。人道主义干涉理论认为,以主权独立和不干涉原则为核心的现行国际秩序是一个"时代错误",必须用以人权为最高价值的"人道主义国际新秩序"取而代之,用"国际正义"取代不合时代精神的国际法。

　　正如张睿壮教授所言,西方就是要以人道主义干涉的名义颠覆现行国际秩序,"以建立美国霸权下西方主导的'国际新秩序'"。② 这种秩序的奥秘在于,霸权国合法使用武力的权利被彻底解放了。所谓"国际正义"的界定权就掌握在美国等西方国家手中。通过控制国际社会(在单极体系中,"国际社会"在很大程度上就是指以美国为首的西方世界)的话语权,经由强大的意识形态引导和舆论宣传,霸权国可以为自己的行动创造正当性支持。这种正当性可以来源于西方自由主义意识形态中的人权观念,也可能是"反恐"或其他任何可以由霸权国制造和推广的理由。一旦主权原则被这种"正当性"颠覆,单极结构下的国际体系将变得更接近于"准帝国"的形式。这就是美国积极推动人道主义干涉的战略意图所在。

　　以上认识是评估冷战后人道主义干涉悖论的基础。综合这些观

---

① 张睿壮:《警惕西方以"人道主义干预"为名颠覆现行国际秩序》。
② 张睿壮:《警惕西方以"人道主义干预"为名颠覆现行国际秩序》。

点,本书认为:冷战后以美国为首的西方国家所推行的人道主义干涉既不合法也不正当。人道主义干涉理论的目的在于削弱甚至推翻主权原则,废弃国家不论大小一律平等的政治准则,严重侵蚀了现行国际秩序的基础;干涉实践中干涉者具有多重动机,它们试图以自身的标准确定行动对象与目标,对国际安全和稳定造成了严重的冲击。

三、研究思路

本书的研究思路如下:首先,确定人道主义干涉的定义。这个定义综合了现有对人道主义干涉的基本认识,它必须最大限度地体现人道主义干涉在理论和实践上的特征,形成一个"理想化"的人道主义干涉定义,使之成为后续研究中必不可少的参照系。在确立理想化的人道主义干涉定义之后,本书将对人道主义干涉的历史进行梳理。从人道主义干涉在冷战后的集中爆发为突破口,探究造成这种现象的真实原因,即单极格局中霸权国及其盟友可以不受制约地追求自身利益、塑造国际行为规范,并利用这种规范为自身行动提供正当性。西方实施人道主义干涉的真实战略意图在于建立起新的霸权秩序,为巩固和维护以美国为首的西方国家在国际事务中的主导地位提供保障。

在理论评估部分,本书将国际无政府状态下国家的运行逻辑作为评估的标准,将支持人道主义干涉的理论渊源与现实情况进行对比,说明这些理论对人道主义干涉的支持程度。人道主义干涉理论希望推翻现行国际秩序的企图是十分危险的。如果任由这种思潮泛滥,取代主权独立和不干涉原则成为新的国际法准则,进而为西方国家进行人道干预提供法理支持,将会颠覆以《联合国宪章》为基础的现行国际秩序,给许多发展中国家的独立和生存造成严重威胁。本书将从主权原则的重要性出发,进一步分析人道主义干涉理论的危害性。通过比较可以发现,现行国际秩序在一定程度上有效地保护了中小国家的基本生存,是应该得到尊重和维护的。

而对美国实施人道主义干涉的经验研究表明,人道主义干涉并非如其倡导者所宣称的那样纯粹为了维护人道主义、制止人道灾难而采取的行动,行动的动机与人道主义干涉的理想化定义要求相去甚远。通过对其在科索沃、索马里和达尔富尔等地实施干涉情况的分析可以看出,美国相关决策过程混杂了利益与价值观等因素的影响。通过案例研究的方法,本书还可以深入到相关干涉决策过程,发现美国等西方国家在实施人道主义干涉中的各种影响因素的作用方法和强度,厘清其颠覆现行国际秩序的意图所在。

四、研究方法

黑格尔指出:"只有与内容相一致的方法才是唯一的和真正的方法。"[①]本书需要对西方人道主义干涉的理论和实践进行综合评估,而由于与人道主义干涉相关的理论本身通常附带着较为强烈的立场和价值观看法,本书还需要在规范层面上做出评价。根据设定的研究目标,本书将结合规范和经验实证的研究方法,对冷战后以美国为首的西方国家人道主义干涉的理论和实践做出合理评估。

在理论评估部分,本书主要采用文献回顾和历史比较的方法评估人道主义干涉的理论立场及其缺陷。此外,本书还将运用案例对评估观点进行深入探索。根据罗伯特·殷(Robert Yin)等学者的观点,案例研究作为经验性的研究,通过搜集事物的客观资料,并使用归纳或解释的方法得到知识。案例研究适合回答"怎么回事"和"为什么"的问题。[②]根据研究目的,案例研究可以分为描述性、解释性、评价性和探索性研究。[③]本书的研究目的是评估冷战后以美国为首的西方人道主义干涉,即回答人道主义干涉是怎么回事和为什么会这样的问题,因此使用案例研究方法是适宜的。本书的案例研究属于评价性研究,即"对案例提出自己的意见和看法"。在本书中,案例的总体特征是"冷战后以美国为首的西方国家,以人道理由实施的干涉"。这一特征规定了,行为主体是以美国为首的西方国家;行为理由是人道原因(如制止人道灾难);行为方式是军事干涉。对于行为理由,本书关注国家自身的解释,这种解释既包括官方正式发布的政策,也包括了领导人的谈话、国内主

---

① [德]黑格尔著,贺麟译:《小逻辑》,北京:商务印书馆,1980年版,第1页。

② [美]罗伯特·K. 殷著,周海涛等译:《案例研究:设计与方法》(第三版),重庆:重庆大学出版社,2004年版,第52页。

③ K. M. Eisenhardt, "Building Theories from Cases Study Research", *The Academy of Management Review*, Vol. 14, No. 4, 1989, pp. 532—550.

流舆论的意见等。

根据西方学界对于人道主义干涉的普遍理解,发生人道危机的国家可以区分为两种类型:1)政府不能保护本国基本人权(或根本就不存在具有合法权威的政府,如在部分国家爆发内战期间);2)政府本身即参与了侵犯人权的行动。前者往往被称为所谓的"失败国家"(failed states),而后者更多被西方国家贴上"流氓国家"(rogue states)的标签。这两种说法集中体现了西方国家自身的价值判断,二者有时还混杂在一起,不能截然分开。为了研究的便利,在本书中,一国是否存在可以行使国内管制权的政府是西方国家区分两者的主要标准。对冷战后的历史研究表明,在所谓"失败国家"中,由于一国政府已经无法有效提供对本国国民的保护,因而出现人道灾难的情况更为普遍。相比之下,"流氓国家"一词明显带有着更为强烈的好恶倾向。西方国家认为"流氓国家"不但侵犯本国国民的人权,还是冷战后世界和平与安全的主要威胁之一,直接影响了国际社会的利益。①对人道主义干涉的批判认为,是否存在相关利益是西方实施人道主义干涉的前提条件。因此,在选择案例时,本书首先将这两种类型的案例纳入研究的范畴之中。同时,"关键性案例"对于研究的影响最大,其检验效果——即对研究假设的支持力要远远高于一般案例。所谓"关键性案例"是指那些最有影响力或具有标志性的事件,对研究具有典型意义。

综合以上研究设计,本书选择以下两组五个案例进行案例检验。第一组为所谓"失败国家",第二组则是西方判定的典型"流氓国家/政权"。

【第一组】

案例一:索马里人道救援行动;

案例二:卢旺达人道灾难;

【第二组】

案例三:伊拉克禁飞区;

案例四:科索沃战争;

案例五:达尔富尔问题。

---

① "The National Security Strategy of United States of America", September 2002, Sec. V, www.whitehouse.gov/nsc/nss.pdf.

由于撒哈拉以南非洲在冷战后的战略重要性急剧降低,因此美国在此地使用武力的动力不足。美国参与索马里人道救援行动的过程说明了,当缺乏重要的利益支持时,军事干涉是难以持续的,人道因素不能独立构成国家的干涉动机。同样,美国和其他西方国家在卢旺达大屠杀问题上的毫无作为也是一个关键案例。在卢旺达爆发的是堪称"标准版"的人道灾难,这样导致了上百万人被屠杀的灾难性事件却没有得到有效制止。分析这种典型的"不作为"行为是从反面解释"作为"的一个有效途径。[1]同样,由于缺乏国家利益支持,再加上之前索马里行动失败的教训,美国甚至在联合国阻挠通过对卢旺达实施救援的提案通过。

从第一次海湾战争结束至美国入侵伊拉克之间,美、英、法等国对伊拉克实施了禁飞区计划。这一以保护库尔德人和什叶派穆斯林为主要理由的军事行动在国际法上引起了极大的争议。以美国为首的北约对南联盟的干涉(科索沃战争)是冷战后西方实施人道主义干涉中的标志性事件。打击南联盟对美国的实际地缘战略收益并不高。南斯拉夫早已分崩离析,南联盟国小民弱,同俄罗斯的传统联系也不足以对美国利益构成现实威胁。然而美国以自身价值观为标准,利用北约的军事手段改造拒绝接受美国领导的国家。这为美国对外干涉开启了危险的先例。科索沃战争也对当代国际秩序造成了最为严重的冲击。

达尔富尔问题是一个仍在持续发展中的重要案例。2011年,苏丹南部通过公投方式获得独立,但南部苏丹独立并没有一劳永逸地解决所有的遗留问题。尽管西方国家没有直接使用军事力量干涉苏丹内政,但其依据"人权"和"人道主义"理由对苏丹进行的制裁、禁运无不体现出人道主义干涉理论与实践的基本逻辑。同时,达尔富尔问题还集中反映了中国在深入参与国际事务时所面对的挑战,可以为中国今后处理类似问题提供直接的参考。

---

[1] Zeev Maoz, "Case Study Methodology in International Studies", in Frank Harvey and Michael Brecher ed., *Evaluating Methodology in International Studies*, Ann Arbor: The University of Michigan Press, 2004, p. 163.

案例一、三、四、五均为冷战后与人道主义干涉议题密切相关的关键案例。而案例二为典型的不作为案例。本书将通过过程追踪的方法对以上案例的发展过程进行梳理，之后再同评估观点进行比较和解释，以增强对人道主义干涉实践与后果的理解。

第四节　本书结构安排

本书希望通过对冷战后西方人道主义干涉的综合研究深入理解和辨析其实质、动机和产生的影响等关键问题。

第一章是人道主义干涉概述，将对人道主义干涉的界定、理论与实践上的历史沿革进行梳理，为之后的评估创造条件。其中一个目标是建立理想化的人道主义干涉模型作为具体评估的参照系。第二章将评估冷战后西方人道主义干涉的理论基础。人道主义干涉具有正当性是其理论的出发点。本章将分析其法律基础、思想渊源以及产生的争论，并将人道主义干涉理论置于国际关系发展的背景下进行研究。第四章将对人道主义干涉的实践进行评估。干涉者的动机是人道主义干涉经常面对的质疑。干涉者究竟是完全从人道主义出发开展行动还是有其他动机？如果还具有其他动机，那么多重动机是否会削弱人道主义干涉的正当性？具有多重动机的行动在实践中又会造成何种后果和冲击？这些问题同样需要结合具体环境做出分析和评估。第四章至第六章是本书的案例研究部分，既需要通过案例研究进一步阐释评估结论，还需要深入具体干涉行动的决策过程，发现其中的影响因素及其具体作用。第四章研究了非洲的两个案例，对驱动美国等干涉国实施干涉的决策动机进行了比较。美国军事干涉索马里的程度不高，继而完全无视卢旺达的灾难，两个案例有助于发现决定干涉的关键因素。第五章考察了美、英、法三国在伊拉克设立禁飞区的行动和以美国为首的北约在冷战后主动实施的人道主义干涉——"科索沃战争"，重点关注其正当性论述与实践行动的对比。第六章围绕达尔富尔问题展开，除了进一步分析西方国家在人道主义干涉问题上的基本态度和动机外，研究的另一个重要目的在于为中国应对相关事件提供参考。本书最后一部分为研究结论,将总结本书的主要评估结果,并对今后以美国为首的西方人道主义干涉做出基本预测,进而为中国处理相关问题的立场和方法提出系统的政策建议。

第一章 人道主义干涉概述

厘清概念是学术研究的起点。本章将首先界定人道主义干涉的概念,澄清人道主义干涉理论与实践中的关键性指标。清晰地界定概念将为我们提供一个"理想化"的人道主义干涉框架,这一定义可以帮助我们更好地评估人道主义干涉的理论论述,并与实践中的行为进行对比。此外,本章还将简要地回顾人道主义干涉在理论与实践领域的历史进程,以便从整体上勾勒出人道主义干涉的形成和变化趋势。

第一节 界定人道主义干涉

界定人道主义干涉需要从三个维度展开。第一个维度是界定"干涉"的含义和方式。从行为类型的角度看,人道主义干涉的基本属性仍然是干涉的一种。因此,我们需要明白什么是干涉以及它的主要表现形式。第二个维度则将在学界现有的人道主义干涉概念之上建立"理想化"的人道主义干涉定义。第三个维度则需要考虑在现实中可能出现的不同情况,在加以辨析后将能够满足研究需要的部分纳入冷战后人道主义干涉的研究范畴中。

一、干涉的类型

广义而言,干涉泛指一国对另一国事务的主动介入,干涉对象既可以是被干涉国的内部事务,也可以是其外交政策。因此,有学者将干涉国实施干涉的手段分为六类,其强度从低到高可排列为:1.心理压力。包括对一个国家的国内政策进行谴责,对反对派、革命或内战中的一方表示道义支持等。2.经济手段。包括提供或取消贷款、经济和军事援助,实施贸易歧视或经济制裁。3.政治手段。如给予、拒绝或撤销对某一国家政府的承认以及阻止国际组织接纳某国或将该国从国际组织中驱逐等。4.秘密行动。包括秘密宣传、操纵外国选举过程、颠覆外国政府、秘密的金钱援助以及暗杀外国政治领导人等。5.准军事干预。准军事干预一般指支持外国反政府游击队和流亡武装分子,以便在不需要直接军事干预的情况下推翻该国政府。6.直接军事干涉。包括军事威慑、有限军事行动和大规模军事入侵等。[①]根据这一区分方法,干涉可以算作国际关系中的常见现象,即国家间的互动通常会伴随着不同强度的干涉行为。

然而,在进行社会科学研究时,我们必须根据研究目的对研究对象进行明确的限定,从一系列具有相关性的行为中提炼出最符合研究目的的行为。这样做的好处在于可以排除由于研究对象过于宽泛导致的影响因素过多、无法突出首要研究目的的问题。本书在研究人道主义干涉时,最为关注的是一国由于"人道主义"的原因而对另一国使用武力的情况,这类行为也是人们在谈及人道主义干涉时所指称的最基本的干涉类型,自然也最能够满足研究目的的需要。因此,在本书中讨论的人道主义干涉属于最后一类,即直接军事干涉的范畴,排除了其余较为宽泛的干涉类型。

二、人道主义干涉的"理想化"定义

在限定了研究中的干涉类型之后,我们还需要赋予人道主义干涉一个"理想化"的定义。确定人道主义干涉的"理想化"定义的目的是为了在即将展开的评估中进入人道主义干涉的相关论述的内部,对最具有本质意义的人道主义干涉的理论和实践进行分析。这样做的目的是

[①] Peter J. Schraeder ed., *Intervention into the 1990s: US Foreign Policy in the Third World*, London: Lynne Rienner Publishers, 1992, p.131.

在研究的最初阶段能够回到人道主义干涉原始含义,暂时排除在行为目的和动机等问题上存在的争议。由"理想化"定义开始的分析评估才有可能达到不同学术观点之间对话交流的目的。

"人道主义干涉"一词已经限定了干涉者使用武力的目的是出于"人道主义"的原因。当前,不论在国际法还是国际关系学界,以行为目的来界定人道主义干涉占据了主导地位。比较权威的国际法辞书——《国际公法百科全书》给人道主义干涉所下的定义是:"一个国家由于另一个国家自己不愿意或不能够保护其公民的生命和自由从而对该国使用武力。"①斯坦利·霍夫曼认为:人道主义干涉是从非政治立场出发,为终止一国国内大规模侵犯人权的行为,未经该国许可而运用强制手段尤其是军事手段的一种干涉。②西恩·墨菲在承认人道主义干涉具有多重动机、并不单纯限于人道目标后,给出了如下定义:"人道主义干涉是国家、国家集团或国际组织针对目标国使用或威胁使用武力的行为,其目的主要在于保护目标国国民免遭剥夺国际公认的人权。"③赫尔兹格瑞夫(J. L. Helzgrefe)则比较全面地从干涉主体、干涉目标和干涉手段进行了界定:"人道主义干涉是国家或国家集团跨国界地使用或威胁使用武力的行为,其意在预防或者阻止针对非本国公民的大范围严重侵犯个人基本人权的问题,且其行动没有取得目标国的同意。"④

在上述定义中,学者们对于何为"人道主义"原因的解释不尽相同,大致涵盖了从比较具体的保护生命安全到相对模糊的"国际公认的人权"等。然而,不论各种定义在表述语言上是更趋近于清晰还是模糊,可以确定的是,学者们将人道主义干涉与违反基本人权达到"震骇人类

---

① [德]马克思·普朗克比较公法及国际法研究所主编,中山大学法学研究所国际法研究室译:《国际公法百科全书——第三辑:使用武力、战争、中立、和约》,广州:中山大学出版社,1992年版,第339页。

② Stanley Hoffmann ed., *The Ethics and Politics of Humanitarian Intervention*, Notre Dame: University of Notre Dame Press, 1996, p. 8.

③ Sean D. Murphy, *Humanitarian Intervention: The United Nations in an Evolving World Order*, Philadelphia: University of Pennsylvania Press, 1996, pp. 11–12.

④ John Helzgrefe, "The Humanitarian Intervention Debate", in John Helzgrefe and Robert Keohane ed., *Humanitarian Intervention*, New York: Cambridge University Press, 2003.

良知"的程度联系在一起。在干涉手段上,几乎所有学者都认为使用或威胁使用武力是人道主义干涉的重要特征。按照前文《国际公法百科全书》中的相关解释,人道主义干涉应当同时具备以下四个要素:1.人道主义干涉是指使用武力进行干涉,不包括经济、外交和舆论的干涉;2.人道主义干涉是指外国对一个国家的干涉,不包括一国国内一种力量对另一种力量的干涉;3.人道主义干涉是指为保护公民的生命和自由即为人道目的而进行的干涉,不包括为保护公民政治、经济、文化等权利的干涉;4.人道主义干涉是在被干涉国不愿意接受的情况下进行的干涉,不包括被干涉国表示同意的干涉。①

综合以上具有影响力的人道主义干涉界定,本书认为理想化的人道主义干涉定义应该包括以下部分。首先,干涉主体包括了国家、国家集团和国际组织等国际行为体。出现"震骇人类良知"的人道主义灾难、且该国已失去控制能力或该国政府纵容、乃至直接从事该行为是触发干涉的先决条件。②所谓人道主义灾难是指"平民因天灾而大量丧生、流离失所,或因战争或种族清洗等人祸遭受大规模屠杀、迫害和驱逐"③。干涉的根本目的是通过使用或威胁使用武力改变该国的对内行为而非对外行为。④因此,"国际行为体为了制止一国内部爆发的人道主义灾难,不经当事国同意而使用或威胁使用武力的行为"最接近人道主义干涉的本义。本书也将这一概念作为研究的理想化定义。

在理想化的定义方式中,人道主义干涉的根本属性是使用或威胁使用武力。为了制止人道主义灾难而使用武力,这一关系符合从古典哲学家以来对于人道主义干涉的标准论述,从而排除了使用人道因素为借口掩盖其他行为动机的干涉。这一"理想化"定义构成了一个基本的衡量标准,可以以此检验相应的理论和实践与之的匹配程度。

---

① Jennifer M. Welsh, "Introduction", in Jennifer M. Welsh ed., *Humanitarian Intervention and International Relations*, New York: Oxford University Press, 2004, p. 3.
② Stanley Hoffmann ed., *The Ethics and Politics of Humanitarian Intervention*, p. 24.
③ 张睿壮:《"人道干涉"神话与美国意识形态》,载《南开学报(哲学社会科学版)》2002年第2期,第111页。
④ Stanley Hoffmann, "The Problem of Intervention", in Hedley Bull ed., *Intervention in World Politics*, Oxford: Clarendon Press, 1984, p. 10.

三、人道主义干涉的实践问题

应该注意的是,在研究中如果完全按照理想化定义来判断人道主义干涉实践会面临许多研究范畴上的限制。正如不少学者已经指出的,在实践中人道主义干涉存在"滥用"的危险,干涉者常常以人道主义为借口掩盖行为的真实动机,这种行为显然不符合以目的界定的人道主义干涉行为。左翼政治评论家乔姆斯基就曾十分尖锐地指出,研究人道主义干涉问题首先必须确定这类行为是否存在。[①]即使如墨菲那样将干涉目的放松到"主要"是出于人道主义的考虑,那么那些明显滥用人道主义的名义进行干涉的行为(如科索沃战争)是否应该排除在本书所要研究的"人道主义干涉"范畴之外呢?因此,在形成人道主义干涉的理想化定义之后,还需要做出一些具体的附加规定,以满足实际研究的需要。

本节将从干涉主体、"同意"原则和行为动机三个方面细化理想化定义未曾涉及的内容,以利于下一步研究的进行。

第一,干涉主体的界定——国家、国家集团还是国际组织?一般认为,国家、国家集团和国际组织都可以实施人道主义干涉。冷战结束后,联合国授权进行的干涉行动不断扩展,因此开始有研究者将国际组织作为分析的基本单位,国际组织被赋予了独立的干涉者地位。[②]然而,这种分析方法在国际现实中并不恰当。本书从研究便利的角度出发,赋予了国家、尤其是大国在人道主义干涉中的首要地位。

首先,只有国家才能有效使用武力。《联合国宪章》将"维护国际和平及安全之主要责任"赋予了安理会。但如考克斯(Robert Cox)和雅各布森(Harold Jacobson)在其具有开创性的研究中所指出的那样,由于安理会的议题内容同成员国利益密切相关,因此其自主能力较低,组

[①] Noam Chomsky, "Humanitarian Intervention", http://www.chomsky.info/articles/199401——02.htm.

[②] 参见 Sean D. Murphy, *Humanitarian Intervention: The United Nations in an Evolving World Order*, Philadelphia: University of Pennsylvania Press, 1996.

织决策结果也必须通过具体国家加以实施。①在使用武力这种同成员国利益直接相关的议题中,成员国的意见和参与情况至关重要。冷战后,在得到联合国安理会授权的干涉行动中,法国、意大利、英国和澳大利亚分别领导了在卢旺达、阿尔巴尼亚、塞拉利昂和东帝汶的行动。而在伊拉克禁飞区计划、索马里和波黑维和行动中,我们可以发现美国及其盟友的主导地位。相反,在卢旺达国内矛盾激化之前,由于美国的推诿阻挠,联合国增派维和部队的决议迟迟不能得到实施,数量有限的驻当地维和部队无法阻止大屠杀的爆发和升级,最终酿成了震惊世界的惨剧。②因此,即便像联合国这样最具权威性和合法性的国际组织在缺乏大国有力支持的情况下也无法独立和有效地使用武力。而对诸如北约、非盟等地区性国际组织而言,主导性大国的作用在其中更为明显。因此,将国际组织作为实施干涉的主体进行分析可能并不准确:这种做法有意无意地模糊了干涉行为的真正主体——国家。

其次,大国是干涉行动中的主要行为体。大国在现实主义理论中具有十分重要的地位。由于现实主义将干涉看作是国家权力不对称的后果,因此,大国自然成为了干涉行动中的最主要行为体。正如沃尔兹所言,大国具有的独特地位使它们可以"进行其他国家既无动机又无能力进行的活动"。③强调大国特殊作用的并不仅仅囿于现实主义理论。传统上,大国被定义为在全球范围拥有利益的国家。汤因比(Arnold Toynbee)认为,"或许可以将大国定义为能够施加与其活动的最广义的社会范围同样广泛影响的政治力量"。④马丁·怀特(Martin Wright)认为,"大国指具有普遍利益的国家,它们拥有同国际体系本身一样广泛的利益,这在今天意味着世界范围的利益。"⑤大国由于其具有的普遍利益而不断地参与到世界事务之中,创设"游戏规则",处理国际危机

---

① 参见 Robert Cox and Harold Jacobson, *The Autonomy of Influence: Decision Making in International Organization*, Hew Haven: Yale University Press, 1973.

② Sean D. Murphy, *Humanitarian Intervention: The United Nations in an Evolving World Order*, chp. 3, 6.

③ Kenneth Waltz, *Theory of International Politics*, p. 199.

④ Arnold Toynbee, *The World After The Peace Conference*, p. 4. 转引自马丁·怀特著,宋爱群译:《权力政治》,北京:世界知识出版社,2004年版,第22页。

⑤ 同上。

和冲突。布尔(Hedley Bull)将干涉看作大国行为的显著特征,"大国就是那些发动干涉行动而本身不被干涉的国家。一旦它们成为干涉的对象,如1918—1922年的俄国,那么它们也就失去了大国地位"①。由此看出,大国所具有的强大实力是实施干涉的必要条件。冷战后,美国是唯一有能力在全球范围内进行军事干涉的国家。而当联合国试图介入某国国内出现的人道危机或人道主义灾难时,如果没有得到美国的支持便很难取得实质性成果,卢旺达就是一个明显的例证。除了美国外,英、法等西方大国在冷战后也不同程度地参与了地区性军事干涉活动。

第二,同意(consent)原则的实施情况。干涉通常被认为是与主权截然相对的概念。布尔将干涉定义为"外部团体对一国管辖范围内事务的强制干预(interference)"②。在绝大多数情况下,作为"强迫他人做或不做某些事"的干涉并不需要获得目标国的同意。目标国的同意有可能将外部干涉的性质转变为联合国维和行动或是国家间的军事合作。③但有两类特殊案例也值得注意。如在联合国索马里行动的第一阶段,混战中军阀的某一方可能出于各种利己考虑(如拖延时间以求扭转劣势等)而同意外部干涉。④在此种情况下,由于目标国国内派系力量极其分散,并没有得到公认的权威,缺乏确定国家同意与否的法律(de jure)和事实(de facto)主体,因而此类同意并不能改变行动的干涉属性。另一类案例表现为目标国政府被迫"同意"。如在达尔富尔问题上,苏丹政府同意接受联合国与非盟混合维和部队,但这种同意是在外部不断施加压力下形成的。而且在达尔富尔问题的发展过程中,西方也一直或明或暗地威胁使用武力。因此苏丹政府的"同意"并非出于自愿。从严格的意义上看,苏丹达尔富尔问题并不完全符合理想化定义中的人道主义干涉。但为了方便进行对比,我们将这种明显违背目

---

① Hedley Bull ed., *Intervention in World Politics*, New York: Oxford University Press, 1984, p.1.

② Ibid, p.181.

③ 联合国维和三原则为:1.维和行动需要得到联合国授权并征得目标国同意,2.维和部队在执行任务过程中必须谨守中立,3.适度使用武力。

④ Sean D. Murphy, *Humanitarian Intervention: The United Nations in an Evolving World Order*, pp.219—220.

标国意愿的"同意"也纳入到实践研究的范畴中。

第三,干涉动机问题。行为动机是人道主义干涉饱受诟病之处。在理想化定义中,人道因素应该是决定性或至少是最主要的行为动机。出现人道主义灾难等导致当地人民丧失基本人权的情况被认为是这种人道因素所考虑的主要内容。但国家在对外行动中常常受到多重动机的影响,确定决定性的或主要的行为动机是比较困难的。另一方面,一些表面化的行为动机并不能经受住深入的检验。如在科索沃战争中,"人道主义灾难"成为了以美国为首的北约对南联盟实施打击而刻意寻找的借口。而伴随着北约实施大规模空袭,在科索沃和塞尔维亚其他地区集中爆发了十分严重的人道主义灾难。这种情况实际上与干涉者"保护他国公民生命和自由"的表述恰好背道而驰。在很多情况下,干涉国为了实施对别国的干涉,完全可以赋予"人道主义灾难"截然不同的内涵。为了解决这类案例的归属问题,本书将干涉国以人道因素为主要理由对干涉进行解释的行为也纳入研究中。

在现实中,很难有案例能够完全满足理想化的人道主义干涉定义。因此本书将那些由美国等西方大国参与实施的,以人道主义理由证明行为正当性的干涉纳入到考察的范畴中,希望通过对理想化定义范畴的有意识扩大,更全面地评估冷战后西方人道主义干涉行为。

第二节 历史进程中的人道主义干涉

人道主义干涉的历史实践充满了不确定性。在很多情况下,一些当代西方学者认定的人道主义干涉实践在事发当时并不被国际社会所认可。在人道主义干涉的历史上,16世纪西班牙法学家维多利亚提出了传统意义上的人道主义干涉,即根据国际法,对于拒绝给予本国臣民以基本人权,例如自由从事宗教权利的国家,可以由外国实施干涉。[①]大部分学者都认为,近代国际法意义上的人道主义干涉及其理论是在19世纪末至20世纪初,随着欧洲帝国主义列强对土耳其和东欧国家

[①] 宫学哲著:《从国际法看人权》,北京:新华出版社,1998年版,第201页。

的干涉实践逐步形成的。①在这一时期的国际法中对人道主义干涉既没有禁止性也没有许可性的规定。在 19 世纪至冷战结束前的人道主义干涉事件中,满足国家利益的需要(领土扩张、争夺地区领导地位等)与意识形态的推动(如宗教因素、社会制度分歧等)是实施行动的较为常见的原因。

一、早期的人道主义干涉理论与实践

人道主义干涉从来就是一个充满争议的话题。国际人权法权威学者西奥多·梅隆(Theodor Meron)的研究指出:"1648 年威斯特伐利亚和会以前的一些国际法著作表明,人类社会共同利益的概念以及现代人道主义干涉权利在格老秀斯(Hugo Grotius)之前就已形成。"②这种共同利益的概念首先来自基督教学者。作为中世纪最著名的基督教学者,托马斯·阿奎那认为:在某种程度上一国君主有权基于宗教的利害关系干涉另一国的内部事务,如果后者虐待他的臣民超出了能够接受的程度。③在主权原则确立的同时,欧洲最主要的国际法学者们继承了基督教学说中的相关传统,认为在某些例外情况下干涉是被允许的,例外的情况之一就是一国国内发生了危害人类的行为。16 世纪的西班牙法学家维多利亚(Francisco de Vitoria)明确表示:按照国际法,对于拒绝给予本国臣民以基本人权,如自由从事宗教权利的国家,可以进行干涉。④尤其值得注意的是,国际法之父格老秀斯既提出了以"互不干涉"为重要特征的国家主权原则,也表示:"对人类的暴行一开始,国内管辖的专属性就停止"。他的著作被认为包含了"人道主义干涉原则的最早的权威声明"。⑤总之,早期的国际法学者把大规模侵犯人权作为诉诸国家战争的法理依据和正义战争的组成部分。我们可以看到,这些学者们大多数是从宗教角度出发,论述的是基于自然法的宗教干涉,

---

① 龚刃韧:《国际法上人权保护的历史形态》,《国际法年刊:1990》,北京:法律出版社,1991 年版,第 231 页。

② Theodor Meron, "Common Rights of Mankind in Gentili, Grotius and Suarez", *American Journal of International Law*, Vol. 81, Issue 1, 1991, p.110.

③ Ibid.

④ 宫学哲著:《从国际法看人权》,第 201 页。

⑤ 同上。

所保护的是基督教徒的权利。

在19世纪,有许多援引人道主义干涉理论证明行为合法性的案例,其中最著名的当数英、法、俄等欧洲列强对土耳其的干涉。1821年3月底,希腊伯罗奔尼撒半岛爆发了反对土耳其苏丹统治的起义。次年1月13日,起义者宣布希腊独立,并通过了宪法。但土耳其在埃及的支援下镇压了希腊起义。1826年4月4日,英、俄签订了《圣彼得堡议定书》,规定土耳其对希腊拥有宗主权,但是希腊应当完全自治。然而土耳其断然拒绝给予希腊人以自治权。1827年7月6日,英、俄、法三国又签署了《伦敦条约》,要求土耳其同意建立自治的希腊国并停止镇压。土耳其在奥地利的支持下又一次拒绝了三国的要求。因此,英、俄、法三国出动联合舰队对土耳其和埃及的联合舰队发动了猛烈攻击,几乎全部歼灭对手。1828年俄国同土耳其之间也爆发了战争。英、法、俄三国联合或单独干涉土耳其的行动导致了希腊的独立。1830年,英、法、俄签署了关于希腊独立的《伦敦议定书》。①之后,欧洲列强又以保护遭到迫害的少数基督教徒为名义,对土耳其进行了多次联合或单独的干涉。1860—1861年英、法、奥、普、俄对叙利亚的干涉就是因为数千名基督教马龙派教徒被杀害事件。1866—1868年英、法、俄干涉克里特岛,1876—1878年间三国又相继在波斯尼亚、黑塞哥维那、保加利亚和马其顿实施了干涉行动。除了欧洲列强以人道和保护基督徒为理由对奥斯曼土耳其帝国实施的密集干涉外,1856年英国和法国对西西里的干涉,英法政府也宣称是出于西西里当局逮捕政治犯和虐待犯人的考虑。

从19世纪末开始,长期坚持孤立主义外交战略的美国也适时加入了对外干涉的行列中。1895年,西班牙殖民统治下的古巴爆发起义,美国国内支持古巴起义者的舆论同美国政府获得海外殖民地的需要相互结合,开始为在古巴实施干涉做起了准备。1898年,美西战争爆发。欧洲各大国呼吁美国从人道主义的立场出发,不要进行这场战争。然而,美国总统麦金莱(William Mckinley)的答复是要各国理解,美国对

---

① "London Protocol", Feb. 3, 1830. www.mfa.gr/NR/rdonlyres/...5493.../1830_london_protocol.doc.

西班牙战争,支持古巴独立,"正是为了履行'人道'的责任"。①因此,有学者将这场战争戏称为美国历史上的"第一次"人道主义干涉实践。②

综上所述,19世纪的"人道"干涉集中表现为欧洲列强对奥斯曼土耳其和东欧国家的武力干涉,以及美国对西班牙殖民统治者的战争。就干涉动机而言,西方帝国主义国家自身利益和宗教意识形态成为了实施干涉的主要推动力。欧洲国家同奥斯曼土耳其的历史恩怨和宗教对抗自不必赘述,维护贸易利益、争夺"东方国家"的势力范围也是列强实施干涉的重要目标。以1829年俄国和土耳其签订的《亚得利亚那堡和约》为例,在该和约中,土耳其承认希腊独立,而更重要的是俄国获得了其臣民在奥斯曼帝国境内享有充分的贸易自由、商船可以自由通过博斯普鲁斯海峡和达达尼尔海峡的权利,并且还将多瑙河沿岸的塞尔维亚、瓦拉几亚和摩尔达维亚变成了自己的保护国。③如果说同人道有些微联系的话,那么西方国家事实上保护的也是居住在东方的基督徒而已。一个明显的例证是,在19世纪末到20世纪初的几十年中,处于土耳其统治下的大量亚美尼亚人遭到屠杀,但并没有任何西方国家从人道考虑出发加以制止和干涉。从在形式上更具有"人道主义干涉"特征的美西战争中也可看出,强烈的地缘政治诉求是美国对外干涉的最重要动因。不断标榜尊重"民族自治"、以"自由堡垒"自居的美国在击败西班牙殖民者后却又血腥镇压菲律宾人民争取民族独立的起义,并把名义上独立的古巴置于军事控制之下,这是用"人道主义干涉"无论如何都解释不通的。两相比较可以发现,人道因素在以上国家决定实施对外干涉行动时所起到的作用十分微弱。

有鉴于此,有学者毫不讳言地指出:"几乎所有发生在19世纪的所谓人道主义干涉,其根本动机都是出自干涉国自身的政治利益的考虑,

---

① William Mckinley,"War Message",1898. http://www.mtholyoke.edu/acad/intrel/mkinly2.htm.

② Shannon Jones,"Lessons of the Spanish—American War, the First US Humanitarian Intervention", http://www.wsws.org/articles/1999/may1999/span—m17.shtml.

③ "Treaty of Adrianople", *The Columbia Encyclopedia*, 6th Edition, 2008.

而与真正的人道主义无关。"①中国著名国际法学者、曾担任联合国前南斯拉夫国际刑事法庭大法官的王铁崖十分明确地总结说:"历史经验证明,当'人道主义干涉'被个别国家作为一项权利针对另一国家加以行使时,它就会被滥用,因为这些国家往往是为了达到自私的目的,'为了人道'或'维护人权'只是掩人耳目的幌子。所以,认为国家有'人道主义干涉'的权利的观点是十分危险的。"②

在这一时期,欧洲国家对外关系的一个典型特征是根据所谓的"文明标准"(standard of civilization)区分国家性质,即符合"文明标准"的国家可以被看作主权的拥有者,而不符合标准的则应受到"文明国家"的管制。直到19世纪末,(文明标准)"都是在欧洲盛行的政治信条。只有那些达到一定文明行为标准的国家才有权维持其主权地位并在相互承认主权的基础上交流互动"。③在早期的人道主义干涉行动中也完全可以发现这种行为模式。欧洲各大国之间相互承认主权地位,而对于土耳其等"落后"国家的主权则予以否认。当其国内爆发危机状况时,欧洲国家采取了积极介入的政策,完全没有考虑"主权独立"、"不干涉内政"等规范的约束。这种干涉的实质就是大国可以对弱小国家采取各种能力所及的行动,而弱小国家只有被动接受的命运。正如修昔底德所说:当你有能力通过武力推行意志时,你就不需要任何法律。④

二、冷战时期:稀缺的"人道主义干涉"

尽管19世纪的所谓"人道主义干涉"实践与人道无关,但在理论上,到第一次世界大战之前,西方部分国际法学者对人道主义干涉作为国际法上的一种合法干涉表示了认可。"人道主义干涉"概念至二战结束时已经得到了充分发展,其最基本的含义是指国家单独或联合在民

---

① Thomas M. Franck and Nigel S. Rodley, "After Bangladesh: The Law of Humanitarian Intervention by Military Force", *American Journal of International Law*, Vol. 67, No. 2, 1973, p. 279.
② 王铁崖主编:《国际法》,北京:法律出版社,1999年版,第114页。
③ Mohammed Ayoob, "Humanitarian Intervention and State Sovereignty", *The International Journal of Human Rights*, Vol. 6, No. 1, Spring 2002, p. 84.
④ 转引自Arkadiusz Domagala, "Humanitarian Intervention: The Utopia of Just War?", Working Paper of Sussex European Institute, Aug. 2004, p. 4.

主、人权或人道主义的基础上对目标国实施军事行动。人道主义干涉的支持者们认为:"如果一个国家犯有对本国人民施行残暴或迫害的罪行,以致否定他们的基本人权并且震骇人类良知,那么,为人道而进行的干涉是法律所允许的。"[①]

然而在整个冷战期间,以"人道"为名实施干涉的情形却并不多见。1965 年印度尼西亚在东帝汶、1968 年尼日利亚以及 1972 年布隆迪都爆发了"足以震骇人类良知"的暴行,但没有任何国家宣布有权进行干涉。对此,建构主义学者的解释是"人道"规范还没有得到国家的接受。[②]但是历史经验已经表明,在西方国家中人道主义干涉的理论铺垫甚至早于文艺复兴时代,并已在数十年前的实践中被当作行动正当性的证明。以规范的接受程度来解释这一问题很难获得经验支持。在 1971 年印度出兵干涉东巴基斯坦、1979 年越南入侵柬埔寨(红色高棉),以及坦桑尼亚出兵干涉乌干达等事件中,三个干涉国都没有援引"人道主义干涉"为自己的行动辩护。[③]

冷战期间"人道主义干涉"稀缺具有两层原因。从最直观的角度观察,主权原则起到了重要作用。《联合国宪章》中明确禁止干涉他国内政,"人道主义干涉"的合法性因此降低。1970 年联合国大会一致通过的《关于各国依〈联合国宪章〉建立友好关系及合作之国际法原则宣言》进一步确立了不干涉原则的国际法地位,宣称:"任何国家或国家集团均无权以任何理由直接或间接干涉任何其他国家之内政或外交事务"。[④]1986 年国际法院在尼加拉瓜诉美国案的判决中正式阐明:"国际法并不允许一国单方面诉诸武力以补救另一国的人权状况。因此,武装干涉及对国家人格或其政治、经济及文化要素之一切其他形式之

---

① [英]劳特派特修订,王铁崖、陈体强译:《奥本海国际法》上卷"平时法"第一分册,北京:商务印书馆,1981 年版,第 235 页。
② Nicholas Wheeler, *Saving Strangers: Humanitarian Intervention in International Society*, New York: Oxford University Press, 2000, pp.55—111.
③ 魏宗雷等著:《西方"人道主义干预"理论与实践》,北京:时事出版社,2003 年版,第 45—47 页。
④ 见《在尼加拉瓜境内针对尼加拉瓜的军事与准军事活动案》,http://jpkc.rucil.com.cn/article/default.asp?id=79。

干预或试图威胁均系违反国际法。"①联合国和国际法院等权威机构对于尊重主权和不干涉原则的不断确认，在法律层面上消解了侵略和对外干涉的合法性基础。在主权原则具有优先地位的国际互动中，干涉本身就被视为非法。国家更加无法利用人权和人道主义等理由为自己的干涉行为提供合法性证明了。

然而也必须看到，冷战期间美国在全球范围内大肆实施干涉政策、苏联基于"社会主义大家庭"和"有限主权论"对东欧国家的干涉都表明，主权原则对于大国并不能产生实质上的制约效果。因此在最直观的主权原则制约之外，"人道主义干涉"稀缺的根本原因是冷战两极格局中权力制衡的结果。在东西两大集团的政治军事对抗中，维护自身安全、争取战略利益是美苏两个超级大国考虑的首要问题。美苏任何一方的对外干涉行动都可能造成重大的国际后果，在实施对外干涉时都必须权衡利弊、考虑对方的反应。在冷战期间，西方人权概念就等同于政治自由，美国方面任何以人权名义而采取的军事行动都可能被苏联解读为挑衅和进攻。"人道"的外衣非但不能改变干涉的性质、消解或降低行动在对方眼中的危险性，反而可能引发不必要的冲突。在外部存在强大制约力量的情况下，以美国为首的西方世界在人道主义问题上不得不采取十分谨慎的态度。这直接导致了地区性国家在十分有限的对外干涉空间中更加难以利用人道主义因素为自己的行动正名。在干涉的合法性和"人道"因素对本国行动产生助益的有效性都大打折扣的情况下，国家不再选择"人道"因素作为自身行动的正当性来源。

三、历史案例总结

在上述历史案例中，国家在实施干涉过程中考虑到的人道因素微乎其微。从早期的西方人道主义干涉实践到冷战结束前第三世界国家间的军事干涉，以下行为特征较为突出：

第一，干涉以国家利益为主要导向。19世纪主要的"人道主义干涉"行动都可以被看作是国家利益导向的。国家利益的作用主要是鼓励实施干涉。在这里，"国家利益"是物质实在的，是可以为本国带来直

---

① 王铁崖、田如萱编：《国际法资料选编》，北京：法律出版社，1986年版，第5—6页。

接好处的,如扩张领土、获取和扩大势力范围、拓展贸易和投资机会等战略、政治和经济利益。很明显,在对外干涉收益极大的诱惑下,19世纪的欧洲大国和美国等都不同程度地实施了对外干涉的行动,而对于那些相距遥远、缺乏利益激励地区的人道主义问题则毫不理会。

第二,将人道主义口号作为干涉正当性的支持。除了干涉本身明显的利益追求外,这一时期使用"人道主义干涉"的名称与获取行动正当性有关。在以《联合国宪章》为基础的现代国际秩序建立之前,对主权国家的干涉现象十分普遍且缺少约束。但出于增加行为正当性的考虑,干涉国通常寻找各种道义原则为自己的行为辩解。人道主义干涉的概念发源于基督教传统。宗教学者们所论述的国家保护个人基督教信仰自由的权利与国际法学者的基于自然法的干涉理论相结合,为早期的"人道主义干涉"增加了一抹浓重的宗教色彩。西方国家作为对外干涉的主力,从基督教原则出发寻找行为正当性的证明也就不足为奇。

第三,大国是实施干涉的主要行为体。无论在何种历史条件下,大国都是干涉行动最主要的推动者和实践者。在多极格局中,干涉可能呈现为多个大国对中小国家的争夺。而在两极结构下,美苏两国尽管没有使用"人道主义"的口号,但其对中小国家的干涉并不鲜见。由此可以看出,任何军事干涉都是建立在一国实力的基础之上的。只有当大国的实力配合以相应的意愿,干涉行动才可能被付诸实施。

第三节 冷战后人道主义干涉理论与实践的发展

冷战结束后,人道主义干涉的理论和实践都有了新的发展趋势。在理论方面,人道主义干涉的倡导者们将两极格局的崩溃看作世界历史的转折点。在冷战期间被大国竞争所压制的各种矛盾,如民族分裂主义、种族冲突、宗教问题等统统爆发出来,世界进入了一个"危险时期"。具体表现为国内冲突超过了国际冲突成为威胁世界安全与和平的重要来源。因此,国际社会需要积极介入国家内部,从源头上解决问题。当国际社会的介入与主权原则出现矛盾时,人权倡导者们则提出主权并非绝对,应该从"作为权威的主权"向"有责任的主权"过渡,以

"保护的责任"为代表的论述应运而生。在实践层面,以美国为首的西方国家打着"新干涉主义"的旗号进行了多场"人道主义干涉"战争,理论与实践的相互呼应将人道主义干涉提升为冷战后的国际热点话题。

一、干涉前提:一个更加危险的世界

随着两极国际结构的终结,整个国际社会开始考虑冷战后的世界究竟是何种模样。有学者表示,冷战结束意味着"历史的终结",人类社会从此将不再需要选择发展模式,大多数人都将走向自由民主的道路。[①]然而一种普遍的认识却是,冷战结束导致世界进入了一个更加危险的时代,原本被压抑在美苏争霸之下的民族矛盾、种族仇恨、宗教纷争和领土争端开始集中爆发,构成了对国际安全与和平的新威胁。

新威胁首先表现为国内和地区冲突数量急剧增加。据统计,从1991年至2002年,全球发生国际冲突168起,其中内战117起,民族宗教冲突16起。而爆发在亚非第三世界国家和前苏联、东欧地区的冲突占全球冲突数量的90%以上。[②]而根据"全球安全"(Global Security)的统计,20世纪80年代全球爆发各类冲突30余起。[③] 很明显,冷战后国际冲突,尤其是内战和民族宗教冲突的数量大大增加。而内战和民族宗教冲突不断外溢引发了新的边界冲突,造成对国际安全与和平的更大威胁。

其次,冲突造成平民大量伤亡和难民潮涌现。20世纪90年代,中东、前南、撒哈拉以南非洲等地区的冲突都造成了大量平民伤亡。而随着冲突的蔓延,越来越多的当地居民背井离乡,沦落为难民。1994年卢旺达大屠杀造成了近百万人死亡。[④]而由于索马里、波黑、伊拉克冲突所形成的难民数量也是相当庞大的。难民大量涌入邻近国家,严重威胁了地区的稳定,引起了国际社会的普遍关注。

---

① [美]弗朗西斯·福山著:《历史的终结及最后之人》。
② Stockholm International Peace Research Institute, *SIPRI Year—book 2003*: *World Armaments, Disarmament and International Security*, Oxford: Oxford University Press, 2003, pp. 115—118.
③ http://www.globalsecurity.org/military/world/war/past.htm.
④ Associated Press, "More Than One Million Rwandans Killed in 1990's", *The New York Times*, Feb. 14, 2002.

针对这种局面,人道主义干涉的倡导者们依据所谓的"人权的国际保护"理念提出:由于冷战后的世界更加危险,因此需要国际社会承担责任,通过积极干涉的方式解决产生威胁的根源。他们认为,人道主义干涉既消除了对国际和平与安全的危害,也可以向受到伤害的个人提供保护,是一举两得的最佳选择。

二、人权的国际保护与新干涉主义实践

在第二次世界大战之前,人权保护被视为纯粹的国内事务。但二战中的纳粹大屠杀使得人们开始考虑在国际层面上确保基本人权。《人权宣言》和一系列人权公约成为人权从国内保护向国际保护转变的标志。然而在整个冷战时期,对人权的国际保护并没有得到明显的发展。美英等国多次反对将发展权列入人权保护条约中。[1]联合国人权委员会直到1992年才直接评价由个别国家提出的人权报告。[2]直到冷战结束后,人权的国际保护才得到了西方国家政府的明确支持。

人权的国际保护在冷战后受到西方国家的重视具有其特殊的背景。由于苏联在一夜之间分崩离析,西方对此并没有任何事先准备。面对忽然而至的"胜利",西方国家希望找到"不战而胜"的秘诀为何物。在这一过程中,尊重和保护"普世性"的人权价值观被西方认为是取得胜利的关键性因素之一,继续实施人权保护符合其内部的意识形态需要。而更为关键的是,苏联的解体导致挑战西方国家推广"普世性"人权价值观的力量消失。苏联集团的存在对于西方不仅是一个军事威胁,还直接制约了美国制定国际规则的能力。然而,"从1989年至今,西方国家几乎没有面对过挑战其重新定义和推广普世价值的力量"[3]。这使得西方可以不受阻挠地借"国际社会"、"全球市民社会"的名义推广其人权保护观念。在人权国际保护的理念引导下,新干涉主义成为了这一时期西方应对人权问题的主要政策主张。

---

[1] M. Munta,"The Ideology of Human Rights",*Virginia Journal of International Law*,Vol.36,1996,pp.606—607.

[2] Ibid.

[3] David Chandler,*From Kosovo to Kabul and Beyond*,London:Pluto Press,2005,p.62.

新干涉主义已经被为数不少的学者和政治家们反复讨论。由于冷战后出现的新威胁不断增多,外部力量介入国家和地区内部事务急需一种新的政策主张提供理论化的行动指导和正当性支持。西方国家将个人权利至上作为论述的起点,新干涉主义由此应运而生。理查德·哈斯认为:"当一个国家的政府严厉压制本国人民的人权,或者当中央政府的腐败行为造成无辜人民容易遭受攻击的时候,干涉(包括来自外部的军事干涉)就是合理的,甚至是必须的"。①新干涉主义首先要突破的是主权和不干涉原则的桎梏。1999年,英国首相布莱尔提出:"不干涉长期以来都是国际关系中的重要原则,但这一原则必须在一些重要的方面加以限制。……国家主权并不比保护人权和防止种族灭绝更重要。"②1999年,美国总统克林顿在第54届联大会议上为科索沃战争进行辩护时提出:"国家主权不能成为一些践踏人权的国家免受干涉的借口。"③在这些观点之下,新干涉主义的政策主张逐渐清晰,即在外交政策中突出民主、人权等价值观和西方的道义责任,以西方标准衡量其他国家和地区的人权和民主状况,对于被认为有严重侵犯人权情况的国家,美国等西方大国既可以寻求在联合国框架内处理问题,更要保留单方面使用武力进行干涉的权利。

新干涉主义的实质就是人道主义干涉,它将维护人权和捍卫西方共同价值观作为行动的目标,以武力手段干涉别国内政。很明显,新干涉主义的目的就是塑造有利于西方的新的霸权秩序。推行新干涉主义的物质基础是冷战后西方国家庞大的军事体系和国际组织架构。其中,北约是这种军事组织的代表。从科索沃战争到推翻阿富汗塔利班政权,北约作为军事工具都发挥了强大的作用。

在实践层面,早在新干涉主义主张出台之前,以美国为首的西方国家从海湾战争结束后就开始借用人道主义理由实施干涉行动。海湾战争结束后,美、英、法三国(法国后来退出)就先后在伊拉克北部和南部

---

① [美]理查德·哈斯著,殷雄、徐静译:《新干涉主义》,北京:新华出版社,2000年版,第15页。

② Tony Blair, "Doctrine of International Community", speech to the Economic Club of Chicago, Apr. 22, 1999.

③ Bill Clinton, "Address to the 54th UN General Assembly", Sept. 20, 1999.

设立"禁飞区"。设立禁飞区的重要目标是保护伊北部的库尔德人和南部的什叶派穆斯林免遭萨达姆政权的侵袭和屠杀。"禁飞区"计划一直持续到美国 2003 年入侵伊拉克。在此期间,针对"禁飞区"是否合法的争议从未间断。有国际法学者认为,安理会第 688 号决议并没有授权具体国家采取军事行动,美、英设立"禁飞区"属于自行扩大联合国决议而采取的单边行动。[①] 但美、英方面始终认为,"禁飞区"计划是根据联合国安理会第 688 号决议精神进行的。我们可以发现,在冷战结束之初,美国并没有抛开联合国,它仍然希望通过联合国授权来获取行动的合法性。但此时"人道主义"的"标签"已经被美国及其盟国作为论证行为合法性的证据之一了。

1994 年 10 月,克林顿下令出兵海地。这次军事行动也被人道主义干涉倡导者们看作典型的人道主义干涉。在获得安理会明确授权下,美国政府为了重建"民主宪政体制"而对海地军政府采取了军事行动。然而美国的军事行动在国内并没有获得共识。传统保守派对于克林顿政府在"与美国切身利益毫无关系"的地方动用武力表示了强烈的反对。也有文献说明,克林顿政府出兵的主要原因是海地危机造成大量难民涌入美国,给美国社会安全和稳定带来威胁。[②] 另一方面,美国国会中的"黑人核心小组"(Black Caucus)以及其他左翼团体的游说和施压也起到了推波助澜的作用。[③] 因此,即使克林顿政府已经将人权作为外交政策的支柱之一,但当面对要求使用武力的具体事件时,人权和人道主义动机在政府决策中的地位并不显著。

克林顿当政期间还在前南斯拉夫地区实施了两次军事干涉。两次干涉均通过北约具体负责行动的实施,其针对的目标为波黑塞尔维亚人和南联盟塞尔维亚共和国。对于这两次干涉,尤其是北约进行的科索沃战争,我们可发现,美国在行动上的单边主义倾向日益加强,新干涉主义的政策指导意义更加明显。在科索沃战争期间,使用北约作为

[①] 杨泽伟:《人道主义干涉在国际法中的地位》,载《法学研究》2000 年第 4 期。

[②] John Sweeney, "Debate: The Haiti Intervention: Stuck in Haiti", *Foreign Policy*, Spring 1996.

[③] Steven Holmes, "With Persuasion and Muscle, Black Caucus Reshapes Haiti Policy", *The New York Times*, Jul. 14, 1994.

军事干涉的工具并不意味着干涉具备了多边主义性质,美国所推动的干涉不过是"单边主义+盟国"的形式。① 这种直接利用北约军事工具,绕开联合国框架的干涉行动一方面被人道主义干涉倡导者们认为是历史的"分水岭",但另一方面却激起了除阿拉伯国家外的其他第三世界国家的反对。阿拉伯国家因为同科索沃阿族的宗教联系而倾向于支持北约的干涉行动,但这种支持也没有基于人道主义干涉的立场。② 事实上,科索沃战争反而使"人权高于主权"原则的运用遭受更为严格的检视。

冷战后美国的人道主义干涉实践表现出了一个特点,即对于联合国的态度变得越发具有实用性。当预估联合国可以通过有利的决议时则会寻求安理会对行动的背书;当在联合国无法实现自身目标时则断然抛开联合国和国际法准则,甚至采取单边主义行动实施干涉。这种现象反映出冷战后国际格局的基本特征,即美国作为体系中唯一的超级大国,在无外力制约的条件下,以自律和尊重规则获得国际合法性常常难以满足实际的霸权行动需要。因此,对于美国来说有足够的动机尝试改变当前的国际行为规则。克林顿发动科索沃战争和小布什政府单方面入侵伊拉克,尽管行动理由不同,但都是霸权国家不愿意遵守国际规则的重要例证。另一方面,新干涉主义所强调的人权问题,在实践中的重要性并不如作为政策指导时突出。

三、"保护的责任":调和干涉与主权的尝试?

20世纪90年代美国等西方国家以人道名义实施的多次干涉行动遭到了以第三世界国家为主的国际社会的强烈反对。尤其在科索沃战争期间,抵制人道主义干涉的呼声高涨。中国、俄罗斯等国在安理会都对北约的行动表达了强烈的反对立场,并将人道主义干涉看成是严重违反《联合国宪章》的非法行为。新干涉主义的推广遭遇了障碍。为了解决国际社会在人道主义干涉问题上的所谓"意见分歧",寻求建立新

---

① Tony Smith, "Morality and the Use of Force in a Unipolar World: The Wilsonian Moment?" *Ethics & International Affairs*, Vol. 14, 2000.

② Delinda Hanley, "Muslim Coutries Send Huge Shipments of Aid to Kosovo Refugees", *Washington Report on Middle East Affairs*, Jul/Aug 1999.

的保护人权"共识",2000年9月,加拿大政府会同一批主要基金会在联合国千年大会上宣布建立关于干预和国家主权问题的国际委员会,并于2001年12月向联合国秘书长提交了《保护的责任:干预和国家主权国际委员会报告》。

该报告第一次提出"保护的责任"概念,希望以此替代一般意义上的人道主义干涉权利。根据这份报告,"保护的责任"是指国家有责任保护本国公民免遭可以避免的灾难——免遭大规模屠杀和强奸、免遭饥饿等,而当国家不能或者不愿意提供这种保护时,国际社会必须承担起相应的责任。[①]随后,时任联合国秘书长安南任命的"威胁、挑战和改革"高级别名人小组对"保护的责任"做出了回应。该小组提交的报告《一个更安全的世界:我们共同的责任》[②]部分肯定了《保护的责任》一文所持立场,认为安理会可以批准采取行动,纠正一个国家内部严重危害人权的问题。安南在2005年发表的《大自由:实现人人共享的发展、安全和人权》[③]报告中吸收了这一观点,认定种族灭绝、族裔清洗和其他危害人类罪是对国际和平与安全的威胁,因此集体负有提供保护的责任。2005年9月,联合国首脑宣言确认每个国家均有责任保护其人民"免遭种族灭绝、战争罪、族裔清洗和危害人类罪之害",而如果和平手段不足,而且有关国家显然无法保护其人民免遭其害,则国际社会可以通过安理会采取及时行动。[④]

"保护的责任"提出了三个层次的责任分配。第一个层次的责任归于当事国本身,第二个层次则强调国内权威与外部机构的合作,第三个层次的责任是在上述两个层次失败时,国际组织可以获取此种责任,即认定在国家保护本国人民的责任缺位或失效时,国际社会应该承担责

---

① [加]干预和国家主权国际委员会:《保护的责任:干预和国家主权国际委员会报告(中文版)》,2001年。

② "A More Secure World: Our Shared Responsibility", Report of the Secretary-General's High-level Paenl on Threats, Challenges and Change. http://www.un.org/chinese/secureworld/.

③ 科菲·安南:《大自由:实现人人共享的发展、安全和人权》,2005年,联合国秘书长报告。http://www.un.org/chinese/largerfreedom/.

④ 《2005年世界首脑会议成果》,2005年10月24日,http://www.un.org/chinese/ga/60/docs/ares60_1.htm。

任代之进行保护。与明确支持人道主义干涉相比,"保护的责任"关注的行为体从干涉者转移到了被干涉者。在此之前的人道主义干涉理论中,大都从干涉者本身所具备的权利出发进行论证,即所谓"干涉的权利"。无论是托马斯·阿奎那还是新干涉主义者,都希望为干涉主体赋予一定的合法权利,不管这种权利来自于神权、自然法,还是"现代文明价值观"。然而,所谓的"干涉权利"必然与《联合国宪章》框架下的国家主权原则产生冲突。而在冲突中,由于主权原则获得了更多第三世界国家的支持,因而无法通过达成国际社会的共识加以解决。为了突破这一困境,"保护的责任"将关注点置于被干涉者及其内部的人权"受害者"身上。通过一国政府必须向其国民承担一定责任的方式来代替直接否定国家主权的权威性,从而调和干涉与主权之间的冲突。

从思想脉络上看,"保护的责任"与"人权高于主权"思潮有着密切联系,人权的国际保护理念为保护的责任提供了前提条件。《保护的责任》报告明确提出:"作为国际社会的指导原则,保护的责任的基础,在于……人权和保护人类的宣言、公约和条约、国际人道主义法和国内法中规定的具体法律义务"。①应该说,"保护的责任"相较于"人权高于主权"的论述更为巧妙。"人权高于主权"还停留在将人权与主权置于冲突关系的地位,而"保护的责任"采取的是对主权概念的重新定义方式,将人权保护内化于主权概念之中。这种做法推翻了主权权威的传统概念。

在新的主权论述中,主权不再是威斯特伐利亚式的国家权利,即一种"作为权威的主权"(sovereignty as authority),而是演变为一种"有责任的主权"(sovereignty as responsibility)。这种"有责任的主权"包含两个方面的责任:即对外尊重别国主权与对内尊重国内所有人的尊严和基本权利。它具有三重含义:"第一,它意味着国家权力当局对保护国民的安全和生命以及增进其福利的工作负有责任;第二,它表示国家政治当局对内向国民负责并且通过联合国向国际社会负责;第三,它意味着国家的代理人要对其行动负责,就是说他们要说明自己的授权

---

① [加]干预和国家主权国际委员会:《保护的责任:干预和国家主权国际委员会报告(中文版)》,第 10 页。

行为和疏忽。"①当国家不能履行其职责的时候,如出现大规模侵犯人权或内战导致的严重人道危机等,那么其主权地位就将受到削弱。主权因而不再是国家享有的完整的、自然的权利,而成为了附加条件的责任。

　　从表面上看,"有责任的主权"似乎得到了国际社会的积极回应。该主张因为明确赋予国家保护国内民众的职责而具有毋庸置疑的道德优势,为国家行为施加限制也在一定程度起到阻止国家滥用权力的作用。然而,这种"有责任的主权"的推论却并不那么吸引人:当国家不能或不愿承担相应责任时,权利将自动转移给同样具有"责任"的国际社会。然而谁能代表国际社会采取行动? 联合国安理会、其他国际组织还是国家个体? 历史经验已经表明,国际社会的代表权并不总是清晰的。在《保护的责任》报告中,我们发现原本仅限于安理会的合法动用武力的权利被扩展和推广到如北约等其他国际行为体上。②应该说,这种扩展才是之前所有理论铺垫的最终目标,即将国家从由《联合国宪章》确立的主权和不干涉原则的法律桎梏中解放出来,"为人道主义干涉提供法律和道义基础"③。仔细研读联合国高级别名人小组报告、秘书长报告和联合国首脑会议宣言可以发现,各方对于"保护的责任"做出了不同的解读。高级别名人小组规定必须动用"集体安全"的形式采取行动;秘书长报告中强调使用和平方式解决问题,限制使用武力;而首脑会议宣言则强调任何行动都必须回归联合国框架之内。尤其在联合国首脑会议期间,阿尔及利亚、埃及、古巴、巴基斯坦和俄罗斯等国都对在宣言中增加"保护的责任"条款持保留态度。不少国家的代表团直指"保护的责任"概念模糊,容易导致滥用武力。④因此最终文件不得不采用了折中方案。⑤由此可以发现,国际社会在"保护的责任"问题上仍然保持着相当的警惕。

---

① 余敏友:《以新主权观迎接新世纪的国际法学》,载《法学评论》2000年第2期。
② 参见干预和国家主权国际委员会《保护的责任:干预和国家主权国际委员会报告(中文版)》中关于行为主体的讨论。
③ Carsten Stahn, "Responsibility to Protect: Political Rhetoric or Emerging Legal Norm?", *American Journal of International Law*, Vol. 101, No. 1, 2007, p. 100.
④ Ibid, p. 108.
⑤ Ibid.

就根本而言,"保护的责任"与人道主义干涉在实质上没有差别,都是要求不经主权国家同意而采取军事强制手段。因此有学者认为,"保护的责任"并没有带来任何实质性进步,仅仅是"文字游戏"而已。[①]"保护的责任"不过是人道主义干涉理论的一种新的变体。

第四节 小结

本章首先对人道主义干涉的概念进行了梳理。作为一个具有漫长历史的概念,人道主义干涉关注在国家主权框架之下如何保护个人基本权利问题,即当主权国家无法或不愿为本国人民提供必要保护,甚至对人民实施加害时,外部力量是否有权进行干涉。因此,作为"理想化"定义的人道主义干涉是一个以行动目的为最重要界定要素的概念。然而,由于人道主义干涉需要使用武力手段干涉主权国家内政,这种方式在当代以国家主权原则为基石的国际政治舞台上必然引发激烈的争议。其中,人道主义干涉的目的是否纯正不可避免地会成为各种争论的焦点。

对人道主义干涉的质疑和争议并非空穴来风。从历史上看,人道主义干涉更多地表现为大国使用道义语言掩饰自身的真实目的。而在二战结束后,国家主权原则对于保护中小国家起到了较为明显的作用。同时加上美苏两极格局的制约作用,国家更多从现实利益出发考虑对外行动。整个冷战期间,即使是以人道的名义实施干涉也不被国际社会认为是合法行动。直到冷战结束,人权的国际保护理念与西方国家的主动选择相结合,"保护人权"和"扩展民主"等道义语言才被明确和积极地用作自身行动的正当性证明。

在对人道主义干涉有一个总体性了解之后,本书需要进一步探寻冷战后美国等西方国家实施人道主义干涉的理论基础是什么?这些理论基础在国际政治现实中的意义何在?在无政府状态的国际体系中,

---

① Edward Newman, "Humanitarian Intervention: Legality and Legitimacy", *The International Journal of Human Rights*, Vol. 6, No. 4, 2002.

干涉者是否真的如其声称的那样为了维护人权而使用武力呢？干涉者的实践又导致了什么样的后果？这些问题都关系到对冷战后西方人道主义干涉的实质性评估，本书将在下面两章中分别进行分析。

第二章　人道主义干涉的法理辨析

长期以来,众多国际法、政治哲学和国际关系学者们在人道主义干涉的哲学渊源和法理基础问题上争论不休。基于人道主义因素的对外干涉是否具有合法性与正当性是这些争论的焦点。现有研究状况表明,认为人道主义干涉具有正当性、支持国家实施人道主义干涉的学者在西方学术界占据了主流地位。他们从多个学科和多重角度出发对人道主义干涉的正当性问题进行了大量研究,所涉及的理论流派数量庞大,论述结构也比较复杂。其中一部分学者认为,由于在联合国框架下的《世界人权宣言》和其后的一系列人权公约已经将人权保护明确列为国际义务,所以当一国不能履行此种义务时,由其他国家实施人道主义干涉是与《联合国宪章》精神相一致的,干涉行为不仅正当而且合法。而更多支持人道主义干涉的学者们则表示,尽管人道主义干涉与现行国际法的基础,即主权和不干涉原则相冲突,但却继承了历史更加悠久、影响更为广泛的道德和正义传统,是一种"不合法但正当"(illegal but legitimate)的行为。① 这两种论述构成了人道主义干涉理论的基本框架。

本章将首先梳理支持人道主义干涉的思想渊源及其产生的主要争论,之后将会简要分析人道主义干涉的国际法基础以及面临的主要问

---

① Independent International Commission on Kosovo, "The Kosovo Report", http://www.reliefweb.int/library/documents/thekosovoreport.htm.

题。在具体的辨析部分,本书将绕开理论争论本身,因为带有较为明显的价值观基础的理论通常是无法通约的,执着于论争大概无法得出合理的评估结果。本章将转而从人道主义干涉的发展背景出发对其理论变迁进行评估。具体的辨析将会从两个方面展开:一是厘清其理论的历史发展,二是对其理论效应进行评判。

第一节 人道主义干涉的思想渊源及其争论

"正义战争论"、"社会连带主义"(Solidarism)和"世界主义"(Cosmopolitanism)理论是冷战后人道主义干涉的倡导者们借以论证行为正当性的主要思想渊源。需要注意的是,这三大思想渊源之间既有相互渗透的一面,但也在某些方面存在矛盾与冲突。例如沃尔泽是当代"正义战争论"的重要理论家,但作为一名持有社群主义政治哲学观的学者,他反对从社会连带主义的观点出发看待人道主义干涉。这种思想渊源内部的紧张关系也表明人道主义干涉理论本身充满了矛盾。本节将从以上三种渊源出发对人道主义干涉的理论基础进行考察,重点分析各种渊源中人道主义干涉理论所因循的思想脉络以及其存在的主要争议和问题。

一、正义战争论

正义战争论是人道主义干涉最重要的思想渊源。关于战争与伦理之间关系的讨论可谓源远流长,东西方的古圣先贤们都曾或多或少地探讨过战争的正义性问题。孔子、孟子等儒家思想家们主张"慎战",《论语》中记述:"子之所慎:齐,战,疾"。但对于讨伐暴虐的战争,孔孟等人都表示了肯定的态度。如孔子曰:"天下有道,礼乐征伐自天子出"。孟子则表明:"贼仁者谓之贼,贼义者谓之残。残贼之人谓之一夫。闻诛一夫纣矣,未闻弑君也"。他们对于商汤、周武等古代君王除暴讨逆的行为都大加赞赏。法家的代表人物韩非也非常注重对战争的道义评判与限制。他主张"用兵者,服战于民心"、"兵战其心者胜"。以"兼爱"为核心思想的墨子提出了"非攻"和"相守"的观点,反对攻伐掠夺的不义之战，支持防守诛讨的正义之战。在印度，婆罗门教经典《摩奴法》专门讨论了战争中的伦理问题。① 在古兰经中，伊斯兰教的先哲们也有判断战争正义与否的经典论述。而对战争正义性最为系统的论述则根植于古希腊思想和基督教传统之中。公元5世纪的奥古斯丁和13世纪的经院学者阿奎那较为系统地论述了正义战争的条件，全面地分析了正义战争的两大组成部分："开战正义"与"交战正义"，即在什么情况下国家可以合法地使用军事力量，以及战争应以什么样的方式正当地进行。

"正义战争论"关注的核心问题是：在何种条件下进行战争是正当的（justifiable）？在宗教色彩浓厚的论述里，为信仰而战是战争的最佳理由。随着宗教势力从战争理论中的逐渐淡出，正义战争论经历了从宗教化向世俗化的转变。世俗学者以及天主教学者维多利亚（Victoria）将自然法看作战争正义性的来源。这一看法的影响力十分巨大，奥古斯丁、阿奎那、苏亚雷斯（Suarez）和格老秀斯等人都支持这一观点。

人道主义干涉倡导者们常常引用维多利亚和被称为"国际法之父"的格老秀斯的观点。维多利亚表示："如果不允许无辜者给恶人一个教训的话，那么整个世界都不可能幸福康泰。"②格老秀斯的观点则更为系统，他认为，如果一国对其国民和其他国家国民的待遇明显违反国际法，则另一国为保护其国民或其他国家国民所从事的所谓"正义战争"是有合法依据的。③ 从这个角度来看，人道主义干涉与正义战争论具有一脉相承的密切联系：人道主义干涉旨在保护人权、制止人道主义灾难，以军事手段制裁虐待和迫害本国国民的政府或独裁者，因而此种干涉应当属于正义战争谱系之内。

然而，"强者总会寻找证明自身行动正当性的理由，他们也能够找到"。如果仔细回顾近代以来"正义战争"理论出现的历史背景，我们就

---

① 张书元、石斌：《沃尔泽的正义战争论述评：兼论美国学术理论界有关海外军事干涉的思想分野》，载《美国研究》2007年第3期。

② 转引自 Mona Fixdal and Dan Smith, "Humanitarian Intervention and Just War", *Mershon International Studies Review*, Vol. 42, No. 2, 1998, p. 283。

③ 转引自迟德强：《从国际法看人道主义干涉》，载《武汉大学学报（哲学社会科学版）》2006年第2期。

会发现西方"正义战争论"的兴起是与欧洲国家的对外扩张进程紧密结合在一起的。作为最早开始对外扩张的欧洲国家,西班牙需要为其在南美大陆的殖民行为创造一种合理的解释。因此,"正义战争论首先出现在西班牙并不令人惊讶"①。在维多利亚眼中,人类是上帝创造的特殊物种,"人人皆兄弟",在"文明社会"中生活的基督徒有义务干涉"非文明社会"的内部事务,阻止如食人肉、活人献祭等"野蛮"行径。相应地,基督徒对异教徒的干涉和教化行为就是"正义的征服"(just conquest)。② 建立在这种特定历史背景下的正义战争论实际上为西班牙殖民者在美洲残酷屠戮当地土著提供了正当性支持。③ 打着"文明传播者"旗号的殖民者对阿兹特克人等美洲土著实施了极为彻底的种族和文化灭绝,正义战争在这里只不过是强者实施镇压的借口而已。同样,格老秀斯的系统性论述也被后来欧洲各国积极引证,变成了在亚洲和非洲执行"文明使命"的理论基础。

人道主义干涉理论的倡导者经常引证的传统正义战争论在表述上是较为模糊的,如"善"、"恶"等价值判断在很多时候无法进行独立和公正的衡量,这就为大国提供了按照自身需要进行选择和操纵的空间。相对而言,当代正义战争论在判定战争性质上的规定更为具体和严格。概括而言,当代正义战争论具有以下三个基本特征:

首先,正义战争论承认政治和权力现实。在各种讨论战争正义性的理论中,正义战争论对国际社会运行的现实表现了充分的接受。它认为国家仍然是国际政治中的主要行为体,甚至是最重要的行为体。④ 其次,正义战争论认为人类世界是不完美的,行为结果在道义上具有相当的重要性。一般认为,正义战争论包含了三种道德传统,即义务论(deontology)、结果论(consequentialism)和德行论(virtue ethics)。义务论强调行为者所肩负的法律义务(duty);结果论则根据行为的效果

---

① Bhikhu Parekh, "Rethinking Humanitarian Intervention", *International Political Science Review*, Vol. 18, No. 1, 1997, p. 51.

② Ibid.

③ 参见 Lyal S. Sunga, "Is Humanitarian Intervention Legal?", on e—international relations website, October 13, 2008.

④ Leslie Burns, "Humanitarian Interventions and Just War: Legal, Moral, and Political Implications", Air Command and Staff College, Air University, Apr. 2000.

(effects)来判定行为的性质;而德行论则强调行为者本身的特征(character of the actor),如行为者是否为合法主体、是否具有良好意图等对行为的判定作用。[1] 最后,正义战争论承认世界并不完美,由于行为者的意图和结果时常相互分离,因此必须十分谨慎地考虑战争或干涉的正当性。[2] 当代正义战争论提倡一种个案式的处理方法,即根据每一个案例的具体情况对其正当性进行评判,而不是按照某一类事件笼统地进行划分。在这个意义上,正义战争论同人道主义干涉是有内在矛盾的。

在当代,以沃尔泽为代表的"正义战争"理论家们具体地发展出了六项战争正义性的原则:

第一,有正义的理由(just course)。正义的理由是正义战争论的重要组成部分。在传统国际法中,自卫和保卫盟国被看作正当理由。除此之外,夺回上次战争中失去的利益、惩罚犯罪、保护无辜都可以被作为正义的理由。[3] 二战结束后,《联合国宪章》明确规定,只有自卫和集体安全行动才被认为是合法使用武力,除此之外使用武力皆为非法。换言之,在当代国际法中,自卫和集体安全是使用武力时仅有的两种正当理由。

第二,必须由合法权威决定使用武力(right authority)。在合法权威的认定上,不同时代对"主权"的理解不尽相同。阿奎那、博丹和霍布斯等认为君主是合法权威的来源。中世纪末,来自政治共同体的授权被认为是合法的。而在二战后建立的国际秩序中,使用武力的合法权威部分地被赋予了联合国。除自卫外,只有经由联合国授权的集体安全而使用武力才具有合法性。这一点在自二战结束以来的国际法中被反复强调。联合国成为了战后国际秩序中具有合法使用武力权利的国际组织。

第三,使用武力必须是最后手段(last resort),即所有解决争端的和平手段都已试过并全都失败。最后手段原则关系到对行动的道德和

---

[1] Mona Fixdal and Dan Smith, "Humanitarian Intervention and Just War", *Mershon International Studies Review*, Vol. 42, No. 2, 1998.

[2] Ibid.

[3] Mona Fixdal and Dan Smith, "Humanitarian Intervention and Just War".

审慎程度的判断。在各个大国的军事行动指导意见中,将使用武力作为最后手段长期以来都是极其重要的标准。斯蒂芬·斯特曼认为,决策者们大都会花费较长时间考虑动用武力的问题,以免冒失介入某些地区反而带来长期的负担。① 在冷战后,很多人对这一原则提出质疑,即行动的时机与最后手段的关系如何平衡?"卡内基防止致命冲突委员会"(Carnegie Commission on Preventing Deadly Conflicts)在1997年的一份报告中指出:有时武力是最有效的手段。② 什么时间参与行动?是否除了武力之外别无他途?这些问题直接考验着决策者。如在1995年卢旺达种族屠杀事件上,西方国家是否真的是因为遵循"最后手段"原则而迟迟不愿介入?这都是需要仔细研究之后加以判断的问题。

第四,战争可能造成的伤害与可能实现的正义相比,必须是相称的(proportionality),即战争所实现的正义必须大于所造成的损失。这也是人道主义干涉遭受严重批评之处。以军事干涉的方式解决人道主义问题往往都造成了更加严重的人道主义灾难。许多根植于一国内部的政治、经济、宗教和种族问题是无法简单地用军事手段加以解决的。

第五,正当的意图(right intention)。正当的意图是指行为者的意图必须是良好的,不能别有用心。如法国在卢旺达实施的"绿松石行动"就受到批评。观察者们认为这是法国参与中部非洲权力斗争而开展的行动。1996年,法国坚持参与在扎伊尔东部的维和行动也被广泛地认为动机不纯。对于人道主义干涉的反对也大多来自这一方面。这在评估干涉国动机时还将详细论述。

第六,战争至少必须有成功的可能(reasonable hope)。为了取得战争的成功,国家首先需要设立行动的目标,这一目标直接关系到行动成功的标准。对于如阻止对手侵略、摧毁其军事机器、推翻其政府等较为明确的目标,衡量取得成功与否相对容易。但对于比较模糊的如推广民主、保护人权等目标,则很难做出判断。其次,国家还必须确保具

---

① Stephen Stedman, "Alchemy for a New World Order: Overselling Preventive Diplomacy", *Foreign Affairs*, Vol. 74, No. 3, May/Jun 1995.

② Carnegie Commission on Preventing Deadly Conflicts, *Preventing Deadly Conflict: Final Report*, New York: Carnegie Corporation, 1997.

有军事上的优势。一旦开战就必须全力以赴夺取胜利。因而往往战端一起,财产损失和人员伤亡就难以控制。这恰恰同人道主义干涉的"人道主义"目标相悖。

然而人道主义干涉的倡议者们使用正义战争思想为干涉行为背书时大都只借用了其最为空泛的基本概念,即为了正义事业可以使用武力。很少有研究真正运用当代正义战争的标准衡量人道主义干涉的行为。以上六项原则包括了开战正义和交战正义两个部分,它们不仅关注国家使用武力的目的和理由,也强调国家使用武力的过程。这避免了仅仅强调任何单一方面所造成的正当性缺失。

如果严格按照当代正义战争的标准,即使最符合理想化定义的人道主义干涉也只能部分满足"正义战争"的要求。理想化的人道主义干涉可以在理论上满足正义战争论的有:第一,行动目标是纯粹为了拯救人的生命,这一点构成了沃尔泽所说的"例外情况"[1]。第二,行动选择是不可替代的,即除了使用武力之外没有其他方法可以拯救人的生命。第三,行动过程的无害性,即不造成与拯救人命无关的其他伤害。即便如此,理想化的人道主义干涉在正当性上仍有缺失,重点就在于授权人道主义干涉的合法权威是谁没有明确的表述。对于合法的权威,无论是新干涉主义还是"保护的责任"的论述都不能满足正义战争论的要求。新干涉主义认为国家自身就有权利进行人道主义干涉,这相当于认为国家不经授权就可以使用武力,自然不符合要求。"保护的责任"的论述则较为复杂,它首先认为联合国是一种当然的合法权威,具有授权行使人道主义干涉的权力。[2] 在肯定联合国的地位之后,"保护的责任"却从这一立场退却,认为当联合国无法授权时,其他国际组织(如北约)也可以成为合法授权的来源。这无疑相当于解除了干涉者在授权问题上受到的限制。这种集"裁判员"和"运动员"于一身的解读方法是无论如何也不能满足行为合法性要求的。理想化的人道主义干涉在授权问题上的缺失导致了正当性的先天不足,而在具体实践行动中存在

---

[1] [美]迈克尔·沃尔泽著,任辉献译:《正义与非正义战争:通过历史实例的道德论证》,南京:江苏人民出版社,2008年版,第70—72页。

[2] 参见[加]干预和国家主权国际委员会《保护的责任:干预和国家主权国际委员会报告(中文版)》中关于授权的讨论。

的诸多问题更是造成冷战后几乎没有一次"人道主义干涉"可以称得上是正当的。

因此,当代正义战争论的代表人物沃尔泽对于人道主义干涉也保持了相当谨慎的态度。他认为,在极端情况下,人道主义干涉或许可以作为一种"例外"而获得行动的正当性。但由于可能导致国家滥用干涉的情况,因此必须对人道主义干涉加以控制。

二、连带主义国际社会观

秩序与正义从来都是政治思想家们争论的重要内容。在国际社会中,秩序和正义哪一个具有优先地位?当二者发生冲突时应该如何取舍和选择?这些问题始终困扰着众多学者和思想家。随着英国学派的兴起,国际社会理论也试图从不同侧面处理这两者间的关系。社会连带主义(Solidarism)观点是英国学派的重要分支。尽管从理论形成的历史来看,社会连带主义是比较新颖的,但该思想所表达的却是一种更为悠久的传统,反映了人们对国际社会构成性质的基本认识。在国际社会理论中与社会连带主义相对的是多元主义(Pluralism)思想。为了更准确和深入地分析作为人道主义干涉理论渊源的社会连带主义,本书将用比较法分析二者的主要观点及其与人道主义干涉理论的关系。

社会连带主义的思想渊源来自法国孔德的实证主义哲学和涂尔干(Emile Durkheim)的社会连带主义理论。孔德和涂尔干从社会分工和社会连带关系出发,认为连带关系并不是行为规则,而是一种事实,一切人类社会的基本事实。国家是在社会连带关系基础上形成的人类社会的一个器官,社会是人类通过共同欲望结合起来的集团,个体单位的重要性要远高于集体。[①] 这种典型的社会有机体论述得到了部分英国学派学者的认可。在英国学派的社会连带主义眼中,人类社会中正义是第一位的,人权的重要性高于一切,国家之所以存在就是为了保护个人的权利。因此,它强调个人作为国际社会根本成员的重要性,强调利

---

① 吕世伦主编:《现代西方法学流派》,北京:中国大百科全书出版社,2000年版,第360—365页。

益的一致性和价值的普遍性。它认为,当代国际社会的范畴不仅仅在于维持国家间的秩序,而应该更为广泛,国家有权利也有义务以干涉避免和阻止人道灾难。

劳特帕特(Hose Lauterpacht)等国际法学者则构建了多元主义的思考模式。多元主义强调国际社会中单个国家的功能,将国家主权原则视为国际社会稳定的基础。很明显,多元主义将国家而非个人作为分析的单位,认为不同国家有不同的利益和价值观,国际社会具有国家基础的多元性和价值观的相对性。怀特(Martin Wight)和巴特菲尔德(Herbert Butterfield)吸收了多元主义的主要思想,形成了英国学派的多元主义流派。怀特认为,秩序是国际社会最主要的因素,因而强调国家主权的重要性及道德信念实践、文化的多样性和价值的相对性,认为国际社会中的权利和义务属于主权国家,个人仅有所在国家所赋予的权利。① 因此,尊重主权和不干涉原则在多元主义看来是第一位的,国家无权以人道主义的理由干涉他国。

在人权和人道主义干涉等问题上,社会连带主义和多元主义形成了互不妥协的紧张关系。对多元主义者而言,国家主权和国际秩序具有最高价值,国际社会存在的目的是维护国家间的秩序,国际社会中的权利和义务属于主权国家。人道主义干涉严重威胁了国际社会的规则基础,违背了主权原则,因此是十分危险的。布尔(Hedley Bull)认为,在由主权国家组成的国际社会里,国际制度和国际法限制了那些图谋干涉他国内政的国家的选择范围。② 他提出,国际社会从来没有尝试过人道主义干涉,因为它"不愿意因为各个国家拥有了这种权利而伤害到主权原则和不干涉原则"。③ 文森特在总结多元主义的人道主义干涉观时指出:"多元论的这种承认不是由于对国际社会在道德上感到满意或无论哪一个国家终究会和别国一样美好,而是由于干涉者可能选

---

① 转引自吴征宇:《人权、主权与人道主义干涉——约翰·文森特的国际社会观》,载《欧洲研究》2005年第1期。

② Lewis Henkin, *How Nations Behave: Law and Foreign Policy*, New York: Columbia University Press, 1997, p.45.

③ Hedley Bull ed., *Intervention in World Politics*, Oxford: Oxford University Press, 1984, p.193.

择的立场带来的害处感到忧虑。"①

而社会连带主义者则强调国际社会的正义属性。文森特就认为，国际社会存在的目的不仅在于维护现有秩序，更在于实现正义。社会连带主义者突出了个人作为国际社会根本成员的重要性。他们认为国家必须保护好公民的基本人权。为了维护国际正义，尊重和保护人权，在某些情况下需要使用军事力量干涉主权国家。社会连带主义者提出，多元主义强调国家主权和国际秩序，但当国家不能保护国内公民基本人权，甚至进而形成对国际安全和秩序冲击时，难道还应该坚持不干涉原则吗？据此，社会连带主义者认为，当一国发生严重人道危机时，主权原则自然形成了一种"例外"的情况，此时进行人道主义干涉是正当的。

需要注意的是，尽管社会连带主义在总体上肯定了人道主义干涉具有合法性，但对于具体的人道主义干涉实践还是表现出了相对谨慎的态度。文森特和布赞等人提倡的社会连带主义不同于西方国际关系自由主义流派所竭力倡导的"主权过时论"。社会连带主义仍然承认主权和不干涉原则的合法性，任何形式的人道主义干涉仅仅构成不干涉原则的一个例外，即人道主义干涉的实施无论在法理还是道义上都必须受到严格的限制。②

三、世界主义理论

人道主义干涉倡导者们的论述还常常表现出较为明显的世界主义倾向。世界主义作家德米特斯·克里托(Demetrius Klitou)认为："世界主义是人权运动的主要朋友和不可或缺的因素。"在国际关系规范理论中，世界主义是与社群主义(Communitarianism)相对应的一种关于个人与国家、个人与社会关系的系统论述，属于自由主义的范畴。世界主义关注个体的价值和伦理特性，强调人人都是平等的，对民族国家持一种怀疑的态度。世界主义在现代的代表人物包括约翰·罗尔斯

---

① [英]约翰·文森特著，黄列等译：《人权与国际关系》，北京：知识出版社，1998年版，第163页。
② Times Dunne, *Inventing International Society*, New York: St. Martin's Press, 1998, p.172.

(John Rowls)、查尔斯·贝茨(Charles Beitz)等人。

就其思想源头而言,古希腊的斯多葛学派和犬儒学派最早使用"Cosmopolis"一词来描述跨越国界的、对人类的博爱。一般认为康德最为系统地阐述了世界主义观念。康德在《论永久和平》中列出了实现永久和平的三个正式条款,表现了对个人的信任和普世主义价值观。概括地看,世界主义包括以下观点:首先,强调个人价值优先于国家价值。个人与国家的关系是世界主义论述的出发点。贝茨认为,个人是自治行为体,个人的目标和选择并不能被社会整体的追求所完全压倒。① 罗尔斯也在著作中提出"人民"概念,并以其替代传统的政治国家概念作为分析的基本单位。其次,强调个人权利的核心地位。罗尔斯认为人民的利益是制定万民法时的核心。这种人民利益既可以是整体的利益,也代表了对个体和少数人的尊重。最后,世界主义者坚持普世主义,即人类具有普世权利,反对国家对其公民负有排他性的责任。贝茨主张,在考虑正义与道德问题时,不能仅仅局限于国家边界之内,而应该从人类共同体的范围内,将人的利益放在核心地位进行考察。②

世界主义充分体现了普世主义的基调。在世界主义者的论述中,个人是作为黑格尔论述中的"原子"而存在的。世界主义眼中的国家和集体仅仅是无数个人的集合而已,这样的集合无权侵害个人的自主和普世权利。人道主义干涉倡导者们借助世界主义的规范观点,认为人的权利是高于国家的,因此人权高于主权具有其价值上的意义。世界主义完全按照价值观模式建立起了个人与国家关系的论述,相对于社会连带主义,世界主义对于国家主权的坚持更少,对人道主义干涉的道义支持却更为彻底。

对世界主义理论的主要批判来自同属于国际关系规范理论体系中的社群主义。在国际关系中,社群(community)主要是指国家。社群主义者认为:"个体不是非历史的、原子式的存在,而是通过社群构成

---

① Charles Beitz, *Political Theory and International Relations*, Princeton: Princeton University Press, 1999, p.76.
② Ibid, p.82.

的,其意义与自我实现极大地依赖于国家"。① 因此社群主义也被称为国家中心主义或国家道德主义。黑格尔认为,"国家是绝对自在自为的理性东西","由于国家是客观精神,所以个人本身只有成为国家成员才具有客观性、真理性和伦理性"。② 黑格尔的论述被认为为社群主义奠定了理论基础。社群主义者们坚持国家仍然是政治生活中的关键场所,是无法被超越的。③

沃尔泽是当代最重要的社群主义者,他在《正义与非正义战争》一书的讨论中充分体现了对主权国家体系的尊重。沃尔泽提出以"法条主义范式"来判断战争正义性质。这个范式包括了六个命题:第一,存在一个由独立国家组成的国际社会;第二,国际社会存在一套规定了其成员权力的法律——其中最重要的权力是领土完整和政治主权;第三,一个国家使用武力或威胁即将使用武力侵犯另一个国家的政治主权和领土完整的任何行为都构成了侵略,属于犯罪行为;第四,侵略使两类武力反应正当化:受害国进行的自卫战争,以及受害国和国际社会的任何成员国进行的执法战争;第五,只有遭到侵略才能证明战争是正当的;第六,一旦进行侵略的国家在战场上被击败,也可以惩罚它。④ 从以上六个命题可以看出,沃尔泽的正义战争观念始终是围绕主权国家展开的。他将国家的领土完整和政治主权作为判断战争是否构成侵略行为的标准,体现了社群主义所坚持的国家处于道德优先地位的观点。对于人道主义干涉,沃尔泽保持着相对谨慎的态度。他认为:"人道主义干涉如果是对'震撼人类道德良知'的行为的反应(并且有合理的成功希望),它就是正当的"。⑤ 这一条被当作对"法条主义范式"的修正。但沃尔泽反复强调在实际运用人道主义干涉的标准时会困难重重、问

---

① 李开盛:《世界主义和社群主义——国际关系规范理论两种思想传统及其争鸣》,载《现代国际关系》2006年第12期。
② [德]黑格尔著,范扬、张企泰译:《法哲学原理》,北京:商务印书馆,1996年版,第253—254页。
③ Michael Walzer, "The Moral Standing of States: A Response to Four Critics", *Philosophy and Public Affairs*, Vol. 9, No. 3, 1980, p. 227.
④ [美]迈克尔·沃尔泽著,任辉献译:《正义与非正义战争:通过历史实例的道德论证》,第70—72页。
⑤ [美]迈克尔·沃尔泽著,任辉献译:《正义与非正义战争:通过历史实例的道德论证》,第120页。

题不断,必须对该修正施加严格的限制。①

世界主义和社群主义的争论在一定程度代表了在不同价值观基础上对人与国家关系的看法。世界主义强调个人价值和道德的优先地位,社群主义则将国家作为国际政治中最基本的单元。不同价值观基础上的争论是无法通约和难以调和的。但无法通约和不可调和不代表不能进行评估。世界主义在现实中的最大问题在于常常将地方性转化为普世性。最具代表意义的就是西方将自身偏好当成具有普世意义的价值观加以推广。相比之下,社群主义虽然略显"保守",但却更少进攻性。

第二节 人道主义干涉的法律基础分析

从法律意义上看,是否符合法律要求是行为正当性的重要来源,即正当性可以等同于合法性。本节将主要从国际法的角度探寻人道主义干涉的基础及其缺失。

一、国际人权法

部分人道主义干涉的倡导者认为,国家具有实施人道主义干涉的权利,这种权利来自于国际人权法。国际人权法是第二次世界大战的直接产物。第二次世界大战的灾难性后果,特别是纳粹的暴行,使得人权观念在战后获得一次飞跃式的进展。正如1948年《世界人权宣言》所说的,世界人权标准的确立是"鉴于对人权的无视和侮蔑已发展为野蛮暴行,这些暴行玷污了人类的良心,而一个人人享有言论和信仰自由并免予恐惧和匮乏的世界的来临,已被宣布为普通人民的最高愿望",是"鉴于为使人类不致迫不得已铤而走险对暴政和压迫进行反叛,有必要使人权受法治的保护"。② 尽管《世界人权宣言》还属于一种原

---

① [美]迈克尔·沃尔泽著,任辉献译:《正义与非正义战争:通过历史实例的道德论证》,第121页。
② 《世界人权宣言》,http://www.un.org/chinese/work/rights/rights.htm.

则上的宣示，但它的确是人权发展历史上的重大进步。《世界人权宣言》及 1966 年制定的《公民权利和政治权利国际公约》、《经济、社会和文化权利国际公约》共同构成了现代国际人权法的基本架构。

在此之后，有关国际法对人权设定了一系列的保护规则。1977 年联合国大会通过的《关于人权新概念的决议》规定，以下三种行为可以划入人权的国际保护范畴：一是帝国主义、殖民主义、霸权主义对殖民地、附属国及其他国家的民族自决权、自然资源主权、发展权以及与此相联系的个人权利的大规模严重侵害；二是种族歧视、种族隔离、灭绝种族、贩卖奴隶、大规模制造和迫害难民、宣传战争、鼓吹法西斯主义、国际恐怖主义、贩毒等；三是国际人权公约的缔约国恶意违反公约规定、不履行公约规定的义务而侵犯人权的行为。[①]

公允而言，人权保护从国内层次上升到国际层次是一种进步。《世界人权宣言》也获得了当时与会各国的一致通过。然而，当涉及人权保护的具体议题时，各国却出现了严重分歧。《公民权利和政治权利国际公约》和《经济、社会和文化权利国际公约》是在起草了 10 多年后才于 1966 年最终获得通过，后来又费时 10 年才正式生效。美国至今也没有批准《经济、社会和文化权利国际公约》。2002 年，根据《罗马规约》建立的国际刑事法院依国际法对种族灭绝罪、战争罪、反人类罪和侵略罪实施管辖权，这可以算作人权国际保护迈出了实质性的一步。然而，冷战后将人权作为重要政策指导的美国却拒绝签署《罗马规约》。美国的消极态度使国际刑事法院的合法性大打折扣。美国不签署《罗马规约》最重要的原因在于美国对自身主权的保护意识强烈，它不能承认国际刑事法院的普遍管辖权，否则美国遍布世界各地的军事和外交人员就有可能成为国际刑事法院追诉的对象。一个明显的例证即是美国在伊拉克虐囚丑闻爆发后百般阻挠相关调查，并将有明确证据指证犯下虐待罪行的士兵交由国内军事法院进行审判。国家是否在国际法意义上的人权保护上享有共识仍然值得怀疑。

[①] UN General Assembly Resolution, "Alternative Approaches and Ways and Means within the United Nations System for Improving the Effective Enjoyment of Human Rights and Fundamental Freedom", UN Doc. A/Res./32/130/1977, http://www.un.org/documents/ga/res/32/ares32r130.pdf.

二、国际习惯

国际习惯是国际法的渊源之一。其构成需要满足两大条件：一是国家的实践，二是法律确信。两者分别代表了国际习惯在物质和心理方面的要素。国家的实践是指"习惯规则的形成和存在需要有普遍的国家实践。……国家实践应具有共同性和广泛性"。① 换言之，国际法中的习惯首先需要国家在实践中持续、反复地坚持一种行为模式，形成了所谓的"通例"。而法律确信则是指国家认为其有按照特定方式行事的法定义务，即通例被"接受为法律者"。②

由于从成文条约方面寻找的支持人道主义干涉的法律基础十分薄弱，因此人道主义干涉提倡者们往往转而从国际习惯中寻找支持，即希望从人道主义干涉与现行国际法的关系入手建立干涉的正当性。这种正当性表述简单来讲就是尽管人道主义干涉违反了国际法的部分原则，但符合现行国际法的立法精神，因而与国际习惯法是一致的。他们认为，《联合国宪章》的目标不但包括维护国际和平与安全，还包括普遍尊重和保护人权。在国际法体系中，二者没有层级之分。《宪章》序言中"重申基本人权、人格尊严与价值，以及男女与大小各国平等权利之信念"被认为暗含了国家有为保护人权而实施干涉的权利。从习惯的角度来说，人道主义干涉倡导者认为实践中的人道主义干涉是大量存在的，多数国际法学家普遍支持人道主义干涉为合法行动。方廷提出："在第一次世界大战前，大多数学者主张人道主义干涉的合法性，只有少数学者坚持否定这种学说的有效性。虽然对于在何种条件下能够诉诸人道主义干涉，以及人道主义干涉应该采取何种手段存在明显分歧，但是，人道主义干涉原则本身已被广泛地接受为国际习惯的组成部分。"③

对于人道主义干涉倡导者的观点，亨金提出了反驳。他认为《联合

---

① ［英］蒂莫西·希利尔著，曲波译：《国际公法原理》，北京：中国人民大学出版社，2006年版，第 21 页。
② 同上，第 24 页。
③ 转引自魏宗雷、邱桂荣、孙茹编著：《西方"人道主义干预"：理论与实践》，北京：时事出版社，2003 年版，第 35 页。

国宪章》将和平宣布为最高价值,不仅是保障国家自治,而且是为所有人获取根本的秩序。它宣布了和平比国家间的正义更为迫切,甚至比人权或其他的价值更迫切。① 尽管联合国近年来越来越关注人权问题,历任联合国秘书长也多次发表谈话认为联合国需要改革以应对人道主义问题,但从《联合国宪章》的立法原意来说,维护世界和平与安全位居首位。有学者明确地表示:"毫无疑问,1945年联合国的缔造者们将国际和平置于其他价值之上,这才是联合国创立之初的真实意思表达。"国际习惯是指经过长期实践和使用所形成的为历代民众所肯定的惯常做法,它在人们的日常生活中一直保持效力,并以不成文的形式对人们产生拘束力,并且各国认识到行为中有法律的约束力。② 然而人道主义干涉历史已经表明,在冷战期间,带有较为明显的人道救援结果的干涉行为从来没有被承认为合法行为。冷战后,干涉实施者是极少数大国,国际社会的多数国家无力也无意进行干涉。广大发展中国家还对"人道主义干涉"行为保持着强烈的反对态度。实践中的"人道主义干涉"也大多是大国为帝国主义扩张所寻找的借口而已,根本无法构成持续和稳定的反复实践。到目前为止,人道主义干涉并没有成为各国普遍接受并具有法律效力的国际习惯。

通过上文的分析可以看出,国际法上对跨越国界的人权保护尚未达成共识,更远没有达到赋予国家人道主义干涉权利的地步。人道主义干涉违反了《联合国宪章》的立法精神,也与国际习惯法相去甚远。因此,在现有国际法上缺少人道主义干涉理论发展的空间。

第三节 基于经验层面的辨析

人道主义干涉的理论很难满足合法性的需要,同时又严重违背了国际法精神,但其倡导者并没有放弃理论本身。为了更直接地揭示人

---

① Louis Henkin, *International Law: Politics and Values*, Dordrecht: Nijhoff Press, 1995, p. 102.
② 杨泽伟:《人道主义干涉在国际法中的地位》,载《法学研究》2000年第4期。

道主义干涉理论的谬误与危害,本节将从国际政治的现实经验角度对人道主义干涉理论指责的重点目标——国家主权原则以及其赖以显示道义性质的人权保护进行探讨,进一步分析人道主义干涉理论的目标和可能造成的危险。

一、主权原则与国际秩序

人道主义干涉的思想渊源大都触及了主权以及主权与人权关系的问题。在西方国家占据主导地位的自由主义意识形态的影响下,主权原则屡遭批判。批评者们认为主权保护了权力滥用者,因此必须重新思考主权的概念和实践。[①] 人权理论家们认为,"主权是一种理论而非事实"[②],西方国家没有理由承认那些窃据高位、为所欲为者的权利。[③] 那么主权的意义究竟何在呢?我们必须从主权的发源处开始分析,并评估国际关系中国家主权原则与国际秩序的关系。

从历史上看,主权原则的发展经历了一个相当漫长的过程。让·博丹是主权概念的最早论述者。他认为,主权就是"超越于一切公民与属民之上的不受任何限制之最高权力"。[④] 博丹提出主权学说具有其特定的历史背景。在中世纪欧洲,"神权至上"和宗教权力对于王权的干涉常常造成社会动荡和宗教战争。因此,博丹将主权权力归于当时的法国国王,认为只有国王具有最高权力以维护法律、安全、和平与秩序。包括教廷在内的一切宗教团体和社会组织都不得超越国王。博丹所描述的主权中还包含了一种契约观点,即君主和臣民以及君主之间达成的契约会制约君主的权力。君主对臣民必须信守约定、承诺誓言;而君主之间以主权权力订立的契约则构成了国际关系的基础,这种契

---

① Joseph Camilleri and Jim Falk, *The End of Sovereignty? The Politics of a Shrinking and Frangmenting World*, Cheltenham: Edward Elgar Publishing, 1992.

② Philip Allott, *Eunomia, New Order for a New World*, Oxford: Oxford University Press, 1990, p.302.

③ Max Boot, "Paving the Road to Hell: The Failure of UN Peacekeeping", *Foreign Affairs*, Vol.79, No.2, 2000.

④ 转引自[挪威]托布约尔·克努成著,余万里、何宗强译:《国际关系理论史导论》,天津:天津人民出版社,2004年版,第76页。

约需要用"力量和信用"来维持。① 博丹以权力定义的主权是近代国际关系思想的源头,在其之后的西方思想家们则进一步发展了主权观念。

对主权重要性做出深刻阐释的是英国人霍布斯。在霍布斯看来,避免人人为战的自然状态的唯一方法是个人出让部分权力给一个"利维坦"——国家,由其作为最高权威来实施法律、裁判冲突,大家均须服从它的意志和判断。② 霍布斯的观点被认为代表了绝对主权观。他的论述大大降低了自古典政治学家如柏拉图以来追求政治中"善",即美好生活与自由的重要性,而将政治基础建立在和平与秩序之上。他认为,只有主权之下的自由才是有保障的、可能实现的自由。他认为,权威和自由二者都很重要,但权威更为重要。因为没有国家,人类就会重新陷入自然状态,而自然状态是极其危险的。因此,尽管主权也可能带来伤害,例如形成"主权怪兽"反噬其人民,但没有主权却万万不能。霍布斯的论断简明扼要,正中国际关系的要害。自霍布斯以降,近代政治学就建立在一个如斯特劳斯所说的"低俗而稳固的基础"(low and solid ground)之上。霍布斯的绝对主权观并非极端,反而还深刻揭示了国际社会的运行规律。他对国际关系的深刻洞见至今仍发挥着重要影响。

对自然状态的恐惧构成了霍布斯主权观的基础。但这种主权观关注的重点是国家本身的权力,国家之间主权平等出现的时间则要晚得多。《威斯特伐利亚和约》所确立的主权原则是战争之后的权力平衡结果。直到二战结束之前,主权并没有成为国家的一种普遍权利而存在。欧洲大国之间相互承认主权是建立在利益的基础之上的③,主权原则也没有推而广之成为西方与非西方国家之间关系的准则。在处理与弱小国家和不被承认为"国家"的地区的关系时,压制与征服仍然是西方国家使用的最主要手段。因此在此间的数百年中,帝国主义、殖民主义和法西斯主义相继构成了对广大发展中国家和地区的致命威胁。在二战之前,亚洲、非洲和拉美地区分布着大量殖民地和半殖民地。如非洲

---

① [挪威]托布约尔·克努成著,余万里、何宗强译:《国际关系理论史导论》,第78—79页。
② [英]托马斯·霍布斯著,黎思复、黎廷弼译:《利维坦》,北京:商务印书馆,1985年版。
③ David Chandler, *From Kosovo to Kabul and Beyond: Human Rights and International Intervention*, p. 123.

在二战爆发时仅有埃及、埃塞俄比亚和利比里亚三个独立国家,其余地区都被英、法、葡、比、西等欧洲国家瓜分。

一战之后,正式的主权平等曾一度进入了国际关系的视野中。威尔逊总统在"十四点计划"中提出"民族自决"的倡议,建议"必须根据专门公约成立一个普遍性的国际联合组织,目的在于使大小各国同样获得政治独立和领土完整的相互保证"。① "十四点计划"既反映了威尔逊总统的理想主义政治哲学,也与世界局势的变化直接相关。在这一时期,美国国力急剧增长,已经雄踞世界第一工业国地位。而对于欧洲国家来说,自身实力的相对衰落和殖民地民族运动的兴起都带来了战争危险,因此提出对殖民地和殖民政府同等重视的主权和自治原则,意在控制可能发生在大国之间或大国与殖民地间的战争可能。但在由英、法主导的巴黎和约中并没有完全接受这一思想。协约国仍然按照势力范围划分的逻辑处理战败国的殖民地。

直到二战结束后,《联合国宪章》才真正实现了作为普遍权利的主权原则,建立了国际交往最重要、最基本的原则。联合国的建立是二战结束后国际社会的一个创举。联合国制度在一方面显示了现实权力的巨大作用,如五大国在安理会所拥有的否决权;但另一方面也体现出了世界各国对于阻止战争、维护和平的信念。在《联合国宪章》中以主权原则为基础建立的国际秩序成为了这种信念的保证。由《联合国宪章》所确立的主权原则的根本意义在于赋予了国家以政治和法律上的平等。在一个权力和资源绝对不平等的世界里,主权是很多国家的一道最好的防线,也许也是唯一的防线。《联合国宪章》将主权赋予了以前不承认的国家,或"准国家",规定了国家不分大小、强弱一律平等,这确保了许多中小国家可以以平等的政治和法律身份参与国际谈判与协商,决定自身发展道路与方式。在每年的联合国大会上,大小国家的领导人均可以在讲坛上向世界阐述自己的观点,联大表决时实行一国一票的原则,都是这种政治和法律平等地位的体现。

联合国也反复重申主权原则。1965年《关于各国主权不容干涉及

---

① Woodrow Wilson, "The Fourteen Points", Jan. 8, 1918. *Living Documents of American History*.

其独立和主权之保护宣言》强调："任何国家，不论为任何理由，均无权直接或间接干涉任何其他国家之内政、外交，故武装干涉及其他任何方式之干预或对于一国人格或其政治、经济及文化事宜之威胁企图，均在谴责之列"。① 1970年《关于各国依〈联合国宪章〉建立友好关系和合作的国际法原则宣言》则重申了"各国在其国际关系上应避免为侵害任何国家领土完整或政治独立之目的或以与联合国宗旨不符之任何其他方式使用威胁或武力之原则"。② 联合国的基本立场也使主权原则成为二战后国际关系的行为准则，尤其在第三世界国家的反殖民化民族运动中起到了突出的法律支撑作用。

不干涉原则是主权的重要推论。尊重主权必然要尊重国家作为自身最高权威，不接受外部力量控制的权利。外部力量也不得使用包括武力在内的手段干涉国家的内部事务。1928年的《非战公约》最早提出了"废除战争作为国家政策工具"的构想。然而，当时的签署国如美、英、法等都发表声明和备忘录，对公约提出保留条件，声称有权根据实际情况选择是否诉诸战争。③ 而且在语言选择上，"废除战争"远不如"禁止使用武力"来得彻底。只有从主权原则出发，坚持不干涉与和平解决争端，禁止使用武力才有坚实的理论和法律基础。《联合国宪章》规定，国家只能在自卫和集体安全两种情况下合法使用武力。除此之外，使用武力皆为非法。这不能不算是国际关系发展中的重大进步。

在国际实践中，不干涉原则自出现的那天起就一直被国家持续违反。主权本身并不能排除外部势力对国家内政的影响。克拉斯纳将主权含义分为四类，即国内主权（Domestic Sovereignty）、相互依赖主权（Interdependence Sovereignty）、国际法主权（International Legal Sovereignty）和威斯特伐利亚主权（Westphalia Sovereignty）。④ 人们通常所说的"主权"被克拉斯纳归于"威斯特伐利亚主权"类别中，即领土权

---

① http://daccessdds.un.org/doc/RESOLUTION/GEN/NR0/217/69/IMG/NR021769.pdf? OpenElement.

② http://daccessdds.un.org/doc/RESOLUTION/GEN/NR0/347/58/IMG/NR034758.pdf? OpenElement.

③ 王绳祖主编:《国际关系史》（第二版），北京：法律出版社，1996年版，第396页。

④ Stephen Krasner, *Sovereignty: Organized Hypocrisy*, Princeton: Princeton University Press, 1999.

和排他权(territoriality and exclusivity)。然而这种权利是常常被侵犯的。克拉斯纳因此认为,主权不过是有组织的虚伪(organized hypocrisy),主权是"一种虚构,尽管是非常有用的一种"。① 在对主权发展历史进行了深入探讨之后,克拉斯纳提出:"在竞争性的环境中,大棒总是一张王牌。"②然而,克拉斯纳的意图并不是如自由主义者般否定主权原则,而是揭示国际政治中权力的实质性作用。国家在国际政治中保护自己的第一个手段是自助(self-help)。然而就像克拉斯纳的研究表明的,对于绝大多数国家来说,自助是不充分的。中小国家的自助能力十分有限,在面对大国蓄意干涉时几乎没有招架之力。因此,在法律层面上的主权原则构成了对国家的最低保护。它从行为合法性的基础出发限制大国随意干涉别国内政,违反者会承受一定的法律和社会压力。如美国在20世纪80年代对拉美国家采取的一系列干涉所显示的那样,国际法院的判决和国际舆论的批评都对美国形成了压力。简言之,在现有以主权原则为基础的国际秩序中,权力保证大国有行动的自由,但却不能保证行动不承担相应的后果。而西方人道主义干涉倡导者们所要削弱和摧毁的正是主权平等的法律和政治原则,即限制大国权力的最后一道屏障。这种意图无疑将改变现有国际秩序,导致最终重新回到"武力即正义"(might becomes right)的时代。

由于联合国法律体系对于主权的支撑,人道主义干涉倡导者们甚至还呼吁直接抛弃联合国,建立一个"意愿联盟"(Coalition of Willing)。③ 他们认为由于存在大国一致原则和广大的第三世界国家,因此联合国并不可靠。人道主义干涉的权力应该独立于联合国系统而存在。④ 意愿联盟将替代联合国,更具体说就是由西方国家来承担国际行动的义务。⑤ 这种说法更是把人道主义干涉倡导者推翻主权原则的

---

① Stephen Krasner, *Sovereignty: Organized Hypocrisy*, Princeton: Princeton University Press, 1999, p. 24.

② Ibid.

③ Geoffrey Robertson, *Crimes Against Humanity: The Struggle for Global Justice*, London: Penguin Books, 2000, p. 447.

④ Ibid.

⑤ Martin Shaw, *Global Society and International Relations: Sociological Concepts and Political Perspectives*, Cambridge: Polity Press, 1994, pp. 80—81.

目的表露无遗。固然,联合国在冷战期间无所作为,且在冷战后存在行动不力、缺乏效率等一系列问题,但它毕竟是目前世界上能够被最广大国家所接受、也最具合法权威的国际组织。一个客观存在的事实是,目前任何绕开联合国自行采取单边措施的做法都不可避免地会降低行动的合法性与正当性。美国在科索沃和伊拉克的行动都是这方面的最好例证。人道主义干涉的最大危害恰恰在于可能导致现行国际法体系的崩溃,从而建立一个处于西方大国,主要是美国强权控制下的国际新秩序。①

主权原则为稳定国际秩序提供了最低限度的保证。一旦主权原则遭到破坏,连带可能造成整个现行国际秩序和联合国体系的变化。主权原则对于一个现行国际秩序的根本性作用是不能动摇的。

二、人道主义与人权

在谈及人道主义干涉时还需要明确一个问题,即人道主义同人权的关系如何?"人道主义干涉"中的"人道"的含义经历了一个发展变化的过程。人道主义作为一种以人类个体为出发点的思潮,主张每一个人是一个独立的个体,人是目的而不是工具,要尊重个人的平等和自由权利,承认人的价值和尊重。人道主义最早是与保障个人宗教权利相联系的。18—19世纪的自由主义思想家,如穆勒(John Mill)等人最早将人道主义干涉与人权联系起来。② 在早期被视为人道主义干涉的欧洲干涉行动中,"人道主义"主要意味着保障目标国人民的宗教信仰自由等基本权利不被剥夺。

但从19世纪末开始,人道主义经历了一次非政治化过程。国际红十字会的创始人亨利·杜南(Jean-Henri Dunant)亲眼目睹了在弗尔索利诺战役中伤病员无法得到及时救治的惨状,因而从人道主义的立场出发,决定建立"伤兵救护国际委员会",这一委员会即为国际红十字会的前身。在杜南的奔走呼吁下,1864年,《改善战地武装部队伤者境

---

① [奥地利]汉斯·科其勒:《现代强权政治背景下的人道主义干涉》,载《现代国际关系》2001年第9期。

② Bhikhu Parekh, "Rethinking Humanitarian Intervention", in Jan Nederveen Pieterse ed., *World Orders in the Making*, London: Macmillan Press, 1998, p.142.

遇的公约》(即《日内瓦公约》)签署。这一公约在当时得到了法国、比利时、西班牙、普鲁士和荷兰等十几个欧洲大国的支持,世界各国也陆续加入了这一公约。杜南本人于 1901 年获得了第一届诺贝尔和平奖。在一战期间,国际红十字会作为世界上最大的人道主义组织在各个战场开展救援工作,赢得了巨大的声誉。从这一时期开始,以国际红十字会为代表的国际人道主义运动表现出了十分明显的非政治性特征。1986 年在日内瓦召开的第 25 届红十字与红新月国际大会在行动章程中确立了相关的宗旨和行动原则,即国际红十字会的宗旨是向需要得到救助的人员提供必要的帮助,其行为的七项原则为"人道、公正、中立、独立、志愿服务、统一和普遍"。① 其中,"人道"意味着"国际红十字与红新月运动的本意是要不加歧视地救护战地伤员。在国际和国内两方面,努力防止并减轻人们的痛苦,不论这种痛苦发生在什么地方。本运动的宗旨是保护人的生命和健康;保障人类尊严;促进人与人之间相互了解、友谊和合作,促进持久和平"。"公正"是指"本运动不因国籍、种族、宗教信仰、阶级和政治见解而有所歧视,仅根据需要,努力减轻人们的疾苦,优先救济困难最紧迫的人"。"中立"原则是指"为了继续得到所有人的信任,本运动在冲突双方之间不采取立场,任何时候也不参与带有政治、种族、宗教或意识形态的争论"。② 大卫·钱德勒就将以国际红十字会为代表的人道主义运动归结为以需求为基础的运动(needs-based humanitarianism),其行动目的是为了减轻人类痛苦,而不是主动地解决产生痛苦的问题。

避免政治化是人道主义运动长期坚持的方针。1992 年,国际红十字会主席在联合国大会上发表讲话,重申:"如果人道主义的中立性与公正性受到威胁,人道努力和政治行为就必须分道扬镳。"③另一名国际红十字会主要领导人也表示:"必须意识到政治有可能如毒药般威胁红十字组织自身的生存"。④ 非政治化的人道主义运动真正为实现人

---

① 参见中国红十字会网站:http://www.redcross.org.cn/。
② 同上。
③ 转引自 David Chandler, *From Kosovo to Kabul and Beyond: Human Rights and International Intervention*, p. 24。
④ Ibid.

道主义目标进行了大量工作,得到了全世界的广泛接受和赞誉。

然而非政治性的人道主义运动在冷战后却越来越被人权话语占据,成为一股具有强烈政治性的运动。人道主义含义的转变关键在于西方国家的态度。直到20世纪80年代,人道主义在各国外交政策中仍然处于边缘地位。人道主义事务主要由非政府组织关注和具体实施。然而冷战结束之后,以保护人权(政治自由)为基础的人道主义保护却得到了西方国家的认可和鼓励。原本以非政府组织为主体的人道主义运动成为了西方国家的政策选择。在西方语境中,人权本身就带有强烈的政治性。在冷战期间,人权就等同于政治自由。美国总统卡特在执政初期打出了人权外交的旗号,这种自由主义意识形态化的外交政策不久就遭遇到严重挫折,卡特政府不得不改弦更张,重回权力政治的道路。但对于美国来说,这是人权外交的第一次尝试,失败的根源在于两极体系下竞争激烈,不具备实施政策的条件。但在冷战结束后,实施人权外交的外部限制消失了。人权论述得以堂而皇之地进入决策过程中。马丁·肖(Martin Shaw)认为,人权"给了西方一个重申领导地位的新的义务或权利",西方国家应该承担起历史责任。[①] 西方政要们表现出对人权的浓厚兴趣。克林顿宣布将人权作为外交政策的基石之一。布莱尔则认为,确立人权的优先地位将导向一种建立在道义基础上的国际主义。[②]

在西方国家眼中,非西方国家往往呈现出一种悲惨、凄凉、毫无希望的景象。这种印象构成了西方处理与非西方国家关系时的"意识形态框架"。在冷战后人权论述的推动下,拯救非西方国家受迫害的国民成为了西方大国"义不容辞"的责任。因此,当这种意识形态框架发挥作用时,人权就是无须争辩的议题。在科索沃战争期间,所谓的"科索沃共识"成为了判断行为正当性的唯一标准:米洛舍维奇是暴君,必须将其赶出受到残酷镇压的科索沃。由于战争而造成的伤害是附带性的,是为了争取建立更美好世界所必须付出的代价。由此,传统人道主

---

① Martin Shaw, *Global Society and International Relations: Sociological Concepts and Political Perspectives*.

② David Chandler, *From Kosovo to Kabul and Beyond: Human Rights and International Intervention*, p. 6.

义运动的中立和非政治性被视为对混乱的纵容和对暴君的软弱。人权保护应该采取更为主动的立场,积极扮演从拯救人的生命到保障自由权利的角色。

在西方国家的明确支持下,西方人道主义干涉才具有从理论向实践转变的可能。而正是因为这种西方的政治支持使得干涉理论本身的依附色彩强烈,缺少因独立、公正而产生的信赖。人道主义干涉的理论既违反了现有的国际法规则,又无法达成受到广泛接受的共识,因此其正当性十分薄弱。

第四节 法理辨析的总结

在以国际无政府状态为起点的评估中可以发现,能够有效支持"理想化"定义的人道主义干涉的理论并不存在。人道主义干涉倡导者们从国际法、道义原则、政治伦理等基础出发建立的人道主义干涉法理基础存在着重大缺陷。由《联合国宪章》确立的国家主权平等是国际关系发展的一大进步。尽管在实践中主权原则要面对种种挑战,但作为一种政治权威,它是中小国家在国际政治现实中抵御强权、维护秩序的最佳且唯一的选择。由人道主义干涉倡导者所提出的"人权高于主权"、"保护的责任"等论述无疑都是对国家主权在法理上的削弱,将严重影响现行国际秩序的正常运行,其导致的法律和政治后果都将是极其严重的。

另一方面,我们也发现人权在国际关系中的作用并非自动、自发产生的。只有国家——国际关系中最重要的行为体——根据自身需要进行主动的选择之后,国际人权保护的影响力才能得到迅猛发展。国际人权保护同西方政治现实的紧密结合已经背离了近代以来人道主义的传统,使其更难以获得广泛的认同和支持。以人权为基础的人道主义干涉论述也变得失去了正当性基础。

第三章　人道主义干涉的实践评估

围绕人道主义干涉理论展开的分析尚不能全面和深入地揭示这一行为存在的矛盾与问题。事实上,对任何一种国际行为都不能孤立地从法律和道义的基础上做出评判,我们还必须进入行为的实际运作中加以分析。本书认为,冷战后主要由西方国家所实施的人道主义干涉毫无正当性可言。它在理论上希望废除和抛弃主权原则,根据美国及其盟友的意志和价值观标准建立新的国际秩序。那么,冷战后人道主义干涉的行为特征是什么?在实践中推动国家实施人道主义干涉的动机又有哪些?本章将围绕这些问题展开评估工作。

第一节　美国对外干涉演变的分析

美国是冷战后人道主义干涉行动最主要的实施者。在美国实力占据明显优势的冷战后时代,几乎所有重大国际事务都与美国存在或多或少的联系。冷战后,美国及其盟国(主要是英国)在人道主义干涉问题上既有学界的理论探讨,又有付诸实践的具体行动。因此由美国主导的人道主义干涉是实践评估的重要对象。

然而美国并非从建国之初就开始积极介入世界事务,遑论对外国实施军事干涉。随着时间推移,美国却成为了20世纪对外干涉最为频繁的国家。本节讨论的目的就是从军事干涉角度梳理美国介入世界的轨迹,发现美国对外干涉行为的主要特征,以期为研究美国在冷战后的人道主义干涉实践建立一个坚实的基础。

一、孤立主义与不干涉

从联邦政府成立直至 19 世纪末,美国在欧洲事务方面执行了较为严格的中立政策,无论在政治上还是军事上都没有对欧洲国家之间的争端实施过干涉。

美国建国之初的外交政策面临两难选择。一方面,美国刚刚从英国殖民统治下独立,国力羸弱,英国仍然是北美大陆上存在的重大威胁。而另一方面,尽管法国在独立战争中帮助过美国,但其根本目的是削弱长期对手英国的实力,尔后爆发的大革命也使美国在是否选择一个国内局势瞬息万变的国家作为盟友的问题上举棋不定。在决策层面,杰斐逊(Thomas Jefferson)和汉密尔顿(Alexander Hamilton)在选择何种外交政策的问题上冲突十分激烈。杰斐逊曾长驻法国,同当时的大多数美国人一样对法国资产阶级革命充满同情。因此他认为美国和法国在追求自由上的政治诉求相同,主张同法国结盟,抵制英国。而担任财政部长的汉密尔顿则认为法国"暴民"远比英国国王更加恐怖。从现实利益的角度出发,鉴于美英之间紧密的商业联系和英国强大的海上力量,汉密尔顿主张抛弃外交政策中的自由价值观,维护美国国内政治稳定,对英国做出一定的让步和妥协。华盛顿总统最终支持了汉密尔顿的政策主张。他在 1793 年发表了《中立宣言》,宣布美国不会介入战争中的任何一方,要求美国公民不得参加交战任何一方的军事行动,禁止同交战双方进行走私贸易。[1]

《中立宣言》中的具体规定在华盛顿的推动下进一步发展成了系统的思想表述。华盛顿在 1796 年发表的《告别演说》中特别提醒国人不要轻易卷入欧洲国家间的争端。他指出:"我们处理外国事务的重要原则是,在与它们发展商务关系时,尽量避免涉及政治。我们必须重视履

---

[1] 杨生茂主编:《美国外交政策史(1775—1989)》,北京:人民出版社,1991 年版,第 46 页。

行已订立的条约,但条约以此为限,不再增加。"①华盛顿在论述脱离欧洲政策时特别强调美国与欧洲是不同的。美国是一个民主、繁荣、享有优越地理位置的国家,因此不应该卷入欧洲的野心、竞争和利益关系之中。这种论述符合当时人们对美国和欧洲关系的看法:美国先民们逃离的欧洲是一个专制压抑、物欲横流的肮脏社会,移民们来到北美大陆建立起了一片新的家园和人间天堂,因此美国与欧洲是格格不入的。大西洋是美国抵御欧洲腐蚀、与世隔绝的天然屏障,美国不应介入欧洲的事务。在这种意识形态认识的指导下,当然更是为了美国的生存和尽可能多地获取经济利益,美国奉行的中立政策逐渐演变为了一整套"孤立主义"思想,主导着近一个世纪里的美国对外政策方向。

除了自身不介入欧洲事务外,美国还反对欧洲大国对美洲事务的干涉,提出了"美洲是美洲人的美洲"的"门罗宣言"(Monroe Doctrine)。1823年,针对欧洲可能对拉美国家的干涉,美国总统门罗在向国会发表的咨文中宣称:美国不会干涉任何欧洲列强的现存殖民地和保护国,但对于那些已经宣布独立并且得到美国承认的美洲国家,任何欧洲干涉都会被认为是对合众国不友好的表现。②作为新生国家,美国实力弱小且强敌环伺,选择不干涉政策显然是明智之举。而"门罗宣言"同样重申了美国长期坚持的观点,即美洲的政治制度与欧洲的政治制度具有本质上的差别,美国不能接受欧洲列强将其政治制度扩展到美洲。

二、对外干涉的兴起与发展

然而随着实力的不断增长,美国的对外政策开始出现调整。南北战争结束之后,由于解决了土地问题,新技术得到及时利用,再加上丰富的自然资源和大量欧洲移民等有利条件,美国经济开始迅猛发展。到19世纪90年代,美国已经完成了工业革命,其经济实力大幅增长。1894年美国工业总产值达到94.98亿美元,一跃成为了世界头号工业

---

① George Washington, "Farewell Address", http://avalon.law.yale.edu/18th_century/washing.asp.

② "Monroe Doctrine, 1923", US Department of State, http://www.state.gov/r/pa/ho/time/jd/16321.htm.

大国。①到1900年,美国工业产值占到世界工业生产的31%,高出居第二位的英国13个百分点。与此同时,美国在北美大陆的扩张也接近尾声。伴随着实力增长,美国开启了海外扩张的进程。1898年的美西战争是美国对外军事干涉的重要标志。通过美西战争,美国占据了菲律宾、波多黎各和关岛,成为了古巴的保护国,从此走上了帝国主义道路。

1904年,西奥多·罗斯福(Theodore Roosevelt)总统援引"门罗宣言",称美国应该在西半球"行使国际警察"的权力,以制止"西半球国家的恶行"。②之后美国相继干涉了古巴、巴拿马、海地、尼加拉瓜和多米尼加等国事务。

然而,美国参与世界事务的步伐并非毫无阻碍。美国国内的孤立主义仍然具有强大影响。直到第一次世界大战之前,美国在发展对外关系上也基本上遵奉不介入欧洲争端的先贤嘱托。真正带领美国走出孤立的是具有理想主义抱负的威尔逊总统。1913年,威尔逊总统首次发表国情咨文,集中表达了自己的外交理念,这些理念后来被称作"威尔逊主义"。威尔逊提出:"判断美国与他国纠纷只有一个可能的标准,而此标准涉及两项因素:即我们本身的荣誉及我们对世界和平的义务。"③当欧洲陷入大战之初,威尔逊认为这些冲突不过是"粗鲁的物质主义、残忍的野心、不道德的政治和有害的强权政治"的必然结果。④但随着战争的进行,战场形势越来越不利于德国。德国寄希望于在海上开展"无限制潜艇战"以切断英法的海上交通线。此举严重威胁了美国的人员安全和商业利益。威尔逊认为美国参战的时机来到了。威尔逊明确支持民主的英法协约国,认为英法对抗德国起到了维护自由和民主政体的作用。1917年4月,威尔逊要求国会向德国宣战。他在演说中强调:"我们将为自己一向最珍惜的东西而战——为了民主,为人民服从权威以求在自己的政府中拥有发言权,为弱小国家的权利和自

---

① 黄绍湘主编:《美国通史简编》,北京:人民出版社,1979年版,第273页。
② 王立新著:《意识形态与美国外交政策》,北京:北京大学出版社,2007年版,第235页。
③ 亨利·基辛格著:《大外交》,第27页。
④ William L. Langer, "From Isolation to Mediation", in Arthur P. Dudden ed., *Woodrow Wilson and the World of Today*, Philadelphia: University of Pennsylvania Press, 1957, p. 23.

由……为完成这样一个任务,我们可以献出我们的生命财产,献出我们自己以及我们所有的一切"。①

乔治·凯南在谈及威尔逊外交政策时评论说:"在威尔逊的领导下,一种思想路线发展起来了,这一思想为我们在这场战争中坚持到底提供了理论基础和目标:德国是军国主义的和反民主主义的,协约国进行战斗是为了在这个世界上保全民主制度。"②威尔逊以充满理想主义的语言激发了美国参与世界事务的热情。基辛格认为,威尔逊和老罗斯福都是美国历史上的关键人物,尽管他们思考问题的根本立场不同,但都认识到美国应该开始在世界上扮演重要角色。③在美国历史转折的重要时刻,思想观念截然不同的决策者们的实际行为却如此相似。而将道义和维护民主看作美国对外政策基石的威尔逊在对外干涉方面更为积极。在一战结束后,美国又对新生的苏俄发动了军事干涉。据统计,威尔逊执政的8年中总共19次对外用兵,是美国历史上最大的干涉者。④

尽管威尔逊引导美国加入了对德作战,但在美国国内仍然爆发了强烈要求重新回到"以孤立求安全"的中立外交政策的思潮。孤立主义的强势一直持续到珍珠港事件爆发。当在自己的领土上遭到来自遥远国家的沉重打击时,美国人才真正认识到,自从美国成为一个世界大国以来,"他们的日常生活会受到海外发生的事态的深刻影响,他们国家至关重要的利益会受到其他地区国际权力格局变化的破坏"。⑤孤立主义与国际主义之争也就有了明显的答案。

三、两极格局下的干涉行为

在两极格局之下,美国的对外干涉大多围绕着"对抗苏联"这一中

---

① "Call for War: President Woodrow Wilson's Message to Congress", April 2, 1917, http://wwi.lib.byu.edu/index.php/Wilson%27s_War_Message_to_Congress.
② 乔治·凯南著,葵阳等译:《美国外交》,北京:世界知识出版社,1989年版,第55页。
③ 亨利·基辛格著:《大外交》,第14页。
④ Eugene Wittkopf, Charles Kegley, Jr., and James Scott, *American Foreign Policy: Pattern and Process*, Beijing: Peking University Press, 2005, pp. 33—34.
⑤ Robert Osgood, *Ideas and Self-Interest in America's Foreign Relations*, Chicago: The University of Chicago Press, 1953, p. 429.

心议题展开。在这一时期,美国对外干涉十分频繁,"反苏"与"反共"目标紧密而完美地结合在一起推动美国积极干涉国际事务。可以说正是在冷战这一特殊时期里,美国建国之初所面临的输出民主与国家安全需要较为一致地联系在一起了。正如美国国家安全委员会第68号文件(NSC68)阐述的那样,"在目前两极权力格局的背景下,无论在任何地方自由制度的一次失败都是整个自由制度的失败。"不仅如此,输出民主的意识形态作用持续强化着美国对外干涉的动力。这种力量最终驱使美国进行了二战结束后规模最大的一场军事干涉——越南战争。

干涉越南的巨大代价并没有阻止美国对外干涉的脚步。不过在具体干涉手段上,美国更倾向于采取"低烈度"的准军事手段,如资助、训练尼加拉瓜反政府武装、安哥拉反政府游击队和阿富汗抵抗力量等。从总体上看,由于自身实力的相对下降,美国在越战后执行了较为谨慎的对外干涉政策,大多采用"代理人战争"等间接的方式介入别国事务。然而随着20世纪80年代中后期里根政府重振经济和军备计划显现成效及苏联势力的不断退缩,美国面对的外部制衡力量减弱,其对外干涉倾向又有所恢复,并先后对格林纳达、利比亚和巴拿马等国动用武力。

四、实力变化对干涉行为的影响

在不同时期,推动美国对外干涉的具体因素可谓千头万绪,这些因素包括了获取海外殖民地、保护商业利益、捍卫民主体制、反对共产主义等等。但通过历史的简要梳理我们也发现,实力变化与美国的对外干涉保持着相对持久和稳定的关系。

一方面,对外干涉程度同国家实力密切相关。在从合众国肇基到成长为世界第一工业国,再到成为冷战中超级大国的过程中,美国对外干涉的程度在持续增长。这种程度变化表现为:在国家实力较弱时严守中立政策,当国家实力有所增长后谨慎介入并且有所反复,当成为世界超级大国之一时则在全球积极推行干涉政策。对于这一现象,我们大致可以使用国家利益的变化进行解释。基辛格认为,美国建国初期的外交政策真实地反映了美国国家利益,即"强化新国家的独立地位"。①而当国家实力增长,国家在国际体系中的地位发生变化时,国家需要发生改变,国家利益也随之变化。当哥伦比亚、巴西、阿根廷等拉美国家请求美国按照"门罗宣言"的准则来阻止外来干涉时,美国由于自身力量的限制不得不推诿了事,以免惹火烧身。②然而时过境迁,西奥多·罗斯福同样运用"门罗宣言"赋予美国干涉拉美事务的权力。老罗斯福和威尔逊更认识到孤立主义已经过时,客观现实要求美国在世界事务中发挥作用,因此必须积极参与西半球和欧洲事务。到二战结束之后,美国作为超级大国和西方阵营的领导者,其干涉范围更为广泛和深入。

从另一方面看,国家实力也影响了民主、自由等价值观因素影响美国对外干涉的程度。我们可以发现,随着国家实力的上升,价值观对美国外交政策的影响也在增加。在美国羽翼未丰之时,立国之父们将美国的民主自由制度看成世界的榜样,美国拯救世界要靠完善自身,而不是靠对外干涉和直接介入其他国家事务来完成。约翰·昆西·亚当斯(John Quincy Adams)就指出,美国"不会到海外去寻妖除魔"。③与之截然相反的是,在冷战的高峰期,反共主义意识形态甚至促使美国在一个不具有战略安全意义的地方实施干涉。凯南 1966 年在国会作证时曾承认,即使整个越南进入共产主义阵营也不会严重威胁美国国家安全④;摩根索也认为共产党统治南越并不会改变亚洲的均势。⑤美国的干涉行为明显受到了意识形态的影响。

---

① 亨利·基辛格著:《大外交》,第 14 页。
② 杨生茂主编:《美国外交政策史(1775—1989)》,第 101 页。
③ John Quincy Adams,"Fourth of July Address, 1821", http://www.geocities.com/capitolhill/congress/3999/art.adams.html.
④ David Levy, *The Debate over Vietnam*, Baltimore: The Johns Hopkins University Press, 1991, p.73.
⑤ Hans Morgenthau, "US Disadvantage in Vietnam", in Stanley J. Michalak, Jr. ed., *Competing Conceptions of American Foreign Policy: Worldviews in Conflict*, New York: Harper Collins Publishers Inc., 1992, p.97.

第二节　冷战后人道主义干涉实践的主要表现

在梳理美国的干涉历史之后，本节将分析冷战后人道主义干涉实践的主要表现。这些表现主要反映在干涉实施者的行动选择和干涉强度两个方面。这两个方面的表现在一定程度上体现了冷战后国际局势的变化以及西方人道主义干涉的特有属性。

一、"模糊政策"与选择性干涉

冷战后的人道主义干涉实践主要集中于20世纪90年代。由于苏东集团几乎在一夜之间崩溃，西方世界立即沉浸在突然而至的喜悦中。但随之而来的另一个问题开始困惑"不战而胜"的一方：应该如何安排冷战后的国际秩序？与历史上经由霸权战争而重新安排世界秩序不同，冷战的结束并不存在一个真实的"战胜国"，也没有相关的大国协商、制度安排等措施建立一个新的国际体系。从二战结束以来建立的联合国仍然得到世界上最多国家的参与和认可，甚至还被国际社会期待发挥比冷战中更为重要的作用。美国及其盟国的人道主义干涉实践就是在这一历史背景下展开的。

20世纪90年代，被认为具有人道主义干涉性质的行动有：索马里人道救援行动（美国），伊拉克"禁飞区"计划（美国、英国、法国），塞拉利昂维和行动（尼日利亚、西非共同体、英国、联合国），干涉波黑战争（美国、北约），干涉海地军事政变（美国），科索沃战争（美国、北约）和东帝汶维和行动（澳大利亚、联合国）等。[①]美国推动并参与了其中的五项行动，其在人道主义干涉中的主导地位明显高于其他国家和国际组织。作为单极体系下的霸权，美国是唯一有能力在全球范围内实施干涉的

---

① 对于冷战后人道主义干涉数量，学者们的意见并不一致。即使把由联合国授权的塞拉利昂维和以及印尼政府同意的东帝汶维和算作人道主义干涉，美国所参与的干涉仍然是最多的。参见 Nicholas Wheeler, *Saving Strangers: Humanitarian Intervention in International Society*, Oxford: Oxford University Press, 2000; Jennifer Welsh, *Humanitarian Intervention and International Relations*, New York: Oxford University Press, 2004。

国家。因此,美国在人道主义干涉中起主导作用并不令人惊讶。

然而值得我们注意的是,美国在实践行动上的积极主导却并没有与之配套的明确的官方政策论述,更遑论建立一个清晰的行动纲领或计划。这种模糊政策表现为对人道主义干涉应该在何种条件下实施没有明确的政策表述。反而是美国之外的西方国家更为积极地提出了关于人道主义干涉的主张。

在 1991 年联合国大会上,法国代表在联合国讨论关于伊拉克禁飞区的第 688 号决议案时就表示,"人道主义干涉没有国界"。在科索沃战争期间,首先在人道主义干涉问题上发声的是英国首相布莱尔。他在芝加哥经济俱乐部发表的"国际共同体"演讲中提出了检验为人权进行干涉的五项标准:一、是否确信有干涉的理由;二、是否用尽了所有外交手段;三、使用武力是否是明智和谨慎的;四、是否有长期介入的准备;五、干涉是否与国家利益有关。[1]客观地讲,这些标准除了第二条之外,几乎都是空洞的或类似于同义反复的措辞,难以进行准确的衡量,也几乎没有指导实践操作的意义。但布莱尔的系统化论述形同英国政府的人道主义干涉宣言书,因而在国际社会产生了重大影响。

美国总统克林顿在 1999 年 6 月访问欧洲,他在为科索沃战争辩护时提出,"希望将来能确认一个重要原则:如果国际社会有力量阻止种族灭绝和民族清洗,就应当加以阻止"。[2] 相比之下,克林顿的讲话不但在时间上落后于布莱尔,而且这种个案式和原则性的、并带有附加条件的表述只是将人道因素当作战争正当性的支持,因而不能将其视为正式的美国人道主义干涉政策。另一方面,美国在官方正式场合也不断强调尊重主权原则的立场。美国驻联合国大使博尔顿(John Blton)在 2005 年联合国首脑会议上就宣布反对将人道主义干涉作为国家权利[3],这一表态似乎又代表了美国在人道主义干涉上的正式立场。

---

[1] Tony Blair, "Doctrine of International Community", Speech to the Economic Club of Chicago, Apr. 22, 1999.

[2] Bill Clinton, "Remarks to Kosovo International Security Force Troops in Skopje", Jun. 22, 1999. http://www.encyclopedia.com/doc/1G1-55427111.html.

[3] Carsten Stahn, "Responsibility to Protect: Political Rhetoric or Emerging Legal Norm?", *American Journal of International Law*, Vol. 101, No. 1, 2007, p. 108.

这种模棱两可、甚至自相矛盾的态度真实地反映了美国对于人道主义干涉的实践运作煞费苦心。在美国决策者看来,不论理论上如何喧嚣,在实践上公然抵触得到国际社会最广泛支持的联合国和主权原则会直接给自身行为合法性带来严重威胁。这也是无论在轰炸科索沃还是入侵伊拉克之前,美国都要尝试性地争取联合国授权的道理所在。正如张睿壮教授指出的,美国官方不对人道主义干涉做原则性论述和广泛承诺的原因在于:"一方面利用美国和西方在理论、传媒方面的压倒性优势及其对本国乃至世界舆论的影响,在全世界做好'人道主义干涉'有理、合法的舆论准备,从而当美国需要利用'人道主义干涉'为由进行干涉时可以师出有名;另一方面政府却故意不把话说死,为自己留下充分的转圜余地,以握有进可攻、退可守的主动权"。①

由于美国在人道主义干涉的官方政策上执行"模糊"战略,因此在实践中,美国对于何时实施人道主义干涉具有较强的自主选择性。在人道主义干涉的历史上,选择性介入是实践中一个重要特征,也是批评者抨击人道主义干涉的理由之一。这种选择性表现在两个方面。一是"选择性不干涉",即对出现人道危机的地区和国家并不"一视同仁"地采取行动,而是根据自身能力、利益或干涉对象等因素有选择性地决定是否行动。如查尔斯·克劳萨默(Charles Krauthammer)就指出:"50万无辜者在卢旺达那场自纳粹大屠杀以来唯一名副其实的种族残杀中被屠杀,而他(克林顿)毫不为之所动,根本不加制止。"②在"9.11"事件之前,西方主流媒体和人权运动认为车臣战争严重侵犯了车臣民族的人权,因而大肆批评俄罗斯政府。尽管这种口诛笔伐还一度十分激烈,但也从没有出现过任何在车臣进行"人道主义干涉"的政策建议。

选择性的第二个方面体现在以人道因素、保护人权为借口,根据利益和价值观等需要对国家进行干涉。美国在前南地区的干涉表现就是很好的例子。1995年8月,克罗地亚对克拉伊纳发动了野蛮进攻。克拉伊纳是克罗地亚的一个地区。4天后,克罗地亚人从那里赶走了15

---

① 张睿壮:《"人道干涉"神话与美国意识形态》。
② Charles Krauthammer, "The Clinton Doctrine", TIME, Apr. 15, 1999. http://www.time.com/time/magazine/article/0,9171,990647,00.html.

万名塞尔维亚人,这是整个巴尔干战争中最大的一次种族清洗。海牙战争罪行法庭的调查者断定:这次战争残酷野蛮,不分青红皂白地射杀平民百姓。国际法庭最后判处克罗地亚高级官员犯有战争罪行。[1]克罗地亚在这一地区的所作所为,美国方面完全默不作声,不但没有加以制止,甚至还有一批美军退役军官奉命担任克罗地亚人的军事顾问。反观科索沃,当南联盟军队在科索沃合法地打击阿族分裂武装时,西方国家就已经开始叫嚷着人道主义灾难发生了。这类选择性介入的性质更为恶劣,其实质是利用人道主义的旗帜对整个国际社会实施道义欺骗。

"模糊"政策和选择性介入无疑降低了美国主导的西方人道主义干涉的可信度。我们不得不怀疑:干涉决策者本身是否真心信奉那些道义话语?到底是干涉者的"伪善"本质还是有其他因素阻碍了在实践中出现更符合"理想化"模型的人道主义干涉行为?

二、使用武力倾向强烈

在20世纪90年代的干涉实践中,无论对于萨达姆还是索马里军阀,亦或是米洛舍维奇,一旦美国认定其为"人道主义灾难"的制造者,那么在之后的行动中使用武力打击上述"暴君"、"独裁者"和"流氓政权"的可能性就极高。

使用武力是一种代价高昂的行为。何时何地使用武力对国家决策来说至关重要。在冷战期间,尤其在越战之后,美国在对外用兵上采取了较为谨慎的态度。里根政府时期的国防部长温伯格(Caspar Weinberg)在1984年一次讲话中提出了关于动用军事力量必须考虑的六条标准:1.只有在涉及美国及其盟友至关重要的国家利益时才能动用军队;2.一旦动武就必须全力争取胜利;3.只有在具有明确的政治和军事目标,并有能力实现这些目标时才能动用军队;4.在可能的情况下需要持续评估行动目标、军队数量和组成情况;5.在没有得到公众和

---

[1] Charles Krauthammer, "The Clinton Doctrine".

国会的保证与支持时,不应该动用军队;6.使用军队只应该是最后手段。①时任美国参谋长联席会议主席鲍威尔也曾提出过关于干涉行动的指导意见——即媒体所称的"鲍威尔主义"(Powell Doctrine):干涉行动必须事先确定明确的政治目标,确保一支在数量和装备上占据绝对优势的军队,制定完善的进攻方案。②鲍威尔认为,使用武力应该是"穷尽了所有政治、经济和外交手段"之后的选择。这一指导意见延续了"温伯格主义"的指导精神,同样表达了在没有明显的国家安全方面的理由和没有绝对优势的情况下,美国不应干涉外部冲突。

然而这种相对谨慎的原则在冷战后的人道主义干涉中完全被抛诸脑后。美国军事行动原则发生变化的转折点是海湾战争。在海湾战争中,美军以较小的代价取得了胜利,一扫自越战以来笼罩在美国人头上的历史阴影。基欧汉就认为,冷战的结束虽然没有加速军事全球主义,但导致了后者的转型,在苏联威胁消失与美国军事技术的变革下,促成了另一种形式的、由美国主导的军事全球主义。③人道主义干涉的倡导者们支持的是能够实现人权保护的"积极和平",反对仅仅没有战争的"消极和平"。④正是在这种气氛下,老布什总统在任期即将结束时宣布向索马里派兵。从决策过程来看,老布什及其幕僚决定出兵索马里还是比较谨慎的。然而在进入索马里、尤其是美国军队遭到地方武装袭击之后,美军就试图直接动用武力惩治军阀、重建社会秩序。美军精锐的特种兵部队在逮捕索马里军阀的过程中却付出了惨重的伤亡,成为美国人自海湾战争以来第一次遭遇的军事失利。在科索沃,美国更是笃定要对南联盟动用武力。在战前与南联盟进行的谈判中,美国所提出的条件是南联盟方面根本无法接受的。⑤这种谈判的目的无疑就是

---

① Caspar Weinberg, "The Use of Military Power", Speech to the National Press Club, Washington, D.C., Nov. 28, 1984.
② Colin Powell, "US Forces, The Challenges Ahead", *Foreign Affairs*, Vol. 71, No. 5, Winter 1992.
③ [美]罗伯特·基欧汉、小约瑟夫·奈著,门洪华译:《权力与相互依赖》(第三版),北京:北京大学出版社,2002年版,第300页。
④ David Chandler, *From Kosovo to Kabul and Beyond*, p.167.
⑤ 参见 Rambouillet Agreement, http://en.wikipedia.org/wiki/Rambouillet_Agreement.

逼迫南联盟政府就范。

美国对待"流氓国家"的强烈军事化倾向在入侵伊拉克时达到了顶峰。尽管此时美国的入侵理由不再是人道主义而是反恐,但人权、自由和民主等口号仍然被美国用作对自身行为的支持。①

冷战后主要由美国推动的人道主义干涉实践充满了矛盾。在干涉政策上,美国执行模糊战略,保持了选择性介入当地局势的自由。而一旦选择介入,则以军事方式解决问题的倾向十分强烈。这恰恰表明了以美国为代表的人道主义干涉实践的基本属性,即虚伪性和危险性。所谓虚伪性是指美国实施的干涉与"理想化"的人道主义干涉南辕北辙,即使是用人道主义干涉的相关理论也无法为其提供正当性支持。这也是部分人道主义干涉倡导者们感到懊恼不已的地方。所谓危险性则是指美国在主观上把国家分为"好的"和"坏的"两类。那些"坏国家"也即我们通常听到的"流氓国家",均为第三世界国家,力量弱小。在对待那些自己认定的"坏国家"时,美国滥用武力的倾向十分明显。以美国为首的西方世界对于第三世界国家的专横态度恰恰给世界安全与和平制造了新的威胁。

那么导致冷战后美国主导的人道主义干涉虚伪性和危险性的原因是什么呢?要回答这个问题,我们需要到干涉者的行为动机中寻找答案。

第三节 多重干涉动机作用下的干涉实践

造成冷战后人道主义干涉实践充满了虚伪性和危险性的原因需要从干涉者——主要是美国——实施干涉的动机中寻找。从理想化的人道主义干涉模型衡量,人道主义干涉的目标应该只是制止人道主义灾难等单纯的人道主义因素,否则"人道"干涉仅有的正当性将荡然无存。

---

① 参见 Bush Speech on the Future of Iraq, http://www.whitehouse.gov/news/releases/2003/04/20030428-10.html; Bush Speech on Democracy in Iraq, http://www.whitehouse.gov/news/releases/2006/12/20061202.html。

但在国际关系现实中,这种单一动机的干涉行动并不存在。大国的对外干涉总是夹杂着其他种种需求。

一、单一动机？多重动机？

对行为动机的研究十分重要。一方面,动机是衡量行为正当与否的关键标准,另一方面,动机也可以帮助我们理解行为的真实目的。对美国主导的西方人道主义干涉最为尖锐的批评就是针对干涉者的动机问题。在人道主义干涉的重要理论来源——正义战争论中,行为动机因素是评判战争是否正义的重要标准。正义战争论要求,战争实施者必须具有"良好的意图",不能夹杂其他动机,不能别有用心。[①]正所谓"有心行善虽善不赏,无心为恶虽恶不罚",干涉者意图不明将会破坏行为的合法性和有效性。[②]

干涉者们在解释自身行动时也特别强调人道动机的重要作用。在美英联合对伊拉克实施"禁飞区"计划期间,在面对纷至沓来的种种质疑时,美英政府都宣布自己的行动目的是为了保护伊拉克库尔德人和什叶派穆斯林的安全。克林顿在为科索沃战争辩护时反复强调战争的目的是为了制止"种族灭绝"。[③]布莱尔在同一时期也宣布:"我们不是为领土而战,我们是在为价值观而战。"[④]

然而对于西方在20世纪90年代实施的人道主义干涉,孤立地通过政策语言的宣示来判断动机显然会造成谬误。从干涉的属性来看,无论干涉者宣示人道主义因素多么重要,但决不应该忘记克劳塞维茨的名言——"战争是政治的继续",所有军事干涉也都是政治的继续。人道主义干涉与其他对外干涉不会有本质上的区别。因此在分析冷战后西方人道主义干涉的动机构成时,必须全面考察一般干涉所涉及的诸如国家利益、意识形态等一系列因素。

---

① Mona Fixdal and Dan Smith, "Humanitarian Intervention and Just War", *Mershon International Studies Review*, Vol. 42, No. 2, 1994, p. 299.

② Adam Roberts, "The Road to Hell", *Current*, No. 363, 1994, pp. 24—29.

③ Bill Clinton, "Remarks to Kosovo International Security Force Troops in Skopje", Jun. 22, 1999.

④ Tony Blair, "Doctrine of International Community", Speech to the Economic Club of Chicago, Apr. 22, 1999.

为什么国际社会中不存在单纯出于人道主义因素而进行的干涉呢？这是因为人道主义因素本身还没有强大到独立推动国家使用武力的程度。在国际关系中，国家行为最大的外部条件是国际无政府状态。这是国家行动的根本环境。在缺少中央权威的无政府状态下，国家首先关注的是自身的安全和生存问题。保障自身安全和生存的最主要手段是权力，因此在国际关系中，国家将权力置于包括道德在内的其他因素之上。国家在国际关系中并非无视道德，而是因为道德本身无法满足国家生存等最优先的问题。①对于国家的行动方式，大卫·福赛斯（David Forsythe）就指出："（国际社会）多数国家接受了自由主义的人权法律框架，但却按照现实主义行事"。②这正是无政府状态下国家行为的本质表现。

对于国家来说，选择对外动用武力就意味着要承担一系列的成本和风险，如军费开支增加、人员伤亡、国际国内的反对压力等等。因此，干涉是需要在较强的力量推动和支持下才会实施的。有学者经过调查问卷研究发现，西方公众在考虑国家外交政策时也大都倾向于遵循传统观念，将国家利益置于对外政策的优先地位。③外国人的生存状况和人权问题等人道主义事务对于一国公众来说并不是最重要的利益，甚至根本构不成利益。美国《芝加哥论坛报》专栏作家斯蒂夫·查普曼在评论科索沃战争时鲜明地指出："你当然可以把任何东西都定义为国家利益，正如你可以把任何东西都定义为建筑材料一样。不过，当暴风骤雨到来的时候，你就很快发现什么是、什么不是了。"④因此，人道因素在干涉中不能起到独立的推动作用。美国拒不介入卢旺达大屠杀，甚至为了彻底推卸责任，阻挠联合国通过相关决议就是这样一个鲜明的

---

① 卡尔对于国家的道德问题有深入而精彩的辨析。参见[英]爱德华·卡尔著，秦亚青译：《二十年危机（1919—1939）：国际关系研究导论》，北京：世界知识出版社，2005年版。

② David Forsythe, *Human Rights in International Relations*, Cambridge: Cambridge University Press, 2000, p. 139.

③ Benjamin Schwarz, "Round Three: Concluding Remarks", Roundtable: Picking a Good Fight, *Atlantic*, Apr. 14, 2000.

④ 转引自余万里：《冷战后美国外交思想大辩论》，陶文钊等主编：《中美关系与东亚国际格局》，北京：中国社会科学出版社，2003年版。

例子。① 人道因素必须与其他作用更为强烈的动机相结合才能发挥效用。

一些学者和政界人士本身就承认人道主义干涉具有多重动机。如西恩·墨菲就将人道主义干涉实施者的动机认定为"主要是为了人道主义目标"。② 布莱尔也坦承，人道主义干涉是混合了利益与价值观的行为，人道主义干涉既可以满足价值观的要求，又有助于形成一个符合西方利益的世界，满足自身国家利益的要求。由此看来，在冷战后世界的人道主义干涉中，人道因素并不是原发性的动机。人道因素在冷战后的干涉实践中要么是虚构的，如在科索沃，要么是融入了其他决策动机，形成多重动机之一，并不存在理想化的人道主义干涉。

二、干涉动机的类别与作用

由于冷战后人道主义干涉是多重动机作用的结果，因此我们可以解释为什么在实践中会出现选择性介入的问题，即根据具体动机的作用大小不同，国家的行动表现也不同。那么这些具体动机主要包括哪些方面？其作用大小如何呢？

在第一节对美国对外干涉历史的梳理中可以发现，对外干涉的动机一般可以分为两大类，即国家利益和意识形态。本节将通过这两大类动机的作用回答人道主义干涉实践的特征。

（一）国家利益

国家利益包括战略利益、政治利益和经济利益等。对美国来说，"战略利益系指有利于改善和加强美国的战略态势，如使国际力量对比朝对美国有利的方向转化，或增强美国对战略要地和战略资源的控制；政治利益主要表现为维持美国主张的国际秩序以及美国的威信；经济利益包括对海外投资和商品市场及其他经济资源和产权的占有和保护等等"。③

---

① 参见 Sean D. Murphy, *Humanitarian Intervention: The United Nations in an Evolving World Order*, Philadelphia: University of Pennsylvania Press, 1996, p. 245。

② Sean D. Murphy, *Humanitarian Intervention: The United Nations in an Evolving World Order*, pp. 11—12。

③ 张睿壮:《"人道干涉"神话与美国意识形态》。

美国实施军事干涉的基本出发点是保护国家利益。鲍威尔(Colin Powell)在海湾战争结束不久就指出:"在过去三年中,我们不断使用武力,以捍卫我们的利益,达到我们的政治目标。"①克林顿政府的国家安全事务助理安东尼·莱克(Anthony Lake)在谈及使用武力的原则时说,为了捍卫利益,美国将时刻准备使用武力。他认为除非人性发生了变化,否则实力与武力将永远是国际关系的核心。②

然而,并不是所有利益都值得美国动用武力去捍卫。施莱辛格(James Schlesinger)就特别撰文指出,美国必须有选择地行动,不能插手世界上所有的麻烦。③长期以来,美国学术界和决策者们对确定使用武力的标准展开了讨论。这些讨论大都从两个方面论述美国动武的标准。一是根据受到威胁的利益性质决定是否动用武力。对于那些关系到美国生存、安全与发展的至关重要的利益,包括美国领土及公民的安全、美国的重大经济利益、重要基础设施的安全以及美国盟国的实际安全等,美国会动用一切手段来保护,直至"单方面使用军事力量"。④也就是说,在关系到美国的核心国家利益时,美国会毅然使用武力。二是从效用计算的角度看待军事干涉问题。范·埃弗拉(Stephen Van Evera)在研究战争的原因时验证了一个假设,即"当征服是容易的时候,战争更有可能发生",其基本逻辑就是对成本—收益的效用考虑。⑤理查德·哈斯(Richard Haass)就以效用模式研究了美国实施对外制裁的问题。他认为,将制裁(干涉)作为美国外交政策工具时就必须进行成本—收益计算。⑥对于重要的国家利益,即不威胁美国生存,但影响美国的安定和世界性质的利益,如制止对美国有影响的难民流入、参

---

① Colin Powell,"US Forces: Challenges Ahead", *Foreign Affairs*, Vol. 71, No. 5, Winter 1992/1993.

② [美]理查德·哈斯著,殷雄等译:《新干涉主义》,北京:新华出版社,2000年版,附录I。

③ James Schlesinger, "New Stabilities, New Priorities", *Foreign Policy*, Iss. 85, Winter 1991.

④ *A National Security Strategy for a New Century*, Washington D. C.: The White House, 1998.

⑤ [美]斯蒂芬·范·埃弗拉著,何曜译:《战争的原因》,上海:上海人民出版社,2007年版。

⑥ Richard Haass, "Sanctions as an Instrument of American Foreign Policy", *Law and Policy in International Business*, Vol. 32, No. 1, 2002.

加有关维和行动等,如果代价、风险与收益相称的话,美国也可以使用武力。[1]

对于是否值得为解决人道问题而动用武力,一些美国高级官员做出了与舆论导向不同的评判。美国前国防部长科恩(William Cohen)在国会作证时表示,美国对外用兵"需要判断是否符合'至关重要'(Vital)和'重要'(Important)的国家利益,如果出兵仅仅是执行人道任务就值得对必要性进行认真考虑"。[2]先后担任小布什政府国家安全事务助理和国务卿的赖斯(Condoleezza Rice)也有类似的看法。她认为,军队不能四处卷入人道冲突和内战,人道主义干涉应该是极其稀少的。[3]约瑟夫·奈更是一针见血地指出:"我们一般(种族灭绝的情况除外)应当避免使用武力,除非我们的人道主义利益还因为有国家利益而更加突出,否则我们大概不会有必要的持久力。"[4]可以看出,在部分重要决策者心中,维护人道主义所带来利益的重要性很低,美国可以通过政治和经济手段促进该利益,但不值得为此专门动用武力。

美国官方对人道主义干涉所涉及的国家利益的基本看法可以很好地解释美国为什么在同样发生人道主义灾难时,并不会一视同仁地实施军事干涉。即在没有"至关重要"或"重要"利益时,美国并不会动用军队实施干涉行动。诸如在卢旺达等非洲地区,美国没有国家利益需要维护,加上索马里维和失败的阴影犹在,因此就断然采取了不干涉政策。

然而以国家利益动机是无法解释美国在科索沃等地的干涉行动的。美国在科索沃并没有重要而紧迫的政治和经济利益受到威胁。即使是以所谓"北约东扩"和"遏制俄罗斯"等流行的战略利益解释也无法让人充分信服。这是因为在实践中,美国和北约对于俄罗斯的政策都是基于从冷战开始执行至今的"遏制"而不是"军事挑衅"。美国对南联

---

[1] *A National Security Strategy for a New Century*, Washington D. C. : The White House, 1998.

[2] 刘明著:《国际干预与国家主权》,成都:四川人民出版社,2000年版,第319页。

[3] Condoleezza Rice, "Promoting the National Interest", *Foreign Affairs*, Vol. 79, No. 1, Jan/Feb 2002.

[4] [美]约瑟夫·奈著,郑志国等译:《美国霸权的困惑——为什么美国不能独断专行》,北京:世界知识出版社,2002年版,第162页。

盟动用武力反而刺激了俄罗斯。叶利钦断绝了同北约的一切交流,甚至在科索沃战争末期采取了有限的军事行动。美俄矛盾自苏联解体后第一次集中爆发。可以说,科索沃战争迅速将俄罗斯推向了抗衡美国的道路。这种局面对美国的战略利益不但无益,反而还是有害的。那么,为什么在有可能损害自身利益时,美国仍然坚持对南联盟动武呢?除了国家利益之外,还有什么动机在推动美国的人道主义干涉呢?我们必须回过头来认真考察在美国对外干涉历史上发挥过重要作用的意识形态因素。

(二)政治意识形态

《布莱克维尔政治学百科全书》将意识形态界定为"具有符号意义的信仰观点的表达形式,它以表现、解释和评价现实世界的方法来形成、动员、指导、组织和证明一定行为模式和方式"。[①]亨特从功能角度提出,意识形态是"一套相互关联的确信或假设,它们把一个特殊现实的复杂性简化为易于理解的关系,并提出了应付这一现实的适当方法"。[②]尽管研究者们给出的定义各有侧重,但在强调意识形态的"系统性"上却是相通的。也就是说,意识形态的最大特点在于它是一种经过系统处理和加工的文化、信仰或价值观体系,这是意识形态不同于一般认识、看法或者观念的关键之处。人们利用这种系统化的意识形态将复杂的现实简化为容易理解的概念,然后再加以评价和判断。

在国际关系中谈到的意识形态通常是指政治意识形态。对于美国及其西方盟国来说,自由主义在社会中居于主导地位。"如果用一些西方学者流行的说法来表述的话,西方现代实际上只有一种意识形态,那就是自由主义"。[③]美国自由主义意识形态在政治层面上的表现是强调有限政府、分权制衡、代议制民主、法治和宪政。在前文的分析中可以看到,对于人道主义干涉的理论支持大都与政治意识形态有关。

然而在对美国对外干涉的历史梳理过程中我们发现,作为美国意

---

① [英]戴维·米勒、韦农·波格丹诺主编,邓正来等译:《布莱克维尔政治学百科全书》,北京:中国政法大学出版社,1992年版,第345页。
② [美]迈克尔·亨特著,褚律元译:《意识形态与美国外交政策》,北京:世界知识出版社,1999年版,第11页。
③ 李强著:《自由主义》,北京:中国社会科学出版社,1998年版,第4页。

识形态题中应有之义的自由主义意识形态并非始终稳定地发挥作用。自由主义意识形态的影响并不是持续不变的,即使在意识形态对抗激烈的冷战高峰期仍然可以看到众多案例同自由主义意识形态的要求相悖。如关于印度支那问题的《日内瓦协议》规定,越南南北方将在1956年举行全民普选,决定国家统一问题。然而时任美国国务卿的杜勒斯(John Foster Dulles)却断然拒绝按照协议要求举行民主选举,反而将独裁者吴庭艳推上了总理宝座。1973年,美国暗中策划和操纵智利军人发动军事政变,推翻了民主选举的阿连德(Salvador Allende)政权。皮诺切特(Augusto Pinochet)随后开始了长达17年的独裁统治。在此之前,《华盛顿邮报》社论就已经质问当局:"白宫怎么可以阻止一位民主选举出来的总统执政呢,况且这个国家对美国还算友好?"而作为决策者的基辛格对于智利事件的回答是:"我看不出我们为什么要袖手旁观,听凭一个国家因为其人民的不负责任而落入共产主义手中。"[1]在整个冷战期间,美国对民主的选择性接受和对右翼独裁者的持续支持无疑是同自由主义意识形态要求相违背的。美国的这种表现在冷战后的人道主义干涉过程中也有所体现。在科索沃战争中,美国的军事干涉行为针对的是一个民选政府。可见美国并不是完全依据政治制度来区分干涉对象的。

如果自由主义意识形态在实践中也不能对人道主义干涉起到充分的支撑作用,那么还应该从哪些方面发现美国的行为动机呢?

(三)民族意识形态

国内外很多学者都注意到了在美国存在的一种特殊意识形态内涵,即"美国特殊论"(American Exceptionalism)。迈克尔·亨特(Michael Hunter)的《意识形态与美国外交政策》一书被认为是第一本从历史角度研究美国意识形态的著作。亨特在书中深入剖析了意识形态对美国外交政策的作用,提出意识形态深刻影响了美国外交政策的制定和实施。他认为,美国意识形态包括了三个部分的内容:关于国家伟

---

[1] Lloyd C. Gardner, "The Evolution of the Interventionist Impulse", in Peter J. Schraeder ed., *Intervention into the 1990s*: *US Foreign Policy in the Third World*, 2nd edition, Boulder & London: Lynne Rienner Publishers, 1992, p. 35.

大的看法、种族等级观念和对激进革命的反对。①美国意识形态从这三个部分把美国国内的自由命运和在国外的使命感,以及相信美国是进步的代理人的观念结合在了一起。恩里科·奥吉利(Enrico Augelli)和克雷格·墨菲(Craig Murphy)认为:"最普遍流行的关于外交事务的信念是美国的独特命运和特殊使命。"②亨廷顿也曾指出,关于美国特殊命运的思想是美国民族主义的核心。③

在国内学术界,王晓德探讨了美国文化与外交的关系,对根植于美国文化中的民族优越感、"天赋使命"等命题对美国外交的深入影响进行了剖析。④刘建飞撰写了首部系统论述意识形态对美国外交政策影响的论著《美国与反共主义——论美国对社会主义国家的意识形态外交》。在书中,他将"反共主义"确定为美国对社会主义国家外交的核心意识形态。⑤但由于研究对象的限制,这一界定显得仍然不够"核心"。周琪认为:"讲到美国的意识形态,几乎所有的研究著作首先提到的都是美国人的特殊命运和使命观。"⑥有所不足的是,她将这种意识形态看成美国意识形态光谱中的一支,没有能够进一步分析以特殊命运为特征的意识形态对美国外交政策的作用。王立新在《意识形态与美国外交政策》中则建立了比较清晰的美国意识形态定义。他将自由主义和民族主义(美国特殊论)标记为美国意识形态的核心内容,并以此分析了意识形态对美国对外干涉、国家利益以及具体的美国对华政策的作用。张睿壮在探讨美国外交政策中意识形态作用时,精确分析了"民族意识形态"(nationalistic ideology)概念。⑦他认为,以"美国特殊论"

---

① 见[美]迈克尔·亨特著,褚律元译:《意识形态与美国外交政策》,北京:世界知识出版社,1999年版。
② 转引自周琪主编:《意识形态与美国外交》,上海:上海人民出版社,2006年版,第13页。
③ 同上。
④ 王晓德著:《美国文化与外交》,北京:世界知识出版社,2000年版。
⑤ 刘建飞著:《美国与反共主义——论美国对社会主义国家的意识形态外交》,北京:中国社会科学出版社,2001年版,第11页。
⑥ 周琪主编:《意识形态与美国外交》。
⑦ 参见 Zhang Ruizhuang, *American Foreign Policy Motives: National Interest vs. Ideology*, University of California, Berkeley, 1997(PS);张睿壮:《"人道干涉"神话与美国意识形态》。

为内容的民族意识形态,"由美国优越感和美国使命感组成",其核心目标就是使其他国家服从于美国。①他将民族意识形态赋予了重要地位,认为在一定条件下民族意识形态的作用会超过一般意识形态和非核心国家利益。

本书认为,以民族优越感为具体表现的民族意识形态不仅在美国,而且在多数西方大国中均有所体现。人类每一个社会都或多或少存在着本民族的优越感,其中尤以在世界强国或文化大国的表现最为明显。民族意识形态来源于对自身实力和道德优越性的肯定,认为自己的价值观和生活方式绝对地优于其他国家和民族。民族优越感的作用,一是对自我行为的认可与肯定,二是产生改造其他国家和民族的动力。对于美国来说,由于其建国历程的特殊性,民族优越感潜移默化地被大多数国民和领导人接受。与那些随时处于民族冲突、领土争端的险恶环境下的欧洲大国不同,美国是一个相当独特的国家,其从未受过颠覆性社会革命的震动,自美英战争后也再未受到外国入侵或占领,享受了很大程度的社会政治稳定。因此,"伴随着体制结构以及社会与政治的价值观的延续而来的是外交政策领域中意识形态的长期延续,这在近代世界性大国中是绝无仅有的。"②最初来到北美的先民们怀抱宗教理想,他们相信自己是"上帝的选民",生活在"山巅之城"。从这一信念出发,美国人认为自己创造的政治制度、经济制度和信奉的价值观应当成为世界其他国家学习的典范。然而,美国人并不满足于成为模范,他们认为,"应当主动地像传教士那样去发挥他们的救世主作用,而不是被动地、仅仅用榜样示范的力量去影响别人"③。"神授天命"使得美国人毫不怀疑自己是自由、民主、追求幸福等不可剥夺的人类权利的当然卫士。在这样的"美国特殊论"的作用下,民族意识形态在美国的表现相当强烈。④民族意识形态具有对外扩张性。民族意识形态越强烈,则国家越倾向于积极地改造世界,使世界其他国家接受自己的领导、服从自

---

① 张睿壮:《"人道干涉"神话与美国意识形态》,第114—115页。
② [美]迈克尔·亨特著:《意识形态与美国外交政策》,第15页。
③ 同上,第207页。
④ 参见张睿壮:《"人道干涉"神话与美国意识形态》,相关讨论还可参见王晓德:《美国文化与外交》,北京:世界知识出版社,2000年版,第一章"美国文化中的'天赋使命'神话"。

己的指挥,对拒不臣服的国家进行惩罚。

从历史上看,西方"文明"国家打着"白人的责任"、"神圣的托管"或"基督教义务"的旗号,对弱小国家和民族进行殖民征服。这一过程中有显而易见的利益追求,但我们也发现,列强将自己的征服当作"西方文明的福音",不仅不检讨对被殖民国家带来的痛苦和灾难,反而还洋洋自得于殖民统治给"落后"民族送去了文明与秩序。西班牙殖民者在毁灭阿兹特克文明和玛雅文明时完全是以"文明的传播者"自居,欧洲列强在非洲进行奴隶贩卖时还强迫黑人改信基督教、接受欧式教育。1899年美西战争结束后,麦金莱总统在解释为何吞并菲律宾时的一段话将这种优越感表露无遗:"我不只一晚跪下来向全能的上帝祈祷,希望能给予我光明和指引。最终上帝告诉我……不能把它(菲律宾)交给它自己,它是不适于自治的,它很快就会有比西班牙统治下更糟的无政府状态的虐政……我们只能全盘接收菲律宾,教育其人民,提升他们道德和文明程度,使他们虔信基督。"①

民族意识形态尽管没有一个明确的纲领,但它的作用是更为深入的,甚至比自由主义这样正式的意识形态还要强大。亨特解释说:"经过精心制作、包装精良、得到广泛宣传并随时可以拿出来使用的外交意识形态,并不一定符合实际、更有影响力。事实上可以说,那些意识形态之所以要采用正式的、明确的、系统的形式,正是因为其自身的文化存在着对它们的抗拒;而像美国那种潜藏的意识形态,因有着共识的基础,反而威力更大(也许更微妙)。"②

冷战结束,对美国等西方国家的外部威胁消失。失去外部制衡力量且实力超强的美国的对外干涉倾向强烈。正如沃勒斯坦所言,"在美国无所谓帝国主义的支持者和反对者之分",有的是强烈的干涉主义者和曾经被称为孤立主义者的"美国堡垒"信奉者。孤立主义者并不反对加强军备,只是反对在与美国至关重要利益无关的地方使用武力。③从1945年以后,孤立主义日渐式微,而对于冷战后出现的新孤立主义主

---

① 王绳祖主编:《国际关系史》(第二版),北京:法律出版社,1986年版,第211页。
② [美]迈克尔·亨特著:《意识形态与美国外交政策》,第15页。
③ Immanuel Wallerstein, "U. S. Internal Politics and its Military Interventions", *Commentary*, No. 265, Sep. 15, 2009.

张,美国决策层基本都予以了否定。而且孤立主义者也认为,美国为了自己的经济利益以及民主的理想、人权、经济自由与和平等,应该不受限制地在海外采取更加连续而有效的行动。[①]在解决外部矛盾、建立有利于自身的国际秩序过程中,美国的军事手段的作用在不断提高。他们越来越相信一种最简单的解决问题的方法,即动用武力。而在传统外交中时常使用的谈判、协商、妥协等方法则不被重视。尤其在以已经意识形态化的人权语言做出正义与邪恶的两分法后,毫不妥协地使用武力成为了政治领导人在国内政治中得分的选择之一。

这种外交政策的具体表现即所谓的"道义外交"。当然"道义"的标准、"道义"需要处理的目标都是由决策者们按照对手对于美国与西方世界领导地位的接受及其恭顺程度界定的。从民族意识形态的角度来看,国际关系是关于正义的斗争,干涉是对低等民族的拯救,因而这种斗争是无法妥协的。从而使动用武力成为一种常见手段。判断何时使用武力不再采用温伯格和鲍威尔所代表的审慎原则,而越来越以自身好恶进行评判,全然无视国际秩序和国际法。更重要的是,美国强大的综合实力和军事力量上的绝对优势保证了它可以用较小的代价赢得战争。武力也不再被认为应该是一种最后手段,在与邪恶的斗争中武力往往就变成了最有效、最便捷的优先选项。在民族意识形态的作用下,美国等西方国家在处理与非西方国家的关系时是鼓励和推崇使用武力的。因为使用武力在它们看来并不是战争行为,而是"人道"行动。[②]人道行动是正义的和高尚的,因此就无须顾及主权原则、国际法和外部压力。这也是造成美国对于所谓"流氓国家"有强烈的使用武力倾向的重要原因。

在道义外交思潮的指引下,无视谨慎原则而使用武力是极为轻率莽撞的,因此常常造成更为严重的后果。西方对伊拉克的长期封锁造成了极为严重的人道主义灾难,数以十万计的儿童因为缺少食品和药品而死亡,但美国却认为是值得付出的牺牲。在科索沃战争期间,北约

[①] 参见 Eric A. Nordlinger, *Isolationism Reconfigured: American Foreign Policy for a New Century*, Princeton: Princeton University Press, 1995.

[②] David Chandler, *From Kosovo to Kabul and Beyond*, p.167.

的轰炸造成了大量平民伤亡,北约发言人则一概归结为"附带性伤害"①。以道义理由发动的战争极有可能变成一场永远"没有结束的战争"(war without end)。另一方面,由于没有长期利益支持,人道主义干涉遭遇到的问题常常是不可持续的。一旦干涉遭遇挫折就会退缩,而且留下更为棘手的问题。如在索马里,美国在遭遇人员损失后迅速撤离,全然不顾联合国行动是否还能继续开展、索马里的人道危机是否有所缓解。

三、国家实力与干涉动机

冷战后西方人道主义干涉的具体特点可以用多重动机进行解释。造成人道主义干涉的虚伪性和危险性的最主要原因是:干涉行动是在国家利益和意识形态动机的综合作用下实施的。从前文对干涉历史的梳理可以发现,国家利益和意识形态动机的作用受到国家实力大小的影响。

从总体上看,在国家利益的作用下,干涉者不会按照理想化的人道主义干涉模型所描述的那样根据"人道主义灾难"的程度决定是否行动。人道因素在美国推动的干涉行动中并不占据主要位置。在实力不占绝对优势的情况下(如冷战期间),国家行动受到外部力量的制约,通过干涉获取国家利益动机的作用比较明显。由于要考虑干涉的收益状况,干涉者在对外行动时采取了相对谨慎的态度。然而随着国家实力的增强,意识形态动机的作用开始增加。冷战结束后,美国凭借其霸权国的超强实力,在民族意识形态的主导下,对那些所谓的"流氓国家"实施干涉和打击。而"流氓国家"的界定则取决于该国是否接受美国领导,对美国是否保持恭顺。对于被锁定为打击目标的国家,即便对其采取行动或许无助于国家利益时美国仍然坚持实施干涉。

意识形态化的行动无视使用武力应该遵循的谨慎原则。这种行动既对广大中小国家带来严重威胁,同时也可能对干涉国本身带来严重的后果。这种情况在伊拉克战争中体现得最为明显。可以预见的是,

---

① James Shea, "Morning Briefing", May 28, 1999, http://www.nato.int/koSovo/press/b990528a.htm.

由于滥用武力以及其他客观条件变化导致实力相对下降,美国在对外干涉上将重新回到相对保守的态势。以建立新的霸权秩序为目标的人道主义干涉也将随之出现新的调整。

第四节 人道主义干涉性质的判断

本章重点分析了西方人道主义干涉在实践过程中体现出的特征与问题,并与上一章共同构成了对人道主义干涉性质的基本判断。本书认为,冷战后的人道主义干涉是西方建立新的霸权秩序的重要工具。这一判断首先得到了理论评估的证实。从理论评估的结果看,在与竞争性思想展开的论争中,人道主义干涉的法理基础并不稳固。支持人道主义干涉的思想、理论和法律规范恰恰是在冷战后经过美国及其盟友的选择与持续推动才大行其道。由于披上了"道义"的外衣,人道主义干涉理论在一定程度上还能够掩饰霸权国的真实战略意图,因而它所带来的危害性也更大。"人权高于主权"、"保护的责任"等一系列人道主义干涉相关理论的直接目的就是侵蚀和颠覆以《联合国宪章》为基础、以主权和不干涉原则为主要内容的现行国际秩序,使霸权国能够在适当的时机合法使用武力。这种新的霸权秩序无疑将恶化国际社会中广大中小国家的生存环境,给世界和平与安全造成严重威胁。

同样,人道主义干涉的实践过程也充满了种种问题。出于对人道主义干涉实践的担忧,丹尼尔·柯奎兹(Danielle Coquoz)曾表示,人道主义干涉的说法具有积极的破坏性,因为战争的本质特征是政治性,是通过使用武力来改变均势,因此把人道主义与战争一词相结合是不适当的。[①]的确,由于"人道因素"本身并不能构成国家实施干涉的原发性动机,在无政府状态的国际社会中根本不存在满足理想化定义要求的"人道主义干涉"。美国及其盟友仅仅将人道主义干涉作为建立霸权秩

---

① Danielle Coquoz, "The Involvement of the Military in Humanitarian Activities", in *4th Workshop on Protection for Human Rights and Humanitarian Organizations: The Challenges of Complementarity*, Geneva: ICRC, 2000, pp. 14—15.

序的工具,在实践过程中并不会严格地将人道因素当作是否干涉的标准。这是造成冷战后人道主义干涉带有明显的选择性特征的原因。在具体选择干涉目标时,国家利益和意识形态因素的作用十分重要。霸权国干涉针对的主要目标是潜在的挑战国和某些不接受其主导地位的国家。尤其后者一般来说是力量较为弱小的第三世界国家。在民族意识形态的推动下,对这种被贴上"流氓国家"标签的政权进行"改造"的动机就十分强烈,而使用军事干涉的倾向也越发突出。由于脱离了使用武力的审慎原则,人道主义干涉在实践中不但不可能消除造成人道主义灾难的原因,反而还会导致更为严重的后果。

以上对于人道主义干涉性质的判断主要是从国际无政府状态和霸权国建立新秩序的角度出发进行的推演。在决策层次上,对于影响干涉的因素还有很多看法。如考夫曼(Kaufmann)和波普(Pope)认为,国家实施人道主义干涉的动力来自于国内的道义压力,而并非将人道主义看作自身利益、把他国国民看成自己人。①道义压力还来自于信息交流速度加快和广度扩展,大众媒体在社会生活中起到了重要作用,即所谓的"CNN效应"等。韦斯特恩(Jon Western)则认为,1992年总统大选和波黑冲突引发的"观众效应"是促使老布什下令出兵索马里的决定性因素。②因此,对人道主义干涉基本性质的判断还需要深入到国家具体的决策过程和实践行动之中,通过考察相应的干涉动机及其影响与后果,对前文中的观点进行验证。这一部分内容将主要在案例研究中完成。

---

① Claim Kaufmann and Robert Pope, "Explaining Costly International Moral Action: Britain's Sixty-year Campaign against the Atlantic Slave Trade", *International Organization*, Autumn 1999.

② Jon Western, "Sources of Humanitarian Intervention: Beliefs, Information, and Advocacy in the US Decisions on Somalia and Bosnia", *International Security*, Vol. 26, No. 4, Spring 2002, pp. 112—142.

第四章 非洲：动力不足的干涉

从本章开始的案例研究的目的是通过深入观察干涉行动的决策和具体实践的过程，检验前文的评估观点，即冷战后的人道主义干涉是西方建立新的霸权秩序的工具。案例研究的总体进程包括：梳理干涉的相关背景，检验人道危机（灾难）的程度以及干涉者的现实需求等条件，进而解释人道主义干涉的行为动机，分析行为后果。案例研究中将重点关注"人道危机"和"人道灾难"等因素在干涉决策中的地位，干涉的强度同被干涉目标性质之间的关系等内容，通过"过程追踪"的方法，厘清推动干涉个案具体进程的原因。

本章将对以美国为首的西方国家在冷战后对非洲的人道主义干涉情况进行深入剖析。案例检验选择了索马里人道救援行动和西方对卢旺达人道灾难的消极回避两个问题为研究对象。索马里人道救援行动被看作一次不成功的人道主义干涉，尤其在美国国内引发了极大的争论。这次行动还直接影响到美国在非洲大陆人道政策的制定，与对卢旺达的不干涉政策具有直接联系。在索马里案例中，美国从积极参与人道救援到实施人道主义干涉，再到遭遇挫折后迅速撤离，集中体现了美国在非洲实施人道主义干涉时真正关注的重点问题。在与卢旺达案例进行比较中，更可以明确发现美国干涉行动的选择性。美国的军事干涉没有解决索马里错综复杂的国内政治纷争，索马里军阀混战导致的人道危机一直延续至今。近年来，索马里实际上一直处于无政府状态。社会动荡、民生凋敝，民众生活十分困苦。由此引发的索马里海盗问题再次将索马里局势推到了国际社会面前。而国际社会的无所作为更使得卢旺达人道灾难成为了二战后人类历史上最惨痛的记忆。

本章将首先对美国的非洲政策进行总体评述。从地缘政治、经贸联系和民主拓展等方面论述美国在非洲的国家利益关切。第二和第三节将分别评估索马里和卢旺达的人道危机状况并梳理外部干涉的过程。1992年索马里内战升级,其国内随即爆发了大规模人道危机。国际社会为了帮助恢复索马里国内秩序,由联合国牵头通过决议进行人道救援。然而由于索马里内部派系斗争严重,出现了联合国救援物资被劫、救援人员遇袭伤亡等事件。在这一背景下,美国出动海军陆战队进行军事打击。但在实施干涉过程中,美国预设的行动目标不但没有达成,而且还造成了美军士兵伤亡的情况。克林顿政府随即从索马里迅速撤出了全部军队,并对军事参与非洲人道援助问题保持消极态度。这一消极态度直接影响了美国在卢旺达出现严重人道灾难时的政策选择。第四节将综合检验两个关键性案例对本书评估观点的支持程度,并据此做出结论。

第一节 冷战后美国对非政策概况

冷战期间,美国为了"遏制苏联"和"防范共产主义渗入",在非洲同苏联展开了激烈的争夺。在军事战略上,美苏两国在扎伊尔[今刚果(金)]、安哥拉和埃塞俄比亚等地大打代理人战争;在经济关系方面,美国为非洲国家提供了大量经济援助,还针对苏联为埃及修建阿斯旺大坝和中国建造坦赞铁路,先后修建了加纳阿松泊大坝和坦赞公路。[①]然而,随着冷战的结束,非洲在美国对外战略中的地位显著下降。

从地理位置看,非洲大陆同美国本土相距遥远。非洲政局与社会发展状况对美国几乎没有任何影响。在经贸联系上,在冷战中美国同非洲国家的经贸联系主要表现为美国对非洲的经济援助。这种联系是

---

① 杜小林:《冷战后美国对非政策的演变、特点及趋势》,载《现代国际关系》2006年第3期。

单向的,表现为非洲对美国的依赖。随着冷战结束,非洲在美国地缘政治版图上的地位再次降低。以美国对非援助为例,从 1985 年到 1994 年,美国对非军援从 2792 亿美元降到 380 亿美元;经济扶持基金从 4528 亿美元剧跌至 1500 万美元。①美国国务院在 20 世纪 90 年代初期甚至还压缩非洲司编制,关闭了部分驻非洲国家的使领馆。种种迹象都表明,冷战后的非洲处于边缘化的地位。

在具体对非政策上,老布什时期美国对非政策主要是填补苏联解体后遗留下的权力真空。因此,美国在埃塞俄比亚和安哥拉积极清除苏联影响,将"民主化"同对非经济援助挂钩,大力推行多党制选举。但总体来讲,老布什总统对于非洲的关注程度不高,其主要精力都集中在接收苏联解体后带来的"和平红利"上。正如美国学者彼得·施雷德所言,"当东欧国家政治制度剧变开始主导美国决策机构议事日程时,非洲问题的地位逐渐下降"。②

克林顿入主白宫后,美对非政策重心由政治转向经济领域,由援助转向贸易和投资。1995 年美国国防部发表冷战后第一个比较系统的对非政策报告,指出美在非没有太多重要利益,但仍要确保在该地区的主导地位。③1996 年和 1997 年,克林顿先后向国会提交了两个有关促进美非经贸合作的报告,指出要通过扩大贸易和投资增进美在非利益。④1998 年,克林顿访非,宣称要同非洲建立新型伙伴关系以支持非洲发展。小布什执政初期基本上延续了克林顿以发展经贸关系为主的对非政策。

冷战后美国在非洲关注的重点议题根据时间不同而有所变化。其中淡化在非洲承担义务的特点非常明显。冷战期间,美国将争夺非洲

---

① 杜小林:《冷战后美国对非政策的演变、特点及趋势》,载《现代国际关系》2006 年第 3 期。

② [美]彼得·施雷德:《摆脱枷锁:冷战结束后的美国对非政策》,载《西亚北非》1997 年第 5 期,第 62—68 页。

③ "U. S. Security Strategy for Sub-Saharan Africa", Report published by the Office of International Security Affairs, Department of Defense, U. S. Department of Defense, Office of the Assistant Secretary of Defense (Public Affairs), Aug.1, 1995.

④ "Africa: US Trade Policy", http://www.africa.upenn.edu/Urgent_Action/apic_91197.html.

国家作为阻止苏联扩张的重要战略。部分非洲国家扮演了美国的冷战代理人角色,美国也为此承担相关义务,耗费大量资源支持这些国家。在20世纪90年代之前,美国的援助主要集中在肯尼亚、苏丹、津巴布韦和埃塞俄比亚等国,其中军事援助的比重很高。[1]然而随着冷战结束,非洲国家的代理人功能消失,其在美国外交战略中的地位旋即下降。继续承担在非洲的义务对美国来说压力太大,收益却不甚明显。因此逐渐淡化对非洲国家的义务符合美国的现实利益。根据经合组织(OECD)的数据,1986—1987年美国对撒哈拉以南国家的双边政府援助(ODA),包括食品、救济和发展援助排名第二,远低于第一位的法国。1996—1997年美国则跌至第四位,居法国、德国和日本之后。[2]

在淡化经济援助义务的同时,美国把推动非洲国家民主转型作为对非政策重点,认为非洲的一党专制制度已经不符合现代化进程。20世纪90年代初,美国采用扶植反对党,介入国内政治冲突,将经济援助同民主化进程挂钩等手法向肯尼亚、扎伊尔等国施加压力,促使其加速转型。[3]美国在非洲加大对民主的支持力度,其目的如克林顿政府所言,"美国所有的战略利益,从促进国内繁荣到控制全球范围内对美国的威胁都是通过扩大民主国家和市场经济国家共同体来实现的"[4]。然而,当政治经济基础与快速的民主转型不能协调时,非洲部分国家出现了长期的动荡不安,人民生活十分困难。对非洲的人道援助就是在这种背景下展开的。

第二节 索马里人道危机与救援

本节将简要介绍索马里内战的背景、人道危机状况和国际社会的介入情况,为进一步的案例检验做好准备。从20世纪80年代末开始,

---

[1] 杨宝荣:《美国对非洲的官方援助》,载《亚非纵横》2005年第2期。
[2] Raymond W. Copson, "Africa: US Foreign Assistance Issues", *CRS Reports, Brief for Congress*, Jul. 22, 2003.
[3] 贺文萍:《美国在非洲的"人权外交"》,载《西亚非洲》2001年第4期。
[4] *A National Security Strategy*, Washington D.C.: The White House, 1994, p.19.

索马里政治局势一直动荡不安,继而还爆发了旷日持久的军阀混战,国家的社会管理职能完全停顿,人民的安全和基本生活需要难以得到保障。

一、军阀混战与人道危机

索马里位于非洲之角(Horn of Africa),与吉布提、埃塞俄比亚和肯尼亚等三国相邻。索马里国土面积60多万平方公里,人口约1000万(2007年),首都摩加迪沙(Mogadishu)是国内第一大城市。

索马里在历史上曾是英国和意大利的殖民地。1960年,英国和意大利分别结束了其辖下的索马里地方的殖民统治,这两个地方合并成立了索马里共和国。1969年,西亚德·巴雷(Mohamed Siyaad Barre)通过军事政变上台,开始了对索马里长达二十多年的统治。西亚德在执政初期选择了倒向苏联的对外政策。然而在1977年爆发的"欧加登战争"(Ogaden War)中,苏联抛弃索马里并支持其对手埃塞俄比亚,西亚德同苏联决裂。此后,美国从对抗苏联在非洲之角的扩张出发开始向索马里提供支持。在整个冷战期间,美国向索马里提供了超过2亿美元的军事援助和5亿美元的经济援助。[①]

西亚德政权长期处于独裁专制地位,官场腐败、裙带之风盛行,利益冲突和部族矛盾使得索马里国内局势日渐动荡。1988年,索马里内战爆发。1991年1月,多个部族武装进攻首都摩加迪沙,索马里国家军队分裂,西亚德逃亡他国。西亚德政权的垮台使索马里陷入了军阀割据混战的无政府状态中。大大小小的军阀相互进攻,争夺地方控制权。他们之间互不信任,经常是刚刚达成的停火和休战协议转眼间就成为一纸空文。军阀混战对索马里经济造成了毁灭性打击,全国所有基础设施均遭到不同程度的毁坏。屠杀、饥饿和疾病造成了大量人员死亡,成千上万的人流离失所。据联合国统计,截至1992年12月,索马里死亡人数超过30万,大约90万索马里人沦为难民,逃往临近的肯

---

① Jeffrey Clark, "Debacle in Somalia", *Foreign Affairs*, Vol. 72, No. 11, 1993, p.111.

尼亚、埃塞俄比亚、吉布提以及也门和沙特阿拉伯。①由于始终缺乏可作为谈判对象的稳定政权,驻索国际援助机构的安全无法得到保障,其工作人员和普通索马里人一样处于危险之中。

二、国际救援情况

对索马里人道主义灾难的国际救援工作开展得十分缓慢。1992年1月20日,索马里常驻联合国代表团向联合国安理会主席递交了索马里"临时总理"的一封信,希望联合国关注"索马里日趋恶化的局势,尤其是在摩加迪沙发生的战斗"。索马里"临时总理"表示,他对联合国将通过"有效行动结束战斗并在这个国家建立稳固的和平和稳定充满信心"。②

一些地区组织也呼吁安理会采取行动。阿拉伯国家联盟(简称"阿盟",LAS)表达了对索马里局势的关切,认为索马里的现状"对索马里国家统一和领土完整造成了威胁"。③阿盟并没有特别强调索马里国内出现的人道危机,也没提及难民问题。而非洲统一组织(OAU)则在向安理会发出的信中提及了人道关切,呼吁摩加迪沙的主要武装组织实现停火,要求国际社会向冲突各方施加压力,一方面促使各派找到和平解决争端的方法,另一方面则是向索马里平民紧急提供食品和药品援助。

1992年1月23日,联合国安理会一致通过了第733号决议,对索马里局势对国际和平与安全构成的威胁表示"关切"。决议要求联合国秘书长加强与其他国际组织的联系,增加对索马里人民的人道援助。决议还援引《联合国宪章》第七章,对索马里实施武器禁运。④安理会呼吁索马里交战各方同联合国秘书长合作,确保实施人道援助任务人员

---

① *The Situation in Somalia: Report of the Secretary General*, UN Doc. S/23829 & Add. 1—2, 1992.

② *Letter Dated 20 January 1992 from Morocco to the President of the Security Council*, Annex I, UN Doc. S/23445, 1992.

③ *Letter Dated 21 January 1992 from Morocco to the President of the Security Council*, Annex, UN Doc. S/23448, 1992.

④ S. C. Res. 733, UN SCOR, 47th Session., 3039th mtg. at 55, UN Doc. S/INF/48, 1993.

的安全。3月,在联合国的调停下,在摩加迪沙激战的最主要两派军阀,迈赫迪(Mahdi)和艾迪德(Aideed)签署了停火协议。两派原则上同意联合国建立旨在监督停火的观察团。4月24日,安理会一致通过了第751号决议,授权开展联合国驻索马里行动(UNOSOM I),要求联合国秘书长部署50名观察员。安理会还原则上同意秘书长在同当地武装协商后建立一支500人的联合国安全部队,负责联合国人员和装备的安全,并担负护卫人道援助物资的任务。

索马里地方武装在一段时间的犹豫之后同意了联合国派遣非武装人员进驻摩加迪沙,但否决了有关联合国安全部队的提议。在联合国秘书长的不断斡旋下,8月12日,摩加迪沙的两派武装同意联合国派驻500人的安全部队,这些部队主要由携带轻武器的巴基斯坦士兵组成。同时,在安理会的授权下,秘书长要求对位于索马里偏远地区的难民空投援助物资。空投行动没有受到当地部族武装的抵制。[1]

从8月28日开始,联合国安全部队开始在摩加迪沙部署。然而由于受到当地军阀的抵制,这些部队只能控制摩加迪沙的码头和机场,无法在其他地区开展行动。当地军阀随后还强行关闭索马里国内最大的两个港口,这导致从外国运往索马里的救援物资无法正常进入。此外,武装匪徒还枪击巴基斯坦士兵,造成一名士兵重伤。巴基斯坦部队甚至不得不雇用了1000名当地"枪手"帮助控制机场[2],足见当时联合国维和力量的薄弱。

联合国安全部队的进驻并没有扭转索马里国内的安全局势。联合国秘书长布特罗斯—加利(Boutros Boutros-Ghali)向安理会报告,称索马里主要的军阀同联合国的合作关系已经破裂。摩加迪沙军阀艾迪德宣布,不再容忍巴基斯坦军人出现在摩加迪沙街头,而联合国实施的任何强制性军事部署都将遭到还击。摩加迪沙另一派军阀迈赫迪的支持者们还劫持了联合国驻索马里行动非武装人员驾驶的巡逻车,驻扎在机场的巴基斯坦部队也遭到了猛烈的炮火袭击。对救援物资的大规

---

[1] Sean D. Murphy, *Humanitarian Intervention: The United Nations in an Evolving World Order*, Philadelphia: University of Pennsylvania Press, pp. 217-222.

[2] Keith Richburg, "Pakistanis Work to Charm Somalis", *Washington Post*, May 14, 1993.

模式武装抢劫在整个索马里愈演愈烈,救援人员的人身安全受到严重威胁。运输救援物资的货船无法在索马里港口靠岸,部分船只还遭到炮击。秘书长在报告中要求向驻索马里行动增派军事人员以扭转目前的被动局势。①

三、美国的介入与撤离

索马里严重的人道灾难经由世界各大媒体的报道向全球迅速传播。1992 年 8 月,美国总统布什宣布将对联合国维和行动提供空中运输保障,将 500 名巴基斯坦士兵运送到指定区域。11 月 25 日,布什提议派遣 3 万名士兵前往索马里帮助分发食品和其他救援物资。布什表示愿意将这支部队作为得到联合国授权的多国部队的一部分。要注意的是,1992 年 3 月美国仍投票反对联合国向索马里派遣维和部队。11月 29 日,秘书长向安理会报告说:"索马里已经成为了一个没有政府或其他政治权威的国家,失去了进行人道行动所需的谈判基础。"因此,秘书长建议安理会援引《联合国宪章》第七章的规定,在无法得到当地政权同意的情况下向索马里派遣维和部队。秘书长将维和行动的目的限定为:第一,为救援行动顺利进行创造条件;第二,促进国家和解,消除产生人道危机的主要因素。12 月 3 日,安理会通过了第 794 号决议,授权一支由美国领导的联合特遣部队(Unified Task Force, UNI-TAF)进入索马里保障人道救援工作。②美国海军陆战队于 12 月 8 日抵达摩加迪沙,迅速控制了机场、码头及其周边地区。除美国外,还有其他 21 个国家对这次行动提供了人员、装备和资金支持。至 1993 年1 月,已有 24000 名美国海军陆战队员部署在索马里南部地区。联合特遣部队总人数在最高峰时达到了 38300 人。③

以人道援助的成效衡量,联合国授权的联合特遣行动取得了初步

---

① Secretary General to the President of the Security Council, "Letter Dated 24 November 1992", UN Doc. S/24859, 1992.

② http://daccess-ods.un.org/access.nsf/Get? Open&DS=S/RES/794%20(1992) &Lang=E&Area=UNDOC.

③ Sean D. Murphy, *Humanitarian Intervention: The United Nations in an Evolving World Order*, p. 225.

胜利。从1992年12月到1993年2月,约7万吨食品和药品被运送到索马里。一般认为,取得初步胜利的原因有三点:首先,特遣部队压制住了组织能力低下的军阀武装;其次,索马里的沙漠地形限制了地方武装人员在野外的生存空间;第三,多国参与的形式有利于获得国际支持。① 1993年3月,在由联合国秘书长主持的和平会议上,索马里各政治派别同意停火并向联合国驻索马里行动和联合国特遣部队上缴武器。这次和会上还达成了有关安全维护、经济重建、和平解决争端以及建立过渡政府的一系列协议。

1993年3月,由联合国秘书长提议,联合国驻索马里行动第二阶段(即UNOSOM II,简称第二阶段行动)将从5月1日起代替前一阶段的维和行动。第二阶段行动需动用28000名联合国指挥的军事人员。第二阶段驻索马里行动是联合国历史上第一次由维和部队通过强制手段"缔造和平"(peace-making)。②安理会3月26日一致通过了第814号决议,第二阶段行动在5月4日正式替代联合国特遣部队开始执行任务。构成第二阶段行动的核心是4000名巴基斯坦士兵,而一支美国快速反应部队作为第二阶段行动的支持力量仍然驻守索马里。在联合国的评估中,第二阶段行动初期有效遏制了索马里国内暴力冲突,建立了"以工作换食品"的新模式替代免费食品分配,并且鼓励商业企业恢复经营,因此取得了巨大成功。

然而,索马里军阀武装并没有因此而退出政治舞台,反而将联合国部队看作是扩张势力的最大障碍。作为索马里国内实力最强的军阀,艾迪德通过媒体和地下电台谴责联合国的行动是对索马里内政的干涉。6月5日,维和部队在摩加迪沙遭到袭击,26名巴基斯坦士兵丧生,56人受伤。事后调查表明,这次袭击是有预谋的,是对联合国的有

---

① Ioan Lewis and James Mayall, "Somalia", in James Mayall ed., *The New Interventionism* 1991—1994: *United Nations Experience in Cambodia, Former Yugoslavia and Somalia*, Cambridge: Cambridge University Press, 1996, p. 101–103.

② http://daccessdds.un.org/doc/UNDOC/GEN/N93/177/32/IMG/N9317732.pdf? OpenElement.

意挑衅。①联合国调查认为,"有十分清楚和令人信服的证据"表明艾迪德是这次袭击事件的幕后主使。②

安理会随后通过决议重申,在安理会第 814 号决议授权下,联合国秘书长可以"针对需为这次袭击负责的人员采取一切必要措施,建立第二阶段行动的权威"。美国和法国的作战部队开始部署到索马里。从 6 月 12 日开始,联合国维和部队同时实施空中和地面行动,对摩加迪沙南部的地方武装的武器存放点发动进攻,以解除当地武装。维和部队与索马里地方武装在多处展开交火。到 8 月末,克林顿向索马里派驻了精锐的特种部队 400 人,他们的任务是逮捕艾迪德。12 月 3 日,在多次抓捕未果的情况下,"游骑兵"部队(Army Ranger)再次执行抓捕任务,却陷入索马里人的重重包围之中。战斗持续了 16 个小时,18 名美军士兵阵亡,80 人受伤,另有一人被俘。电视镜头将一名美军尸体被绑在汽车后拖行的画面迅速转播到世界各地。

行动失败,尤其是美军遭受伤亡在美国国内引起了一片哗然。公众和国会强烈质疑政府在毫不相干的遥远地区牺牲美国人生命的做法,要求立即撤回美国士兵。③克林顿政府随即宣布,作为保护性措施,美军驻索马里人员将暂时增加,但会在不迟于 1994 年 3 月之前全部撤出索马里。④自 1994 年年初开始,美国与其他欧洲国家军队陆续撤出索马里。仍然驻扎当地的巴基斯坦、马来西亚等国维和部队也无意同索马里军阀对抗。1995 年联合国维和部队全部撤出索马里。第一次在联合国授权下进行的人道主义干涉行动宣告失败。

---

① 巴基斯坦士兵当时正在发放食品并对属于艾迪德武装的一个军火库进行检查。袭击发生后,巴基斯坦后续增援部队发现面对的武装人员数量很多,并且三面被围。参见 Associated Press, "26 UN Troops Reported Dead in Somalia Combat", *The New York Times*, June 6, 1993.

② Tom Farer, "Executive Summary: Report Pursuant to Paragraph 5 of Security Resolution 837", UN Doc. S/26351, 1993.

③ "Horror Comes Home", *Independent*, Oct. 7, 1993.

④ John Hirsch and Robert Oakley, *Somalia and Operation Restore Hope: Reflections on Peacemaking and Peace Keeping*, Washington: United States Institute of Peace, 1995, p.129.

第三节 拒绝介入：卢旺达大屠杀

几乎就在美军撤离索马里的同一时间，卢旺达爆发了自二战结束以来规模最大、后果最严重的种族屠杀事件。在短短数月之间，上百万人在屠杀中遇害①，成千上万的家庭背井离乡沦为难民。对于卢旺达大屠杀的惨痛教训，全世界都在反思。1998年美国总统克林顿曾专程飞往卢旺达进行3小时的闪电式访问，对当时未能及时采取行动制止灾难表示遗憾，即著名的"克林顿道歉"（Clinton Apology）。② 2004年3月，时任联合国秘书长安南在纽约联合国总部举行的"卢旺达大屠杀10周年纪念会"上发表讲话，呼吁国际社会采取行动，防止卢旺达大屠杀的悲剧重演。③ 然而这些事后的补救工作仍然难以抹去人们心头的伤痕。在学术界，部分学者专门对于卢旺达大屠杀进行了细致研究，发表了大量相关学术著作。④本节将梳理卢旺达大屠杀发生、发展的主要过程，对人道灾难状况以及联合国与西方大国的反应进行评述。

一、人道灾难的爆发

卢旺达位于非洲中东部，与乌干达、布隆迪、扎伊尔[今刚果（金）]等国接壤。卢旺达人口约800万，其中胡图族（Hutu）占85%，图西族（Tutsi）占14%。16世纪图西族人最先建立起独立王国。19世纪中

---

① 据卢旺达地方政府和社会事务部2001年12月18日公布的统计数字，卢旺达大屠杀中遇难人数超过100万。见 Associated Press, "More Than One Million Rwandans Killed in 1990's", *The New York Times*, Feb. 14, 2002。

② Samantha Power, "Bystanders to Genocide: Why the United States Let the Rwanda Tragedy Happen", *The Atlantic Monthly*, Sep. 2001, p. 84.

③ "Annan Expresses Remorse Over Rwanda Genocide", VOA, Mar. 26, 2004. http://www.voanews.com/english/archive/2004－03/a－2004－03－26－19－Annan.cfm.

④ 有关卢旺达大屠杀与人道主义干涉的论文，参见 Patrick O'Halloran, "Humanitarian Intervention and the Genocide in Rwanda", *Conflict Studies*, Vol. 277, No. 1, 1995. Christopher Clapham, "Rwanda: The Peril of Peacemaking", *Journal of Peace Research*, Vol. 35, No. 2, 1998. Bruce Jones, "Intervention without Borders: Humanitarian Intervention in Rwanda, 1990－1994", *Millennium: Journal of International Studies*, Vol. 24, No. 2, 1995。

叶起,英国、德国、比利时相继入侵。根据《凡尔赛和约》,卢旺达于1922年被委托给比利时统治。1962年7月1日卢旺达宣告独立,成立共和国。在经济上,卢旺达是一个落后的农牧业国家,被联合国列为47个最不发达国家之一。然而就是在这个经济极端落后的国家,从独立建国开始,胡图与图西两大部族之间就爆发了数次大规模冲突,数以万计的人流亡乌干达、布隆迪等邻国,其中绝大部分是图西人。

胡图族与图西族的矛盾与欧洲殖民统治有很大关系。在比利时殖民统治时期,殖民当局主要扶植图西人从事社会管理工作。图西人在当时的政府官员中占据了绝大多数,并拥有大量的可耕地。图西人与胡图人的矛盾较为严重,在部分地区还爆发了胡图人反抗图西族贵族的起义。然而当比利时人准备撤出卢旺达时,却突然决定将管理权交给占人口大多数的胡图族人。胡图族人上台后对图西族执行了较为严厉的政治经济限制,数以万计的图西人逃往邻国。在乌干达的图西难民成立了卢旺达爱国阵线(Rwanda Patriotic Front,RPF,简称"爱阵")。1990年,在卢旺达国内经济状况恶化时,"爱阵"开始向国内发动进攻,卢旺达内战由此爆发。受到内外压力的胡图族总统哈比亚利马纳(Habyarimana)在多方的调解和斡旋下,于1993年同"爱阵"在坦桑尼亚签署了《阿鲁沙和平协定》(Arusha Peace Agreement)。协定规定政府与"爱阵"停止内战,胡图族与图西族分享政府权力。[①]然而,这样的协定双方都没有严格执行的意愿。从政府方面讲,在谈判进行期间及和平协定签署之后从未放松采购军火。1993年,当时的财政部长同法国军火商签订了价值25亿卢旺达法郎的武器采购合同。这笔军火于1994年由英国航空公司的飞机运抵首都基加利(Kigali),并发给5万名胡图族民兵。"爱阵"方面,他们一方面在自己的控制区加紧操练兵马,派人到厄立特里亚接运采购的武器;另一方面利用和平协定合法地将600人的一个整装营运送到首都基加利,并组织了4000名"便衣士兵"秘密潜入首都,以向"驻军"运送给养和物资为名把大批轻重武器拆卸打包送到"便衣士兵"手中,准备对政府军进行一次"最后的毁灭

---

① http://en.wikipedia.org/wiki/Arusha_accords.

性打击"。①在和平协定的掩盖下双方都在积极备战,内战烽火一触即发。

1994年4月6日,在坦桑尼亚参加完和平会议回国时,哈比亚利马纳的座机在基加利上空被导弹击落,机上人员全部遇难,其中还包括乘坐同一架飞机的布隆迪总统。该事件立即在卢旺达全国范围内引发了针对图西族人的血腥报复。7日,由胡图族士兵组成的总统卫队杀害了卢旺达女总理、图西族人乌维吉利伊马纳(Agathe Uwilingiyimana)以及10名保护她的比利时士兵。至此,震惊世界的卢旺达大屠杀揭开了序幕。

在大约3个月时间里,卢旺达先后约有100万人被杀,占到人口总数的1/8,其中绝大部分为图西族人。在大规模屠杀行动开始之前,已经有不少预警信息传递到了国际社会。联合国驻卢旺达援助团(UNAMIR)司令、加拿大人达莱尔将军(Roméo Dallaire)在大屠杀爆发之前3个月就曾向联合国维和行动部(DPKO)报告:据可靠情报,胡图族人正在筹划有计划的屠杀。②他要求尽快采取行动,搜缴那些即将用于屠杀的武器。但是,达莱尔等到的是如下答复:"我们不能同意你在电报中所计划的行动,因为它明显超越了第872号决议(1993年)授予联合国卢旺达援助团的权限……你应当通知(卢旺达)总统,你已经获得了有关胡图族民兵行动的可靠情报,这些行为是对和平进程的威胁……但是,我们想强调的是,务必避免采取可能导致使用武力和不可预测的反应的行动。"③达莱尔随即奉命向比利时、法国和美国驻卢旺达大使通报了他所得到的情报,但是警告依然没有引起注意。几年以后,曾经担任联合国维和行动部负责人及安南高级助手的里扎回忆说:达莱尔将军的电报使他感到吃惊,"是的,确实有杀戮。暴力活动到处都是,但是并没有剧烈的升级。几周过去了,电报里所预测的情况并没有发生。我想,就在我们没有察觉的情况下,也就是在4月6日,局势

---

① Nicholas Wheeler, *Saving Strangers: Humanitarian Intervention in International Society*, p. 215.
② Nicholas Wheeler, *Saving Strangers: Humanitarian Intervention in International Society*, p. 215.
③ Ibid, p. 216.

突然爆发了"①。

1994年5月底,"爱阵"相继控制了卢旺达北部、东部,以及包括机场在内的基加利大部分地区。胡图族政府的垮台已不可避免。7月,"爱阵"完全控制基加利并夺取了卢旺达第二大城市。大量胡图族难民因为害怕受报复而涌入了邻国扎伊尔。由于缺医少药,疾病开始在难民中迅速传播,导致数千人死亡,形成了新的人道危机。

二、联合国和西方相关国家的反应

在大屠杀及其前后西方相关国家基本上采取了消极观望的政策。卢旺达的前宗主国比利时、法国等在大屠杀爆发时的表现备受批评。美国对于这一事件坚持了不参与、不介入的政策,甚至在联合国讨论中阻挠做出进行干预的决议。

1. 联合国

从1993年10月起,根据安理会第872号决议,联合国驻卢旺达援助团开始在其境内实施监督停火、保证首都安全、监督向选举产生的政府移交权力,以及清除地雷等行动。②然而,除比利时外,参加援助团的其他国家维和部队人员与装备只能维持自卫水平,无法有效制止冲突与屠杀。比利时士兵遇袭事件后,比政府迅即撤回军队。安理会决议将援助团人数降至300人,且均为加纳籍士兵。③

1994年4月29日,联合国秘书长加利建议立即向卢旺达派遣完全由非洲国家组成的维和部队。5月13日,加利向安理会提交了具体方案,要求向援助团增派5500名军事人员。但这一方案一开始便遭到了来自美国的抵制。在安理会其他成员国的努力下,直到6月8日才通过了第925号决议,授权部署所有的5500名维和士兵,但此时距大屠杀开始已经整整2个月。然而由于缺乏美国的后勤支援,这一决议面临着巨大困难。

---

① Sean D. Murphy, *Humanitarian Intervention*, p. 246.
② Security Council Res. 872, 48th Sess., 3288th mtg. at 102, UN Doc. S/INF/49, 1994.
③ Security Council Res. 912, 49th Sess., 3368th mtg. UN Doc. S/RES/912, 1994.

2. 比利时

比利时是卢旺达的前宗主国,两国关系十分密切。哈比亚利马纳总统在 1976—1993 年间 6 次访问比利时,比利时国王和首相也在 1987 年和 1989 年分别访问了卢旺达。1990 年,在"爱阵"向政府发动进攻前,哈比亚利马纳总统邀请比利时、法国和扎伊尔提供军事援助。比利时应邀向卢旺达派出了 535 名士兵。但随着内战爆发,比利时政府以国内法律要求军队严守中立为由撤出了军队。

《阿鲁沙和平协定》签署后,联合国向卢旺达派出了联合国驻卢旺达援助团监督协定的执行工作。援助团由来自比利时、孟加拉国、加纳和突尼斯的士兵和民事观察员组成。比利时是其中唯一一个西方发达国家。1994 年 4 月 7 日,也就是哈比亚利马纳总统座机被导弹击落的第二天,图西族总理乌维吉利伊马纳在前往联合国开发计划署避难途中被胡图族军人打死,奉命护送她的 10 名比利时维和军人也被害。这一事件致使比利时政府立即决定从卢旺达撤出所有维和部队士兵。时任联合国秘书长加利在劝说无效的情况下希望比利时政府可以将武器装备等留下供其他维和部队使用,然而该要求也未能被接受。比利时军队的撤出使人员装备原本不足的驻卢旺达援助团更加孤立无援。

3. 法国

卢旺达胡图族政府与法国关系密切。1962 年至 1993 年 8 月,法国向卢旺达提供的经济援助共计 2 亿多美元,赠款 3655 万美元,免除卢旺达债务 1417 万美元。[①] 1990 年卢旺达爆发内战前,法国应卢政府邀请派出了 300 名军事人员。在比利时与扎伊尔军队撤离后,法国成为了支持政府的主要外国势力。法国向哈比亚利马纳政府派遣军事顾问,供应装甲运兵车、侦察车辆、通信器材和直升机等重型设备。卢旺达政府还通过法国提供的经济保证向埃及和南非购买轻武器、手雷和火箭筒等装备。在法国的帮助下,卢旺达政府军从 1990 年 10 月的 5200 人发展到了 1992 年的 3 万人。[②] 可以看出,法国在卢旺达内战中

[①] http://en.wikipedia.org/wiki/Rwanda.

[②] Nicholas Wheeler, *Saving Strangers: Humanitarian Intervention in International Society*, pp.231—233.

的倾向性十分明显。

在大屠杀发生后,法国得到联合国授权,实施代号"绿松石行动"(Operation Turquoise)维持和平行动。"绿松石行动"总共动用了2555名法国士兵和350名塞内加尔士兵。出于增加行动的正当性考虑,还有6个法语国家为该行动提供支持服务。然而,"爱阵"反对法国的干涉行动。"爱阵"军事指挥官说:"法国训练(胡图族)民兵和军队,他们完全没有谴责凶手。很明显,法国并不公正,让他们的士兵重返这里只会使形势复杂化。"①媒体也指责法国包庇了许多胡图族民兵,帮助他们在"爱阵"完全占领基加利之前逃脱。对于法国的偏袒行为,在"爱阵"掌握卢旺达政权的最初几年中断绝了与法国的外交关系,并将官方语言之一的法语改为英语。②法国在包括卢旺达在内的中部非洲地区的一系列军事行动更类似于传统的殖民者处理被殖民地方的方式,只不过为行动披上了一层人道保护的外衣而已。

4. 美国的应对措施

在索马里的干涉行动遭遇失败后,美国对于非洲内部安全事务采取了不介入的态度。美国在卢旺达大屠杀爆发时的态度是非常消极的。当联合国秘书长加利要求安理会通过决议,部署5500名维和士兵以加强现有维和部队力量时,美国首先提出了反对意见。美国认为,尽管秘书长竭力希望部署维和部队,但实际上并没有一个国家能够向行动提供坚定的军事资源。同时,卢旺达冲突各方没有为联合国行动给予无条件的同意(consent),这使维和行动失去了正当性。美国还要求秘书长提供更加详尽的行动方案,因为该地区的激烈冲突会将联合国维和部队和联合国声誉置于危险境地,这反过来又会造成美国减少对维和行动资助的危险。③由于美国的反对,安理会向卢旺达部署新维和部队的决议推迟了一个月才做出。而美军拒绝提供后勤支援,致使安理会决议无法正常实施。

西方相关国家和联合国的反应表现出,在缺乏干涉意愿和干涉能

---

① W. Drozdiak, "No Rescue for Rwanda", *Washington Post*, June 18, 1994.
② 2006年11月卢旺达再次宣布同法国断交。BBC, "Rwanda Cuts Relations with France", Nov. 24, 2006.
③ Sean D. Murphy, *Humanitarian Intervention*, p.245.

力的情况下,卢旺达悲剧变得似乎难以避免。比利时和法国这两个卢旺达胡图族政权的主要外国支持力量很明显不愿意牵涉到胡图族对图西族的杀戮中。比利时在国内政治的压力下,不顾联合国秘书长的请求,也不顾自己的撤出将置维和行动于十分危险的境地,断然撤出了军队。而法国的干预被认为目的性、倾向性和时机选择过于明显。有记者在题为"法国在卢旺达的废墟上挽救了自己的影响"的文章中指出,法国对卢旺达的干涉是为了法国的利益。法国有一种说法,英国人和美国人正同乌干达总统穆塞韦尼勾结在一起,在包括战略地位重要的卢旺达和布隆迪在内的中非地区建立英语霸权。时任法国总理巴拉迪尔在解释法国为什么出兵卢旺达时承认,法国这样做是因为"它关系到一个法语国家,而且还有道义上的责任"。①

卢旺达悲剧还再次说明了,缺少成员国,尤其是大国的支持,联合国的工作举步维艰。无论在做出政治决议还是实施过程中人员、装备、经费等行动保障条件上,缺少主要大国,尤其是美国的军事支持,联合国无法实质性开展军事行动。

第四节 "动力不足"的评估与解释

本节将对美国在索马里和卢旺达发生严重人道危机的应对进行评估。总体上看,西方国家对军事介入非洲事务的动力是不足的。在索马里,美国在遭遇了一次行动挫折后就撤离当地,任由人道危机发展。而对于可以有效制止的卢旺达大屠杀,国际社会行动缓慢,美国甚至表现出了惊人的冷漠。这都表明美国在非洲实施人道主义干涉缺乏必要的动机支持。

一、人道危机情况评估

非洲是世界上最贫困的大洲。尽管这里资源丰富,但由于在政治、经济和社会等方面存在重大缺陷和深层问题,非洲的发展始终迟滞不

---

① 魏宗雷等著:《西方"人道主义干预"理论与实践》,第144—145页。

前。尤其在冷战结束之初的 20 世纪 90 年代,以"多党制选举"为内容的民主化浪潮席卷非洲大陆。得到美国等西方国家支持的非洲民主化却并不如规划设计者们预期的那样包治百病,能够医治非洲的痼疾。相反,不彻底的民主化在一定程度上还加剧了原有民族、部族或地区关系的紧张,甚至由此引发战火。根据国际救援委员会(International Rescue Committee)的估计,从 1999 年至 2005 年,刚果(金)的冲突就导致了 380 万人罹难。①而一国的冲突又往往外溢到邻近国家,造成地区局势动荡。由战争冲突而引发的难民、饥馑等人道主义问题并不是个别和孤立的现象,而是广泛而持续地存在于非洲大陆的各个角落。据联合国难民事务高级专员办事处的统计,1998 年非洲难民人数高达 700 多万,占世界难民数的一半。②索马里的人道危机是整个非洲大陆人道危机的缩影,而卢旺达大屠杀则将人道危机推向了灾难的地步。

从时间上看,美国干涉非洲的高峰不是在人道危机集中爆发的冷战后时期。相反,美国在冷战期间介入非洲事务的程度是最高的,如向亲美的埃塞俄比亚皇帝塞拉西提供经济和军事援助,暗杀持民族主义立场的扎伊尔总理卢蒙巴并派军队直接军事干涉扎伊尔内政,向安哥拉反政府游击队提供资助等等。在整个冷战时期,美国并不关注饥饿、难民、种族冲突等人道主义问题。

根据前文的详细过程分析可以看出,索马里和卢旺达的人道灾难的内容是有所区别的。索马里人道危机源于国家内战。由于独裁政府倒台,各地军阀混战不止,因而导致大量难民和食品、药品严重短缺的问题,得到国际承认的索马里过渡政府甚至不能完全控制首都摩加迪沙。这种人道危机的根源是内部政治冲突。不从根本上消除战乱,相应的人道危机就不会停止。地方军阀作为当地的实际控制者已经具有区域性"准政府"的性质。社会动荡、经济凋敝、政治乱象没有一个简单的解决之道。一旦军阀之间发生大规模冲突,就会再次出现人道危机。因此在这种地区使用军事手段很难取得满意效果,并且风险极高。

---

① Abraham McLaughlin, "Can Africa Solve African Problems?", *Christian Science Monitor*, Jan. 4th, 2005.

② UNHCR, *Refugees and Others of Concern to UNHCR*: 1998 *Statistic Review*, http://www.unhcr.org/3bfa31ac1.html.

相比之下，卢旺达的人道灾难更为严重。在卢旺达发生的是一次有组织、有预谋的种族清洗。大屠杀中的受害人主要是图西族和胡图族中的温和派。整个事件明显是经过了事先策划而进行的。在首都基加利的政府控制区，胡图族民兵首先根据拟好的名单抓捕图西族知名人士和胡图族温和派并秘密处决，之后再将普通图西族人集中到几个较大的区域，以防其组织人员反抗。在最初的几周里，由于胡图族民兵手中枪械不足，双方处于对峙状态。但随着卢旺达政府军成员使用机枪等轻重武器实施杀戮，真正的大规模屠杀由此开始。①一个个案典型地显示了屠杀的残酷状况：在一个5.9万人的城镇，总共有5万名图西族人被杀害。任何人都可以毫不犹豫地判定，卢旺达发生的是十分严重的反人类罪行。

还应该看到的是，在卢旺达实施军事干涉对美国来说是可行的。同索马里内战不同，胡图族对图西族的屠杀，其根源是卢旺达政府中的激进分子不愿意与图西人共享权力而故意煽动种族仇恨。正是在这一部分人的反复煽动和怂恿下，才导致胡图人对图西人大开杀戒。在联合国卢旺达国际刑事法庭(International Criminal Tribunal for Rwanda)受审的卢旺达政府军上校承认，早在哈比亚利马纳总统遇刺之前，一部分卢旺达胡图族军官已经组织起准军事部队，并大量进口砍刀等凶器。②事先的谋划已经引起了联合国维和部队的关注，而维和部队司令达莱尔将军的报告却没有得到回应。大屠杀中胡图族人大多使用的是最原始的刀具、铁棍、甚至石块。据达莱尔估计，只需动用3000—4000名具有战斗力的部队就可以阻止大屠杀。③

二、低强度干涉与"不作为"政策

从干涉强度看，美国在索马里的干涉并不高。索马里西耶德·巴雷政权垮台后，美国政府的基本态度是漠不关心。用美国前驻索马里大使克里格勒(T. Frank Crigler)的话说即是"关掉灯、锁好门，然后忘

---

① Sean D. Murphy, *Humanitarian Intervention*, pp. 251—255.
② Nicholas Wheeler, *Saving Strangers*, p. 215.
③ CBC, "Romeo Dallaire", CBC News Online, Oct. 24, 2003. http://www.cbc.ca/news/background/dallaire/.

掉索马里"①。此时美国地缘政策关注的重点是苏联解体、海湾战争和前南斯拉夫地区局势。但也有部分官员对索马里的人道灾难忧心忡忡。担任外国灾难援助办公室(Office of Foreign Disaster Assistance)主任的安德鲁·纳西斯(Andrew Natsios)在1992年1月宣布,当前索马里饥馑是"世界上最严重的人道危机"②。即使如此,美国总统老布什和国务卿詹姆斯·贝克(James Baker)等高层仍然没有对索马里局势表示过任何关注。

美国对索马里政策的转变出现在美驻肯尼亚大使向国务院发回了一封充满感情色彩的信。民主党总统候选人克林顿获知这一信息后当即猛烈抨击布什政府的对外政策。老布什在1992年8月召开的共和党全国大会上宣布,美军将在索马里实施人道救援物资的空投。老布什总统认为,"索马里出现的饥荒是一次重大的人类灾难",因此美国将会为"那些绝望中的人们"提供赖以生存的食品。老布什的讲话受到了不少观察家的批评,杰弗里·克拉克(Jeffrey Clark)指出:"宣布(干涉)的时间是在三月停火协议已达成5个月和纳西斯报告中提到的世界上最大的人道危机之后8个月。这个时机充满了讽刺意味。"③两相比较,人道主义因素本身似乎也不是派兵的根本动机。

美国宣布向索马里派出军队是在联合国行动遭遇干扰之后,其在索马里领导的"重建希望行动"(Operation Restore Hope)获得了联合国的明确授权。尽管美国对外干涉从来就没有把联合国的授权当作必要条件。但在本案例中,无论白宫还是国防部官员都将联合国授权看作美国实施干涉的前提。白宫发言人表示,美国只会作为联合国行动的一部分对索马里实施干涉。有报道指出,美国国防部认为:"除非得到联合国的批准,否则我们的计划将只是计划而已"。④老布什在11月25日召开的国家安全委员会会议上说,如果安理会通过议案,那么美军地面部队就可以开展救援行动。当安理会通过第794号决议、援引

---

① John Pilger, "The US Fraud in Africa", *New Statesman and Society*, Jan. 8, 1993.
② Nicholas Wheeler, *Saving Strangers*, p. 178—179.
③ J. Clark, "Somalia", in Damrosch ed., *Enforcing Restraint: Collective Intervention in Internal Conflicts*, New York: Council of Foreign Relations, 1993, p. 227.
④ "US Offers Military Guard for Somali Aid", *Sunday Times*, November 29, 1992.

《联合国宪章》第七章的规定对索马里进行干涉后,美国完成了对索马里的所有干涉准备。随即开展行动。

一个重要现象是,美国出兵索马里被论述为正义行动。基辛格在美国决定出兵索马里后曾做出如下表示:"在(索马里)的新途径体现了道德的延伸。'人道主义干涉'表明道德和人道关切正是美国生活方式的一部分,我们必须为了维护生命而不仅仅是财富而冒险;如果失去这些,美国生活方式就会失去部分意义。从来没有任何一个国家提出过这样一整套主张。"[1]基辛格表述的无疑是一种典型的美国价值观。老布什在论述出兵的意义时也不忘称自己是在执行"上帝的使命"(God's Work)。[2]因此,美国政府在做出了参与联合国人道救援行动的决定后,就将打击军阀作为行动的备选目标之一。老布什为此向美国公众发表讲话说:"我们执行的是人道主义任务,但我们不能容忍武装暴徒们洗劫人民,致使饿殍满地。我们的军队有权采取一切必要之手段保护自身安全和索马里人民的生命。"[3]

我们还应该注意到意识形态因素在美国升级干涉时的作用。当地方军阀袭击联合国维和部队,并造成一定伤亡后,美国开始认真考虑使用军事手段进行打击。克林顿对索马里军阀敢于袭击联合国的行动,尤其是有美国参与的行动,感到愤怒。军阀的行动被认为是对国际社会,更是直接对美国的挑衅。负责联合国维和行动的美国退役将军要求美国政府进行军事支援。媒体也将艾迪德描写成双手沾满鲜血的恶魔形象。克林顿认为,抓捕艾迪德对加强"联合国在索马里和世界其他地区维和行动"的信誉是必需的。[4]然而美军在索马里打击军阀,袭击其军事基地、电台和指挥中心等设施时也造成了索马里平民伤亡,在索马里民众中激起了反对联合国和美国的情绪。所以当"黑鹰坠落"时,美国人发现自己并不只是在同军阀武装作战,他们也是在和自己试图

---

[1] Henry Kissinger, "Thin Blue Line for a World Cop", *Guardian*, December 12, 1992.

[2] Geroge H. W. Bush, "Somalia Invasion: Doing God's Work", Speech to the Nation, Dec. 4, 1992.

[3] Walter Clark and Jeffrey Herbst, "Somalia and the Future of Humanitarian Intervention", *Foreign Affairs*, Vol. 75, No. 2, 1996, pp. 74—75.

[4] Nicholas Wheeler, *Saving Strangers*, p. 196.

援助的索马里人战斗。"正义—邪恶"的价值观两分法使美国没有考虑索马里形势的复杂性,贸然扩大军事打击的范围,这也是造成其在索马里行动失败的一个重要原因。

而在卢旺达,美国不仅没有实施,甚至还阻挠了联合国通过相关行动决议,避免把自己卷入非洲事务。由于美国在索马里的军事行动遭遇失败,克林顿政府对卢旺达所发生事件的政策是"不介入"。克林顿明确表示,只有在美国国家利益受到威胁的时候,美国才会派出军队参与联合国维和行动。①当长达3个月的大屠杀发生时,美国政府认为,不论是美国还是联合国既没有合法基础也没有道义责任采取军事干涉行动。②然而美国的政策宣示明显前后不一致。同样是在克林顿任期内,数年后的科索沃战争中,美国政府将维护人权和制止人道灾难当作采取行动的主要理由,认为干涉符合国家利益需要。

三、对竞争性解释的回应

对索马里案例的竞争性解释主要来自建构主义对国际规范作用的阐述。玛莎·费里莫认为,美国在索马里的人道主义干涉行动给现实主义带来了一个难以解释的问题,因为"该行动是在一个对主要干涉国的战略和经济利益都无关紧要的国家实施的"③。她认为,现实主义者没有认识到正当干涉规范(norm of legitimate intervention)的变化改变了国家利益,而国家利益的改变使对外干涉从为战略和经济利益服务转变成为人道事业服务。在联合国和美国决定出兵支持人道救援行动之初,有人认为这代表了一种新型的旨在维护人权和人道的行动出现。联合国的连续几个决议得到"一致"通过也被认为是国际社会首次接受"人道主义干涉"规范的例证。而根据本书的研究观点,人道主义因素不能在没有其他动机支持下独立发挥作用。通过追踪案例发展的过程可以发现,索马里案例并没有支持建构主义从规范改变角度对美

---

① Bill Clinton, "US Policy on Reforming Multilateral Peace Operations", *Presidential Decision Directive* 25, May 3, 1994, p. 9.

② David Jehl, "US is Showing a New Caution on UN Peacekeeping Missions", *The New York Times*, May 18, 1994.

③ Martha Finnemore, "Constructing Norms", p. 154.

国人道主义干涉的解释。

首先,老布什总统及其高级政策助手等决策者个人的人道主义考虑并不意味着国家接受了人道规范利益。纳西斯描述了他同老布什总统以及负责索马里人道主义行动的菲尔·约翰逊(Phil Johnson)之间的会面。老布什特别谈到了他在20世纪80年代中期在撒哈拉大饥荒时访问苏丹时看到悲惨的景象。纳西斯认为,老布什亲眼所见的情景很明显对其做出出兵索马里的决策起到了重要作用。[①]一直反对军事干涉索马里局势的参谋长联席会议主席鲍威尔也表明,索马里的人道危机是促使其改变立场的关键。[②] 老布什总统在向国会通报时指出,出兵索马里主要是出于人道考虑,美国在索马里不具有战略和经济利益。[③]

但更需要注意的是,正是因为不具有重要利益关系,老布什在该通报中明确表示美国的使命是有限的,一旦没有绝对的必要,美国将立即撤离。[④] 而且仅仅在一次军事行动遭遇挫折的时候,克林顿总统就不顾联合国行动对缓解当地人道危机已经取得的成效,也没有理会美国撤军后索马里当地形势将不可避免地继续恶化,迅速地决定退出联合国行动。这些实际行动都表明,即便人道规范真的导致国家利益发生了变化,那么这种利益的作用也是次要的,对实施干涉与否没有决定性影响。

摩根索早已论述过国际政治中政治家的个人道德与国家道德的区别。美国在索马里的干涉实践表明,这种区别仍然存在。仅仅由决策者个人的道德要求支持的行动是没有持续能力的,况且这种道德要求本身还存有疑问。因为从干涉的时机来看,如果将人道因素作为行动的主要动力,那么美国对索马里实施干涉应该在更早的时期。如前文

[①] Andrew Natsios, "Illusions of Influence: The CNN Effect in Complex Emergencies", in R. I. Rotberg and T. Weiss ed., *From Massacres to Genocide: The Media, Public Policy, and Humanitarian Crises*, Washington: Brookings Institute, 1996, p. 168.

[②] 关于鲍威尔的立场变化可参见:"Waiting for America", *US News and World Report*, December 7, 1992, pp. 26—28.

[③] "Bush Orders US Troops to Somalia", Dec. 4, 1992. http://www.history.com/this—day—in—history.do? action=Article&id=7101.

[④] Ibid.

中提到的,美国行政部门中已经有过出兵维护人道物资运输的讨论。而且在1992年上半年,当联合国驻索马里行动遭遇地方军阀抵制、人道救援物资运输严重受阻之时,如果仅从人道角度考虑,美国方面已经具备了积极介入的机会和条件。然而,美国并没有在这一时机出兵支持联合国在索马里实现停火的努力。

如果从个人层次考虑,老布什总统希望通过干涉行动缓解对其在波黑战争中无所作为的批评。冷战结束时,老布什总统提出了建立"世界新秩序"的口号。然而批评者们指责他并没有如同政策宣示的那样行动。在同克林顿的竞选中落败后,老布什总统急于在外交政策上取得最后一次成功。在他看来,索马里国小势弱,干涉代价较低,正是取得成功的绝佳场合。

其次,美国决定动用武力经过了成本—收益计算。决策者认为,对索马里的军事干涉危险性相对较低、持续时间较短,因此干涉的代价是处于可承受范围内的。国家安全委员会助理委员会(NSC Deputies Committee)曾对美国可采取的行动连续会商四次,提出了一系列军事行动计划,其中包括使用地面部队进行干涉。鲍威尔对实施地面军事行动提出了具体条件,即美军行动要严格限制在保护人道援助物资的运输范围内,实施的地域为摩加迪沙等受饥饿威胁最严重的城市,新总统上任后美军的任务要迅速交由联合国接管。① 美国政府愿意在满足以上条件后向索马里派出足以震慑任何地方武装的强大军队执行人道救援任务。这些措施将把美军伤亡的可能性降到最低。时任国务卿的伊格尔伯格在回忆这一决策过程时说:"我们相信这样做不会有太大的代价。当然,更不会有裹尸袋运回国内。"② 与干涉索马里相对照的是在同一时期美国没有军事介入波黑战争。伊格尔伯格承认,相比在波黑可能付出的代价和遭受的风险,美国在索马里能够做得更好也更安全。③ 然而,当美国在索马里遭遇到低度伤亡后就迅速表达了撤离的意

---

① Ioan Lewis and James Mayall, "Somalia", p. 111.
② Larry Minear, Colin Scott, and Thomas Weiss, *The News Media*, *Civil War and Humanitarian Action*, Boulder, Colorado: Lynne Rienner, 1996, p. 55.
③ Adam Roberts, "Humanitarian War: Military Intervention and Human Rights", *International Affairs*, Vol. 69, No. 3, 1993.

愿。尽管在每一场战争中，美国对于伤亡数字都十分敏感，我们很难估计美国可以接受的具体伤亡是多少。但从索马里案例可以看出，美国政府原本设定的伤亡门槛相当低。这一方面是因为美国政府在制订计划时过于相信凭借美军的强大实力，可以轻易击败当地军阀；另一方面，当这种自大遭到重创时，关于在第三世界国家作战的惨痛回忆使美国政府立刻紧张起来，不敢再继续执行干涉任务。

沃尔泽在谈及美国撤军时认为，如果美军士兵真是为了一种高尚的目标作战，"我们不能在第一个战士或者第一次出现重大战斗伤亡时感到恐慌"[①]。但是真实的情况却是，美国选择索马里是因为相信在此执行任务并不会出现伤亡。美国的问题在于并没有做好在索马里国家重建中付出代价的准备，因此才会急于向联合国移交任务。

可以看出，以规范改变来解释美国在索马里的干涉行动很难成立。建构主义做出的"规范改变利益"的推论没有在现实案例中得到支持。"规范改变利益"的效果应该具有持续性和稳定性。国家接受规范后的行为不能是暂时的，随具体问题而变化的。否则很难说明国家的利益观真正发生了改变。美国在人道灾难严重的卢旺达无所作为，主动避免卷入其中。这种前后矛盾的行为表明，在索马里干涉中美国并没有将人道规范当作自身的利益看待。

四、美国重返索马里的启示

从索马里撤军后，美国对其在非洲的干涉政策进行了检讨。美军士兵在索马里丧生的画面成为了继越南战争之后又一次深深烙在普通美国人心中的伤痕。出于害怕再次遭受挫折的恐惧，美国在非洲坚持执行了不介入当地冲突的政策。当卢旺达爆发人道灾难时，美国的立场阻碍了联合国及时采取行动。然而，随着美国驻非外交机构遭遇爆炸袭击以及2001年"9·11"事件的发生，安全与反恐成为了美国维护自身利益最主要的需求，其对非洲的政策也在悄然发生变化。

索马里内战爆发后，全国各地陷入无政府状态之中，整个社会急需整饬秩序的公共权力。因此，数个在地方和部族中执行伊斯兰法律的

---

① Michael Walzer, "The Politics of Rescue", *Dissent*, Vol. 42, Issue 1, 1995, p. 38.

法院填补了这一空白,成为了索马里主要的司法力量。从1991年开始,经过多年发展,伊斯兰法院不仅负责司法事务,还向公众提供医疗、教育和维护社会治安等公共服务。①饱受战乱之苦的索马里人民在得到相对的稳定与安全后转而支持伊斯兰法院。2004年之后,索马里伊斯兰法院联盟(Somali Islamic Court Union)的势力急剧扩展,完全占领了首都摩加迪沙和索马里绝大部分土地。得到国际承认的索马里过渡政府被迫退守靠近埃塞俄比亚边境的小镇。

美军及其他西方军队撤离后,联合国机构在索马里的人道救援任务受到了严重阻碍。索马里各部族武装达成了暂时的停火协议。随着伊斯兰法院联盟的崛起,美国对索马里的政策又有所调整。2001年12月,美国参谋长联席会议主席迈尔斯将军(Richard Myers)在参加北约会议时称索马里有可能成为美国反恐打击的目标。他认为,索马里是一个有潜在恐怖主义威胁的国家,而对付此类国家,"我们将采用外交和法律等强制措施,或者也有可能采取军事行动"②。美国国防部长拉姆斯菲尔德(Donald Rumsfeld)也表示,索马里曾经接待过"基地"组织头目,华盛顿不需要得到联合国安理会的授权就可以打击阿富汗以外的恐怖主义嫌疑目标。③在美国的支持和默许下,索马里世俗军阀和由美国顾问训练的埃塞俄比亚军队先后发动进攻,最终在2006年底将伊斯兰法院联盟赶出了摩加迪沙,并乘胜追击,将其彻底打败。

美国势力在十多年后重返当初断然撤离并置之不理的索马里,尽管干涉的形式发生了变化,但其对外干涉的国家行为动机模式并没有改变。在美国看来,"伊斯兰法院联盟"的崛起与塔利班如出一辙,都是利用当地人民对战乱的厌倦情绪,使他们接受了建立在伊斯兰教义基础上的政权。而出于对伊斯兰极端势力的戒备,美国政府在战略安全利益和意识形态的双重作用下,将索马里国内的伊斯兰势力看作了潜在的"敌人"。

---

① "Profile: Somalia's Islamic Courts", BBC, Jun 6, 2006. http://news.bbc.co.uk/2/hi/africa/5051588.stm.

② "US Millitary Official: Somalia among Possible Targets", VOA, Dec. 19, 2001. http://www.voanews.com/english/archive/2001-12/a-2001-12-19-4-US.cfm.

③ Ibid.

第五节 案例比较

冷战后,美国对使用军事干涉手段介入非洲国家内部人道主义事务是十分消极的。从总体上看,由于非洲战略地位下降,美国缺少在这一地区的重大利益需要。对那些由于战乱而出现人道危机的国家,仅仅通过军事手段也不能一劳永逸地消除问题的根源,而且还有可能使美国深陷泥潭,无法脱身。因此美国认为在非洲实施干涉获得的收益很小,甚至会得不偿失。这种考虑主导了美国的对非政策。在吸取了索马里干涉的教训后,美国对卢旺达这样既没有利益存在,又可能造成资源消耗、人员损失的国家,完全排除了使用军事力量拯救其人民生命的可能性。缺乏利益是美国在非洲干涉动力不足的根本原因。

而随着美国安全战略在"9·11"后的调整,非洲的战略地位有所上升。2007年,小布什总统批准了国防部设立"非洲司令部"的计划。针对索马里、卢旺达等国内局势持续动荡的国家,近年西方国家出现了一种"失败国家"的论调。所谓"失败国家",在美国人看来是指具有以下特征的国家:首先,国家不能向公民提供安全保障;其次,失败国家行政机构虚弱,司法和军队政治化;再次,基础设施破损或被摧毁;最后,统治者失去合法性。[1]"失败国家"因而被认为不具备国家的特征,甚至只代表一个地理名称。"和平基金会"和《外交政策》杂志还专门发明了"失败国家指数"(Failed States Index),从2005年起对所谓的"失败国家"进行排名,索马里、阿富汗等国都榜上有名。[2]他们认为,失败国家已经对国际和平与安全造成了威胁,因此国际社会有权对其进行治理,并辅之民主改造。针对新威胁,美国在非洲的安全利益正日益凸显。此外,非洲的石油资源也逐渐成为美国希望加强控制的对象。随着利益关系的不断扩展,美国对非洲的干涉倾向也有所增强。这在苏丹达尔富尔问题上体现得较为明显。

---

[1] Robert Rotberg, "The New Nature of Nation: State Failure", *The Washington Quarterly*, Summer, 2002, pp. 85—96.

[2] Found for Peace and Foreign Policy Magazine, "Failed States Index 2005", *Foreign Policy*, Jul/Aug 2005.

第五章 新干涉主义实践:伊拉克"禁飞区"与科索沃战争

伊拉克禁飞区行动(Iraqi No-fly Zones,NFZs)是美国联合英国、法国在1991年第一次海湾战争结束后对伊拉克实施的长期军事干预行动。美国宣称,这一行动的目标旨在保护伊拉克北部的库尔德人(Kurds)和南部的什叶派穆斯林(Shiite Muslims)免遭萨达姆政权的进攻和屠杀。该行动从第一次海湾战争结束后不久开始实施,一直持续到2003年3月美军入侵伊拉克。在长达十余年的伊拉克禁飞区行动中,国际社会不断质疑该行动的合法性。前任联合国秘书长布特罗斯·加利(Boutros Boutros-Ghali)甚至直指该行动"违法"。① 而美英则坚持其行动是遵循联合国相关决议的,目的是为了保护伊拉克境内的少数族裔。美英执行的伊拉克禁飞区行动跨越了老布什、克林顿和小布什政府时期,从对伊拉克政策的连续性、遵守国际法和国家规范等方面为解释美国实施人道主义干涉的行为动机提供了一个显著案例。

在"禁飞区"计划实施的同时,20世纪90年代中期,美国及部分西方国家在面对卢旺达、波斯尼亚等地的人道危机时置身事外的做法遭到了人权组织的激烈批评。进而,鼓励对出现人道灾难的国家实施积极干涉的舆论在西方社会蔚然成风。美国在科索沃的军事行动似乎成为了对保护人权和解决人道危机要求的呼应。科索沃战争是以美国为首的北约对南斯拉夫联盟共和国实施的一次高技术、低伤亡的军事行

---

① Interview with John Pilger,http://socialistworld.net/eng/2003/02/26iraq.html.

动。美国在科索沃战争中打出了维护和平与人权的旗号,称自己实施的是"人道主义干涉"。然而这次战争引发的争议远远超出了人道主义干涉倡议者们的预料。批评者们认为,这场战争根本就是一次没有得到联合国授权的、完全无视他国主权和领土完整的赤裸裸侵略,毫无"人道"可言。尽管对于科索沃战争仍然有极大争议,但应该看到至少美国等西方国家的决策者和主流舆论对于科索沃塞、阿族冲突是"人道灾难"以及战争性质是"人道主义干涉"深信不疑。从这个意义上说,科索沃战争在干涉者心目中是可以用人道主义来进行正当性辩护的。科索沃战争无论从干涉的目标、过程和最终结果来看,都可以看作是一次美国对外干涉的典型案例。

上述两个案例都较为明显地体现了从冷战后开始兴起的"新干涉主义"的实践。通过对伊拉克"禁飞区"和科索沃战争的研究,我们可以深入辨析美国等西方国家在人道主义干涉问题上的行为动机,并对其行动结果进行评估。

第一节 "禁飞区"行动与美国对伊政策

1990年8月2日,伊拉克入侵科威特。当天,联合国安理会紧急磋商,通过了第660号决议,宣布伊拉克的入侵行动是对国际和平和安全的挑战,要求伊拉克立即无条件从科威特撤军,恢复科威特的主权、独立和领土完整。[①]11月29日,安理会通过第678号决议,要求伊拉克必须在1991年1月15日前从科威特撤军,并授权成员国在伊拉克拒绝接受安理会决议时"使用一切必要手段维护和执行第660号决议和之后的所有有关决议,并恢复这个地区的国际和平和安全"。[②]以美国为首的多国部队发动了代号"沙漠风暴"的空袭行动,整个空袭持续了42天,随后联军地面部队从多个方向进入科威特和伊拉克南部。1991

---

① UN, "Security Council Resolution 660", Aug. 2, 1990. http://daccessdds.un.org/doc/RESOLUTION/GEN/NR0/574/73/IMG/NR057473.pdf? OpenElement.

② UN, "Security Council Resolution 678", Nov. 29, 1990. http://daccessdds.un.org/doc/RESOLUTION/GEN/NR0/574/91/IMG/NR057491.pdf? OpenElement.

年 2 月 28 日,多国部队同伊拉克实现暂时停火。4 月 6 日,伊拉克向安理会和联合国秘书长递交书面文件,表示愿意接受安理会第 687 号决议中关于停火的规定。

一、伊拉克内部冲突情况

然而,就在伊拉克接受停火协议的时候,伊拉克内部爆发了冲突。伊东南部城市出现了反政府示威游行和什叶派穆斯林发动的宗教起义。① 伊北部的库尔德人武装也同政府军展开激战并占领了数个城镇。②

伊拉克军队迅速反击,在南部和北部先后展开清剿行动。伊拉克官方通讯社发表了措辞严厉的声明,称破坏安全者为"叛徒和卖国贼",警告反叛者必将"付出代价"。③ 伊拉克难民和反对派领袖则开始向外界通报伊国内的镇压情况,其中包括在南部城市巴士拉(Basra)一天之内有 400 人被公开处决。④ 也有难民报告称,萨达姆军队冲入中南部城镇普通人家中进行搜捕,并处决什叶派青年男性。对于萨达姆可能利用化学武器对付反叛者,美国官方相继在华盛顿和联合国警告伊拉克,美国将"严肃"对待使用化学武器的行为。⑤

伊拉克军方在叛乱地区部署了武装直升机镇压反叛者。美国总统布什指责萨达姆使用直升机进攻叛军,因为在多国部队与伊拉克达成的停火协议中,包括直升机在内的伊拉克航空器是被禁止使用的。⑥ 因此美国开始考虑击落这些直升机以削弱伊军的战斗力。

伊拉克北部的情况则略有不同。首先,相比伊拉克南部的什叶派

---

① Nora Boustany, "Refugees Tell of Turmoil in Iraq: Troops Recount Allied Onslaught", *Washington Post*, Mar. 4, 1991, at A1.

② Nora Boustany, "Violence Reported Spreading in Iraq: Army Units Clash", *Washington Post*, Mar. 6, 1991, at A1.

③ Lee Hockstader, "Baghdad Warns Insurrectionists 'They Will Pay'", *Washington Post*, Mar. 8, 1991, at A1.

④ Ibid.

⑤ Patrick Tyler, "US Said to Plan Bombing of Iraqis if They Gas Rebels", *The New York Times*, Mar. 10, 1991, at 1.

⑥ Dan Balz, "Bush Criticizes Iraq's Use of Helicopters on Rebels", *Washington Post*, Mar. 15, 1991, at A37.

穆斯林武装,北部的库尔德武装更有组织性和战斗力。其次,由于准备入侵科威特的缘故,伊拉克军队主要集结在南部地区,因此,截至1990年3月6日,库尔德军队宣布已经控制了伊拉克北部库尔德斯坦地区80%—90%的土地。当伊拉克军队基本平息了南部叛乱后,立即派遣数千名士兵向北部库尔德地区发动了猛烈进攻,战斗中动用了飞机、导弹和火箭等重型武器。伊拉克政府军的进攻导致成千上万的库尔德武装人员和平民躲进了伊拉克与土耳其接壤地带的山区。还有部分库尔德人穿越土耳其军队的封锁,进入土耳其境内的难民营。由于山区天气寒冷,以及缺医少药导致痢疾、霍乱和流行性麻疹等传染疾病无法得到有效控制,国际救援组织估计生活在山区的库尔德人的死亡数高达每天1000人。联合国儿童基金会则警告称,流行性麻疹可能导致当地一半以上的儿童死亡,因为他们绝大多数没有接种过疫苗。[①]与此同时,在南部大约有85万伊拉克难民涌入伊朗避难,其生活状态也相当恶劣。伊拉克的人道主义状况十分严峻。

二、禁飞区的建立

1991年4月2日,土耳其政府紧急要求安理会进行磋商,讨论解决土伊边境的库尔德难民问题。土耳其政府估计,大约有22万伊拉克难民聚集在土耳其边界地区,其中大多数是妇女和儿童。土耳其政府强调,大量难民涌向土伊边界是对地区和平与安全的严重威胁,并指控伊拉克迫击炮弹片甚至飞入了土耳其境内。伊朗也在安理会会议上提出类似的问题。两国要求国际社会对此采取实质性行动。

在此之前,联合国已经开始关注伊拉克与科威特的人道援助问题。但由于重点关注同伊拉克签署停火协议的问题,联合国直到4月3日才开始具体考虑采取措施解决这一问题。4月3日和4日,法国和英国来不及等待联合国做出决议,相继单方面宣布向伊拉克北部库尔德难民提供紧急援助。4月5日,联合国以10票赞成、3票反对和2票弃

---

① Frankel, "An Uphill Fight to Keep Kurds from Graveyard", *Washington Post*, Apr. 24, 1991.

权通过第 688 号决议,谴责"伊拉克多个地区发生的迫害伊拉克公民的行为,其中包括最近发生在库尔德人聚居区的事件,导致了大批难民越过国际边境线,造成非法入境现象,威胁着国际和平以及该地区的安全"。① 由于美英一直以第 688 号决议作为其实施禁飞区计划的国际法依据,因此有必要将第 688 号决议的内容详细地加以检视。该决议主要内容如下:

"要求伊拉克,为了有助于消除对该区域国际和平与安全的威胁,立即停止此种镇压,并希望为同样目的举行分开对话,以确保伊拉克所有公民的人权和政治权利受到尊重;坚持伊拉克立即允许国际人道主义组织与伊拉克境内所有地区一切需要援助的人们接触,并为这些人道主义组织的活动提供一切必要便利;请秘书长在伊拉克尽其人道主义努力,并斟酌情况根据派去该区域其他特派团的报告,立即就伊拉克平民,特别是库尔德族人,在伊拉克当局所施加的一切形式镇压下的困难情况提出报告。"

决议中没有授权任何国家对伊拉克采取军事行动。对该决议持反对意见的国家认为,伊拉克目前的局势完全属于该国内政,伊拉克并没有跨越边境同他国开战,对于目前伊拉克的难民问题应该提交联合国大会和其他相关机构讨论,而不是由安理会做出决议。②然而美国、英国和法国在实施禁飞区计划时一直援引第 688 号决议,将其等同于联合国授权。造成不同解读的主要原因就在于该决议第一次将一个国家的内部事务当作对"国际和平与安全"的威胁。

在第 688 号决议通过的第二天,美国警告伊拉克不要在其北部地区开展地面和空中任何形式的军事行动,因为这将威胁救援行动和难民的生命安全。美国宣布在伊拉克北部建立"禁飞区",禁止所有伊拉克飞机飞越北纬 36°线。美国官方认为,联合国安理会第 688 号决议赋

---

① UN, "Security Council Resolution 688", Apr. 5, 1991. http://daccessdds.un.org/doc/RESOLUTION/GEN/NR0/596/24/IMG/NR059624.pdf? OpenElement.
② 古巴、也门和津巴布韦代表在安理会上表达了反对意见,并对该决议投下反对票,中国和印度弃权。http://daccessdds.un.org/doc/RESOLUTION/GEN/NR0/595/82/IMG/NR059582.pdf? OpenElement.

予其采取一切必要措施保证救援行动成功的权利。① 在土耳其政府的协助下，美国、英国和法国军队开展了大规模的救援行动，空投了成吨的食品、水、药品、棉衣和帐篷等物资。由于地势原因，山区里的库尔德人很难完全获得这些物资，因此需要这些难民走出山区，到地势较为平坦的地方居住。为了使难民们解除走出山区后遭到袭击的顾虑，欧共体国家和美国商议在伊北部建立一些"飞地"(enclave)。由于"飞地"的名称在国际法中意味着边界的重新划分，为了避免出现争议，最终决定使用"安全避难所"(safe havens)的叫法。② 由于担心中国和苏联反对，欧共体和美国决定放弃争取联合国授权，单方面实施行动。到4月末，有大约2000名美国海军陆战队员及几百名英国和法国士兵进入伊拉克北部实施"提供安慰行动"(Operation Provide Comfort)，建立"安全避难所"。

到7月中旬，大部分逃到土耳其的库尔德难民回到了伊拉克国内。驻扎在伊领土上的外国军队开始撤出，但仍在土耳其边境保持了一支快速反应部队，并宣称将随时在禁飞区内执行侦察任务。③

南部禁飞区的建立具有相似的背景。海湾战争结束时，多国部队控制了伊拉克南部部分地区。大量什叶派难民进入多国部队控制区以躲避伊拉克政府军的进攻。1991年4月中旬，多国部队允诺帮助那些不愿意继续留在伊拉克的难民一同撤离。在多国部队撤出后，伊拉克政府军开始进入这些地区，针对当地什叶派武装的清剿行动持续了近一年时间。这期间，估计有约20万什叶派穆斯林逃入南部沼泽地带寻求保护。

1992年8月7日，美国政府写信给联合国安理会轮值主席，要求紧急磋商"伊拉克部分地区伊平民遭受持续迫害"的情况，因为这"威胁了该地区的和平与安全"。④ 美、英、法等国在会上指责伊拉克政府针对

---

① Elaine Sciolino, "U. S. Warns Against Attack by Iraq on Kurdish Refugees", *The New York Times*, Apr. 11, 1992.

② Nicholas Wheeler, *Saving Strangers*, p. 149.

③ James Brown, "Last Allies Pull Out of North Iraq", *Financial Times*, July 16, 1991, at 6.

④ Letter Dated 7 August 1992 from the United States to the President of the Security Council, UN Doc. S/24396(1992).

什叶派穆斯林发动有系统的军事行动违反了安理会第 688 号决议。美国尤其提到了伊军使用固定翼飞机轰炸什叶派村庄。三国警告,如果伊拉克继续镇压行动,三国可能会向南部沼泽地区的什叶派提供援助。在发出警告之后几天,美、英、法三国决定在伊拉克境内北纬 32°线以南地区建立"禁飞区",严禁伊拉克军用及民用飞机在此区间飞行,违反规定的伊拉克飞机将会被击落。三国还表示将对这一地区伊拉克军队的调动和部署实施侦察。8 月 27 日,伊拉克南部禁飞区行动正式实施。在此之前,伊拉克军队已经将部署在该地区的所有固定翼飞机和直升机悉数转移。

伊拉克政府一再向联合国抗议美、英、法三国实施禁飞区行动侵犯了伊拉克主权,但这一抗议丝毫没有改变禁飞区存在的现实。从 1996 年 9 月起,美、英又将南部禁飞区扩大到北纬 33°线以南。整个南部禁飞区的面积约占伊拉克国土面积的三分之一,距伊拉克首都巴格达的最近距离为 30 公里。美、英、法战机(法国在 1996 年退出了在禁飞区的巡逻)同伊拉克地面导弹、高炮部队在禁飞区的冲突几乎每天都会发生。2003 年 3 月美国入侵伊拉克前夕,禁飞区更成为美军保持对伊高强度军事压力的重点地带。

从 1991 年开始到 2003 年,伊拉克禁飞区行动执行了长达 12 年时间,禁飞区的范围还经历过两次扩大。美、英在禁飞区常年动用数十架飞机巡逻,相关战斗人员超过 1500 名。对于禁飞区行动的合法性,美、英都不断援引具有争议性的联合国第 688 号决议。美、英还以此决议为依据认定伊拉克向在禁飞区内执行任务的飞机开火非法,要求联合国安理会采取行动。①国际法上对于第 688 号决议是否构成美、英等国合法干涉依据的争论不在本书的讨论范畴之中。不过,时任联合国秘书长佩雷斯·德奎利亚尔的态度多少可以说明一点问题。秘书长认为美、英执行的人道援助行动都应事先得到伊拉克当局的"同意"(consent)。②

---

① 《美称伊拉克向禁飞区盟军战机开火违反安理会决议》,中国新闻网,2002 年 11 月 19 日。
② Nicholas Wheeler, *Saving Strangers*, p. 161.

三、从准盟友到死对头：美国对伊政策的演变

伊拉克禁飞区行动是美国在海湾战争后继续保持对伊军事压力的重要组成部分。在这一行动的执行过程中，美国国内经历了三任总统，但在对伊拉克的政策上却保持了相当的连续性。在本节中需要通过对禁飞区案例的重建，以及对所涉及的美国行为动机的研究达到三个目的：首先，通过美国对伊拉克的长期政策转变发现其行为动机中相对持续的部分；其次，通过研究美国面对海湾战争后伊拉克国内政局的态度厘清决定美国行为的基本方面；第三，检验以禁飞区案例本文研究假设中国家利益和意识形态的相互关系和因果机制的支持程度。

美国的对伊政策存在一个较为明显的转变过程，即从冷战时期，尤其是两伊战争时的相对密切到伊拉克入侵科威特后的敌对。这一过程也体现了美国在中东维护自身利益的内容和手段的变化。

（一）利益导向的美国对伊政策

美国对伊拉克政策从属于其中东战略需要。中东在美国外交政策中占据了相当重要的位置。从 20 世纪 80 年代开始，主要出于对抗伊朗伊斯兰革命的需要，美国与伊拉克逐渐接近，甚至在某种程度上具有准盟友的性质。

1967 年阿以战争后，由于对美国偏袒以色列的强烈不满，伊拉克断绝了同美国的一切外交联系。1980 年两伊战争爆发，美国国内开始出现支持伊拉克的声音。支持伊拉克的理由大致可归结为三点：首先，伊拉克拥有庞大的石油资源；其次，伊拉克是抵抗伊朗宗教激进主义的桥头堡；第三，伊拉克在中东地区的影响力上升，具有成为阿拉伯世界领袖的潜力。因此，从战略利益出发，与伊拉克发展关系成为美国外交政策的目标。

1981 年 3 月，时任美国国务卿亚历山大·黑格（Alexander Haig）在参议院外交关系委员会上谈到伊拉克，他说伊拉克十分担心"苏联在中东地区的帝国主义行径"[①]。4 月和 5 月，相继有美国官员访问巴格达，同伊拉克高级官员会面。1982 年初，美国政府将伊拉克从支持恐

---

① Stephen R. Salem, "U.S. and Iran-Iraq War", *Z Magazine*, Feb. 1990.

怖主义国家名单中删除。1983年12月,唐纳德·拉姆斯菲尔德(Donald Rumsfeld)作为美国总统的特使访问巴格达,并与萨达姆进行了会晤。拉姆斯菲尔德被授权告知萨达姆,美国政府"会把伊拉克的任何重大挫折视为西方的一个战略性失败"①。会谈中,拉姆斯菲尔德告诉萨达姆,美国政府"对世界形势和中东局势的理解与伊拉克是一致的"。谈到两伊战争时,拉姆斯菲尔德对萨达姆说:"美国认为,如果两伊冲突带来更大的不稳定因素,或者冲突的结果是伊拉克的地位被削弱而伊朗的利益和野心得以满足,那么这与中东地区的利益,或者与西方的利益是不相符的"。② 1984年3月,拉姆斯菲尔德再次访问伊拉克,与伊拉克外交部长阿齐兹进行会面。1984年9月,美国与伊拉克正式恢复了外交关系,两国把原先设在对方首都的"利益处"升格为全权大使馆。

与此同时,美国对萨达姆政权性质的判断和定位也有明显变化。在学术界,曾以"倒萨急先锋"而为人们所熟知的劳丽·麦罗伊(Laurie Mylroie)在20世纪80年代却成为积极主张和伊拉克发展关系的主要人士。她认为,两伊战争已经"从根本上永久地改变了伊拉克的立场。因此,美国和伊拉克之间展开合作可以给双方都带来好处。此时不建立外交关系意味着两国将失去一个重要的机会"。③ 麦罗伊将萨达姆的复兴党政权看作伊拉克稳定的来源,是"一个崇尚世俗理念和理性的政府。它与西方政治传统有着渊源,而与霍梅尼支持的宗教激进主义意识形态则有着显著区别"。因此,两伊战争中的失利将迫使伊拉克放弃原有的狂热的意识形态,取而代之的是寻求稳定的思想。在这种情况下,美国同伊拉克恢复外交关系就出现了可能性。麦罗伊总结说,在当前形势下,"伊拉克和美国彼此相互需要"。④

---

① United States Interests Section in Iraq, "Cable from William L. Eagleton, Jr. to the United States Embassy in Jordan. 'Talking Points for Amb. Rumsfeld's Meeting with Tariq Aziz and Saddam Hussein'", Dec. 14, 1983. The National Security Archive.

② United States Embassy in United Kingdom, "Cable from Charles H. Price II to the Department of State. 'Rumsfeld Mission: December 20 Meeting with Iraqi President Saddam Hussein'", December 21, 1983. The National Security Archive.

③ Laurie Mylroie, "The Baghdad Alternative", *Orbis*, Vol. 32, No. 3, Summer 1988.

④ Ibid.

不久,中央情报局的一份报告部分吸纳了麦罗伊的政策建议。这份报告预测,两伊战争结束后,萨达姆会继续寻求成为阿拉伯世界的领导人,不过"萨达姆可能会放弃巴格达过去的那些激进做法,转而采取一些更为温和的手段,致力于实现他成为地区领导人的目标"。中情局的分析人士认为,伊拉克领导人原先强硬的姿态也会有所软化,同时宣称:"尽管他们可能仍将扮演中东地区一个比较咄咄逼人的角色,我们觉得,战后的伊拉克领导人不会回归20世纪60年代和70年代中期的那种激进主义。在这两个时期,伊拉克对美国尖刻抨击,并且还试图推翻阿拉伯温和派领导人。20年的国家领导人经历让伊拉克领导人变得更为成熟,除此之外,萨达姆和他的左右手们已经发现,他们的许多早期革命目标都没有很好地为复兴党政权的国家安全目标服务。"①美国的国家安全利益和对萨达姆看法的改观结合在一起,使美伊关系持续升温。

(二)美对伊政策的转变:敌人的形成

然而,接受萨达姆这样一个独裁者作为朋友在美国国内仍有争议。1987年春天,美国海军部署在波斯湾的军舰"斯塔克"号(USS Stark)遭到伊拉克攻击,造成舰上37名美国水兵死亡。伊拉克官员很快为这次事件道歉,声称这是一次误炸。然而,这次事件让那些对美国政府采取倾向伊拉克的政策持批评态度的人士找到了攻击目标。《华盛顿邮报》的专栏作家吉姆·霍格兰(Jim Hoagland)写道:"就因为他比过去更不那么咄咄逼人,就因为他用一层现代思想的外衣隐藏了自己的残酷统治,从而与其他波斯湾国家普遍存在的令人窒息的神权政治有所区别,现在的萨达姆被我们的外交官们赞美为是一个务实的人……'务实'实际上成了当前美国人形容萨达姆的流行用语。而当初,当伊拉克政府把许多政治反对派吊死在巴格达广场上的绞刑架上时,当萨达姆公开挑战美国在中东地区的影响力时,美国人用的是'残酷无情'一词。"②这种视萨达姆独裁政权为公敌的言论明显不满意美国外交政策

---

① CIA, "Iraq's National Security Goal", Dec. 1, 1988. http://www.faqs.org/cia/docs/17/0000266044/IRAQS-NATIONAL-SECURITY-GOALS.html.
② Jim Hoagland, "The Shooting of the Stark", *Washington Post*, May 29, 1987. http://www.highbeam.com/doc/1P2-1324932.html.

第五章　新干涉主义实践：伊拉克"禁飞区"与科索沃战争　◆　151

的两面手法。但即便面对国内压力，里根总统仍然宣布"斯塔克"号事件是一次意外，是"伊朗造成海湾地区不稳定，进而导致伊拉克错误判断的结果"①。美国仍然和伊拉克保持着良好关系。美国在中东的安全利益需要超越了内部的意识形态非议。

美伊关系的真正变化始于利益冲突。1986年底，"伊朗门事件"被曝光，里根政府中的一些官员安排向伊朗秘密出售武器，以换取资金介入尼加拉瓜的内部事务。美国向伊朗出售武器的做法引起了伊拉克政府的愤怒。1988年7月，美国政府允许一名库尔德反对派领导人访问华盛顿，美国国务院的一些官员还与他进行了会面，这更进一步加重了萨达姆·侯赛因的愤怒。同时，伊拉克官员还抱怨说美国正在给伊朗人提供极具战略意义的军事情报。②美伊关系由此开始走向紧张。

1988年，美国中情局预测称，在伊朗和伊拉克之间的战争结束后，萨达姆会把目光投向科威特领土。"巴格达可能会试图控制科威特的布比延和沃尔拜等岛屿，以拓宽伊拉克通向波斯湾的狭窄通道。"③1990年，萨达姆在错误判断美国在伊科纠纷中所持立场后指挥军队入侵科威特。一位著名记者对萨达姆的行为所带来的后果做了一番评价："通过占领科威特这个沙漠国家，侯赛因先生背叛并恐吓了他的阿拉伯兄弟们，打破了波斯湾地区的力量平衡，让世界石油市场陷入一片混乱，并且打破了人们原先以为冷战结束就可以给世界带来和平的幻想。"④从这个时刻起，美国昔日的准盟友转变成了其在中东最大的敌人之一。

---

①　Ritchie Ovendale, *The Middle East since 1914*, London: Longman House, 1992, p. 125.

②　Youssef M. Ibrahim, "Iraq Says U. S. Supplied Iran With Data on Planned Raid", *The New York Times*, Jul. 1, 1988.

③　CIA, "Iraq's National Security Goal", Dec. 1, 1988. http://www.faqs.org/cia/docs/17/0000266044/IRAQS-NATIONAL-SECURITY-GOALS.html.

④　Elaine Sciolino, "Man in the News: Arab of Vast Ambition Saddam Hussein", *The New York Times*, Aug. 5, 1990. http://query.nytimes.com/gst/fullpage.html? res = 9C0CE5DF133EF936A3575BC0A966958260&n = Top％2FReference％2FTimes％20Topics％2FPeople％2FH％2FHussein％2C％20Saddam.

第二节　科索沃的"人道灾难"与西方的介入

科索沃问题是一个相当复杂的历史遗留问题。南斯拉夫解体后，科索沃阿尔巴尼亚族分裂运动积极要求独立，并因此针对塞尔维亚展开了军事行动，塞尔维亚方面则予以回击。作为内政的科索沃问题由此成为了世界热点问题。1999 年以美国为首的北约大规模军事干涉科索沃。战争最终导致科索沃从南联盟实质性分离，并且于 2008 年 2 月单方面宣布独立。在分析美国在科索沃的行动之前有必要简要梳理科索沃战争爆发的主要背景——南斯拉夫解体、波黑战争和科索沃塞尔维亚族与阿尔巴尼亚族的矛盾，以便从整体上理解和检验美国实施干涉的动机。

一、从南斯拉夫解体到科索沃危机

第一个南斯拉夫国家在一战结束后建立。1941 年由于德意法西斯的侵略，当时的王国政府流亡英国。1945 年，铁托领导的南斯拉夫共产党建立了南斯拉夫联邦人民共和国（1963 年后改名为南斯拉夫社会主义联邦共和国），它包括了塞尔维亚共和国、黑山共和国、克罗地亚共和国、波斯尼亚和黑塞哥维那共和国、斯洛文尼亚共和国、马其顿共和国以及伏伊伏丁那和科索沃两个自治省。

1980 年铁托逝世后，南斯拉夫国内民族矛盾日渐突出，分离主义情绪逐渐高涨。1991 年苏东剧变，南斯拉夫联邦各共和国也相继宣布独立。南斯拉夫解体过程中爆发了多次战争，巴尔干局势从而成为了整个 20 世纪 90 年代世界关注的焦点，其中尤以波黑战争持续时间最长、人员伤亡最大，破坏也最为严重。尽管波黑战争并非本书讨论的主题，但对其进行简要梳理可以为美国在科索沃战争中的行为动机提供分析的重要基础。

南斯拉夫联邦解体后，波黑三大主要民族塞尔维亚族、克罗地亚族和穆斯林族随即围绕波黑前途和领土划分问题发生冲突。穆族主张脱离南斯拉夫完全独立，成立中央集权政府；克族也主张独立，但希望建立松散的邦联;而塞族则坚决反对独立。随后,波黑议会宣布独立,而塞族则宣布成立波黑塞尔维亚共和国。三方之间的矛盾立即转化为军事冲突,波黑战争爆发。

由于波黑塞族军队主要来自前南斯拉夫人民军,拥有飞机、坦克和大炮等重型武器,因此在战争一开始就占据了绝对优势。到1993年底,塞族军队占据了波黑大部分领土。为了制止波黑战争,联合国相继通过决议对南联盟和波黑塞族实施制裁和禁运。从1992年到1995年,波黑战争导致波黑20多万人死亡,超过总人口数的5%,200余万人沦为难民,全国基础设施损毁十分严重。[①] 1995年,在以美国为首的北约直接军事干涉下,波黑塞族最终妥协。塞尔维亚总统米洛舍维奇、克罗地亚总统图季曼和波黑总统伊泽特贝戈维奇在美国签订《代顿和平协议》(Dayton Peace Accords),波黑内战最终平息。

在整个波黑战争中,美国和欧洲各国始终指责南联盟(1992年4月由塞尔维亚和黑山共和国组成)支持波黑塞族军队,导致波黑战争迟迟不能达成和平协议。美国同南联盟的矛盾成为了日后科索沃战争的重要原因。《代顿和平协议》的签署并没有最终解决巴尔干地区的稳定和安全问题。矛盾逐渐向南联盟内部转移。科索沃危机就是在这一历史背景下爆发的。

科索沃在南斯拉夫联邦时期是塞尔维亚共和国南部的一个自治省,面积1万多平方公里,人口约200万,其中阿尔巴尼亚族占90%。这一地区自20世纪70年代就开始争取更高水平的自治、乃至获得独立。但在铁托的铁腕政治下,这一自治和独立思潮受到压制。但在铁托去世后,南联邦多个共和国的民族情结涌动,科索沃也在这种大环境下积极要求更多自治权利。

从历史上看,科索沃的地位相当复杂。阿族与塞族都将这块土地看作是自己民族的发源地。历史渊源、民族情感以及社会资源分配等诸多问题的纠结使得科索沃始终存在爆发危机的可能。1989年,米洛

---

① 关于波黑战争造成的伤亡与损失情况,可参见 The Research and Documentation Center 的数据。http://www.idc.org.ba/aboutus.html. 有报道称波黑伤亡数字被高估,见 The Associated Press, "Research Shows Estimates of Bosnian War Death Toll were Inflated", *International Herald Tribune*, Jun. 21, 2007。

舍维奇宣布取消科索沃的自治省地位。这一举措进一步激化了科索沃境内塞、阿两族间的民族矛盾,冲突日趋激烈。为了维护领土完整,塞尔维亚政府也加强了针对科索沃的强制措施。

进入20世纪90年代后,阿族的民族主义运动进一步高涨,于1992年5月自行组成议会和行政机构,还选举民主联盟领导人鲁戈瓦(Ibrahim Rugova)为"科索沃共和国"总统,形成了与塞族政权并行的另一个政权。1996年,阿族激进分子成立武装组织"科索沃解放军"(KLA),开始了运用暴力手段的分离运动。面对阿族分裂主义运动的反抗,米洛舍维奇领导下的南联盟和塞尔维亚当局采取强硬措施,派遣大批塞族军队和警察部队进驻科索沃,试图消灭"科索沃解放军"。在波黑战火逐渐熄灭的同时,科索沃的战火却越燃越旺,1997年以后不断发生武装冲突事件,伤亡人员日趋增多,约30万人流离失所,沦为难民。

二、北约:从政治介入到大规模空袭

科索沃危机的持续发展使美国和部分欧洲国家开始考虑介入南联盟内部事务。1999年2月6日,在美国和北约的压力下,塞尔维亚和科索沃阿族代表在巴黎附近的朗布依埃(Rambouillet)举行和平谈判。谈判的基础是由美国科索沃问题特使克里斯托弗·希尔(Christopher Hill)草拟的方案。该方案的主要内容是:尊重南联盟的领土完整,科索沃享有高度自治,南联盟军队撤出科索沃,"科索沃解放军"解除武装,按当地居民人口比例组成新的警察部队维持治安,北约向科索沃派遣多国部队保障协议实施。①

这个方案对双方来说都难以接受,阿族坚持要最终走向独立,并且不愿解除武装,南联盟则不同意科索沃获得自治共和国的地位,亦反对北约部队进驻科索沃。但是,主持谈判的美国和北约表示,这个方案的80%内容不许改变,必须接受,否则拒绝的一方将受到惩罚,其中对南联盟而言将遭到北约的军事打击。在谈判陷入僵局后曾一度休会。在休会期间,美国和北约对阿族代表施加压力。谈判恢复后,阿族代表于

---

① Rambouillet Agreement, http://en.wikipedia.org/wiki/Rambouillet_Agreement.

18日签署了协议。然而塞尔维亚方面仍然拒绝签字,因为签字很明显意味着失去对科索沃的控制权,使其获得事实上的独立。由于南联盟拒绝遵照西方国家的意愿处理科索沃问题,3月19日,北约向南联盟发出最后通牒,3月24日,北约发动了对南联盟的空中打击,科索沃战争爆发。

科索沃战争以大规模空袭为主。以美国为首的北约凭借绝对的空中优势和高技术武器,对南联盟境内的各种设施进行了78天的空袭。在波黑战争中,美国认为空袭的手段是有效的。从北约开始空袭到各方坐到谈判桌上,其间只有短短15天。米洛舍维奇还一度被美国认为是"可以打交道的人"。这一历史类比坚定了美国在科索沃问题上取得速胜的信心。美国政府认为空袭是一种低成本的干涉方式,可以避免遭受因人员损失而带来的压力。

在北约空袭的巨大压力下,经过俄罗斯、芬兰等国的斡旋调停,与北约实力悬殊的南联盟不得不选择妥协,6月2日,南联盟总统米洛舍维奇接受了由俄罗斯特使切尔诺梅尔金、芬兰总统阿赫蒂萨里、美国副国务卿塔尔博特共同制定的和平协议,该协议在坚持"朗布依埃方案"基本内容的同时,强调了通过联合国机制解决问题的必要性,并对此做了具体规定。根据这个协议,进驻科索沃的多国部队将按照《联合国宪章》精神建立,科索沃未来自治地位的确切性质将由联合国安理会决定,难民返回家园的安排也将在联合国难民事务高级专员的监督下实施。

6月3日,南联盟塞尔维亚共和国议会通过了接受上述协议的决议。6月9日,北约代表和塞尔维亚代表在马其顿签署了关于南联盟军队撤出科索沃的具体安排协议,南联盟军队随即开始撤离科索沃。6月10日,北约正式宣布暂停对南联盟的空袭。同一天,联合国安理会以14票赞成、1票(中国)弃权通过了关于政治解决科索沃问题的决议。[①]历时两个半月的科索沃战争至此落下帷幕。

科索沃战争结束后,北约安全部队和联合国维和部队相继进入科索沃,科索沃交由联合国托管。南联盟在事实上失去了对该地区的控

---

① UN Security Council Resolution 1244, UN Doc. S/1999/663.

制和管理权。2008年2月17日,科索沃总理塔奇(Hashim Thaci)单方面宣布科索沃独立,科地方议会随即以多数表决通过了从塞尔维亚独立议案。美国和英、德、法等部分欧盟国家迅速承认了科索沃的独立主权国家地位。

第三节 对实施"禁飞区"计划的解释

美国对伊拉克政策变化主要是国家利益使然,而在这一过程中,"制裁暴君"的意识形态动机与国家利益需要结合在一起,形成了海湾战争后美国对伊拉克政策的主轴——"政权更迭"。在这一主轴下,由于失去有力的外部制约力量,美国可以动用一切能够达成"政权更迭"目标的手段,直至小布什急不可耐地莽撞入侵,消灭自己厌恶已久的萨达姆。然而目标最终达成,却让自己为不审慎使用权力付出了代价。

一、竞争性解释

(一)媒体作用和国会压力

这一视角着眼于对具体的干涉决策过程进行解释。针对伊拉克境内爆发的人道危机,美国和英国最初排除了军事干涉选项。老布什认为,解决萨达姆镇压库尔德人的关键在于"伊拉克军队和人民自己掌握命运,将独裁者萨达姆赶下台"。他在面对国内要求进行干涉的媒体时说:"我们不能把美国人宝贵的生命扔进这场战斗中"。[①] 老布什及其幕僚们担心,一旦美国军事介入伊拉克很有可能会陷入第二个越南,这将抵消海湾战争胜利为美国带来的收益。[②]老布什坚持不干涉伊拉克除了害怕泥足深陷之外,还因为盟国沙特和土耳其的担忧。沙特虽然憎恶萨达姆,但也担心一旦其倒台,伊拉克会分裂,这样可能会出现受到伊朗控制的什叶派国家。[③]土耳其的担心更实际。土耳其是北约成

---

① "Bush: No Obligation to Kurd", *International Herald Tribune*, Apr. 6-7, 1991.
② 对布什及其幕僚的心理分析见:"Rebels have No Hope in Bush", *Independent*, Apr. 4, 1991。
③ Nicholas Wheeler, *Saving Strangers*, pp. 147-148.

员国,也是美国在中东的重要盟国。土耳其本身一直在与实施分裂主义的库尔德工人党作战。库尔德工人党的目标是建立独立的、领土包括伊拉克北部和土耳其南部库尔德人聚居区的库尔德斯坦。同样,一旦美国入侵推翻了萨达姆,土耳其紧接着就要面对更严重的库尔德人问题。

然而,尽管存在上述种种现实担忧,老布什却在不到两周时间内改变了不干涉立场,派遣美军实施作为禁飞区计划一部分的"提供安慰行动"。对这一变化,一种解释是老布什总统受到了来自媒体和舆论的强大压力[1],美国最终采取行动是"因为西方媒体对库尔德人苦难的持续关注威胁了西方政府从战争中获得的政治红利"[2]。媒体的高度关注使老布什清楚如果美国不施以援手,库尔德人将无法生存下去,而这在公众眼中是无法容忍的。[3]

另一种补充性的解释是老布什总统受到了来自国会的压力。国会议员们认为,是美国鼓励伊拉克人起义推翻萨达姆独裁政权的,这种鼓励使参与反抗行动的人们期待美国的帮助。因此当反抗者们遭遇失败时,美国有义务提供帮助。众议院欧洲与中东事务小组委员会主席、民主党人李·汉密尔顿(Lee Hamilton)敦促美国立即采取行动,制止"伊拉克直升机正在制造的血腥屠杀"。[4] 1991年4月11日,就在美国政府宣布实施"提供安慰行动"之前四天,参议院通过决议,认为美国在对库尔德人提供救援问题上负有"道义责任"。[5]媒体和国会压力成为解释老布什政府行为变化的主要因素。

然而仔细分析这种解释可以发现,媒体在美国对伊拉克政策上可能并不像人们想象的那样具有决定性作用。因为媒体对库尔德难民的报道从海湾战争结束就已经开始。电视画面对难民们悲惨生活的记录早已在美国国内引起震动。然而在较长的一段时间里,老布什政府始

---

[1] Martin Shaw, *Civil Society and Media in Global Crisis*, London: Pinter Press, 1996.

[2] James Mayall, "Non-Intervention Self-Determination and the New World Order", *International Affairs*, Vol. 67, No. 3, 1991, p. 426.

[3] Nicholas Wheeler, *Saving Strangers*, p. 165.

[4] "Bush Rejects Call for US Intervention in Iraq", *Financial Times*, Apr. 2, 1991.

[5] Nicholas Wheeler, *Saving Strangers*, p. 161.

终坚持了不干涉的立场,并在面对媒体质询时反复强调库尔德问题是伊拉克内政,美国不应介入其中。老布什的立场可以说是坚决的,甚至在联合国第688号决议通过的当天他仍然表示:"我对无辜百姓正惨遭屠戮无比痛心……但是美国和我们的盟国们不可能去解决伊拉克的内部事务。"[①]"CNN效应"引导公众舆论、设置议程的作用是有限的。否则很难解释在此之后报道卢旺达和波斯尼亚的媒体画面更为惨烈,但却没有促使美国政府进行干涉。另一方面,至于国会转变总统决定同样经不起推敲。国会中要求推翻萨达姆的声音从来没有停止过,尤其是老布什政府下令停止继续进攻后,国会中出现了对这一决定的强烈批判。通观美国外交史,国会与总统在制定外交政策上始终存在张力。但这并不意味着只要国会施加压力就可以改变总统的决定,除非国会的要求与总统的实际目标是可以协调一致的。

外部影响因素都保持不变,而老布什却在极短的时间里改变决策,这只能用一点解释,即老布什不干涉伊拉克事务反映的不是其目的。如前文所述,老布什政府是出于各种现实制约而选择了不对伊拉克实施军事干涉,而决策发生转变的关键在于找到了满足其目标的最佳方法——禁飞区计划。禁飞区计划是以利用美国及其盟国的空中优势为主要手段,配合实施有限的地面行动。这样既可以保证美军不会直接陷入与伊拉克人的地面作战、最大限度避免人员伤亡,同时又能保护库尔德人的基本生存、平息国内不满,而最重要的是可以给伊拉克政权施加外部压力,以压促变。可以说,美国的这一政策是经过了精心计算后得出的最佳结果。因此,在发现这一行动方式的优势后,老布什不仅延长了原本"短期"的北部禁飞区行动时间[②],还在在南部划定区域,实施"南部监督行动"(Operation South Watch)。克林顿上台后又进一步扩大了禁飞区范围,此时遏制萨达姆政权从而促使其内部政权更迭的考虑已经成为了美国对伊拉克政策的根本出发点。

---

① "US and the Kurds: A Perfect Dilemma", *International Herald Tribune*, Apr. 5, 1991.

② 尽管布什总统决定派军队实施干涉,不过仍然对外强调干涉行动是短期计划,应该迅速将处理此类事务的主导权交给联合国。见 Nicholas Wheeler, *Saving Strangers*, p.149.

(二)干涉规范的变化

强调规范变化作用的学者都把联合国安理会通过第688号决议看作是国际社会接受了新的干涉规范。他们认为,安理会决议第一次承认了一国内部事务外扩后影响国际和平与安全是现实存在的。因此,为了维护国际和平与安全,可以对一国内政进行干涉。规范作用论者还进一步提出,国际社会从不干涉到干涉变化的关键在于接受了人道主义规范,将人的价值置于国家主权之上,即"人权高于主权"。对于第688号决议,在本章开头部分已经说明尚存争议。存在争议本身就表明了并没有形成接受新的干涉规范的共识。如果没有共识的话,又如何能够谈到"国际社会"的接受呢?事实上,包括对第688号决议投赞成票的国家也在人道主义救援与维持伊拉克主权和领土完整的问题上谨慎地寻找平衡。亚当斯·罗伯特(Adams Robert)认为,国际社会之所以容忍美、英最初的干涉行动,只是因为干涉与海湾战争的间隔太近,联合国授权对伊动武的安理会第678号决议仍在发挥后续作用。①

特别要指出的是,解决人道危机也不是美国出兵干涉的充分条件。库尔德人在20世纪80年代就一直遭到萨达姆政权的镇压。伊拉克军队在镇压中甚至还动用了化学武器。如此严重的人道灾难并没有引发西方干涉。罗伯特·杰克逊(Robert Jackson)提出,美国借用了战争的便利才可以组织其对伊拉克的武装干涉,否则美国无论从行动的可行性和取得成功的难度考虑,都不可能在非战争时期因为人道危机而组织军事力量实施干涉行动。②

二、国家利益支点

美国在中东的战略利益十分巨大。中东地区在美国的全球战略中占据着重要地位。由于这一地区蕴藏着丰富的石油,直接关系到美国的生命线,因此保持在中东地区的主导权一直是美国外交政策的重点。在冷战期间,美、苏在中东各自寻找代理人,如本章第一节所述,美国与

---

① Adams Robert, "Humanitarian War: Military Intervention and Human Rights", *International Affairs*, Vol. 69, No. 3, 1993, p. 437.
② Robert Jackson, "Armed Humanitarian", *International Journal*, Vol. 48, Autumn 1993, p. 594.

伊拉克甚至一度维持着准盟友关系。然而冷战结束后,苏联势力退出,真正能够影响中东局势的地区外大国只剩美国一家。保持重要战略地区的主导权是美国维护霸权地位的重点,也是其冷战后国家利益的表现。中东的重要地位导致美国在任何时刻都警惕着这一地区出现的挑战国和秩序破坏者。特别需要注意的是,美国维持在中东地区的主导权并不必然等同于维护该地区的和平与稳定。这一地区的众多纷争与美国都有直接或间接的关系。如美国在冷战时期就直接参与了在黎巴嫩围剿"巴解"组织的行动;美国还为以色列提供安全保证,在巴以问题上长期偏袒以色列。这使得以色列在中东和平进程中一直占据着主动地位,在关键的土地问题上持强硬立场,甚至不断对巴勒斯坦地区实施军事打击。事实表明美国在中东没有维护和平的目标。只要能在冲突中巩固地位、获得利益,美国就可以采取相应政策。

从政策层面上看,建立禁飞区可以保护伊拉克库尔德人和什叶派穆斯林。这两大集团是萨达姆的反对者。保护反对者生存,以期在伊拉克内部触发动乱,借内部势力铲除萨达姆,美国自然可以坐收渔翁之利。这是老布什对伊拉克政策的主要手段。此外,实施禁飞区行动还可以有效缓解土耳其在南部地区面临的压力。伊拉克库尔德难民的涌入使土耳其承受了巨大的人道救援压力,另一方面土耳其也担心库尔德独立问题,因此处于两难境地。实施禁飞区,可以有效缓解土耳其遭受的两方面压力,防止土耳其出现政治动荡。

三、"政权更迭":邪恶国家

除了现实利益支持美国实施有限度干涉之外,更换伊拉克政权的另一个关键在于美国将萨达姆看成必须消灭的敌人。萨达姆从入侵科威特的那一刻开始就已经损害了美国在海湾地区的利益。对于直接危害其利益的国家,美国从来都不会手软。但也要看到的是,海湾战争后,萨达姆已经失去了发动对外战争的客观条件。多国部队的轰炸严重破坏了伊拉克的基础设施,经济制裁和禁运使伊拉克经济处于崩溃的边缘,萨达姆还需要应付国内政变及库尔德人与什叶派穆斯林的反叛。他已经失去了再次威胁美国利益的实力基础。如米尔斯海默和斯蒂芬·沃尔特所言,从历史分析可以发现,萨达姆的行动是理性的,在与西方对抗的关键时刻往往都选择了妥协,因此诉诸威慑战略是可以奏效的。①尽管如此,美国三任总统都始终坚持在伊拉克的"政权更迭"政策。

老布什在海湾战争结束时就表示希望改变伊拉克政权,不过主要是寄希望于伊拉克内部发生变化,即由政变或叛乱的途径推翻萨达姆政权。这种方法是基于成本——收益计算的最优方案,既可以达到目的,又可以避免让美国直接军事介入,付出可能的沉重代价。

1998年11月,克林顿总统就美国对伊政策发表声明,声称他的政府将继续与联合国特别委员会合作,找出并销毁伊拉克的大规模杀伤性武器,加强制裁和确立禁飞区制度,回击伊拉克的任何挑衅行为。他还特别提出:"从长远来看,解除这一威胁的最好方法是在巴格达建立一个新政府,这个政府必须代表其人民的利益,尊重人民,而不是压迫他们;必须致力于中东地区的和平。"②

这里,意识形态的作用显现出了重要性。首先,萨达姆政权的性质同美国自由主义意识形态相抵触。在冷战后美国总统的国家安全战略中,无论是老布什政府的领导地位战略,还是克林顿政府的参与和扩展战略,都把维护民主价值观和保护自由作为重要目标。③ 其中的逻辑就在于:在美国人眼中,"民主"与"专制"的两分法是对世界的基本看法。民主国家之间是不会发生战争的,而一个专制独裁政权意味着"侵犯人权"和"不负责任",随时都可能会对美国利益造成损害。因此维护美国国家利益的关键在于对外"推广民主",改变这些专制政权的性质。在这里,意识形态影响了对美国国家利益的认知。

但从实际的执行情况看,美国"推广民主"是有选择性的。在中东,专制统治下的沙特、科威特等阿拉伯国家是美国的重要盟友,美国并没有对其采用政权更迭的方针,甚至很少施加进行民主改革的压力。小

---

① John Mearsheimer and Stephen Walt, "An Unnecessary War", *Foreign Policy*, Jan/Feb 2003.

② Bill Clinton, "The Words that Broke the Suspense: From Clinton and the Iraqis", *The New York Times*, Nov. 16, 1998.

③ 潘忠岐:《利益与价值观的权衡——冷战后美国国家安全战略的延续与调整》,载《社会科学》2005年第4期。

布什政府在执政之初曾出台"大中东倡议"(Greater Middle East Initiative),规划中东地区的民主化进程。在总结小布什政府外交政策时,赖斯(Condoleezza Rice)反思了以前历届政府为了维护中东稳定、支持独裁政府的做法无助于实现美国的利益。她认为,小布什中东政策的变化是在继承原有政策路径的前提下,"将人权和促进民主纳入到政策手段中,以增进我们的国家利益"。① 然而对于中东"民主化"是否真正有利于美国还存有争议。一种观点认为,民主化可能会造成激进而富有号召力的伊斯兰政党上台,造成中东国家的伊斯兰化,这种后果反而有损于美国利益。② 在操作层面,该倡议立即遭到了中东执政者们的反对。赖斯承认,"自由、人权、开放市场、民主和法治理想的成功会让我们生活得更加安全",但这些毕竟是长远目标。在中东打击恐怖主义和扩展民主之间,前者的地位更为重要。对于帮助美国打击恐怖主义的非民主国家的民主化不能急于一时而要循序渐进,从推动公民社会发展等细节入手。③ 由此可见,安全需要的排序仍然要高于实现价值观,即使这种价值观在自由主义看来就是国家利益。

如果自由主义意识形态的作用是有选择性的,其优先排序通常都低于安全需要等核心国家利益,而从纯粹的物质利益考虑,遏制萨达姆远比直接推翻萨达姆更有利于美国,那么推动美国持续地实施"政权更迭"的原因只能从美国民族意识形态中寻找。民族意识形态的要求程度不同,从"独善其身"(作为榜样)到"兼济天下"(改造世界)。人权、民主对内是美国的核心国家利益,但对外则是改造世界的工具。

对于任何对美国不友好的国家,不论其是否对美国国家利益造成实质威胁,但首先就将对方纳入到"邪恶"的范畴中。在充满了弥赛亚情节的民族意识形态鼓动下,"除恶扬善"成为了美国的首要任务。在美国对外政策的宣示中,我们总可以听到这样的语言:从里根称苏联为

---

① Condoleezza Rice, "Rethinking the National Interests", *Foreign Affairs*, Vol. 87, Issue 4, Jul/Aug 2008.

② 有关讨论可见 A GLORIA Center Roundtable Discussion, "Democratization in the Middle Ease: A Solution or Mirage", *Middle East Review of International Affairs*, Vol. 7, No. 1, 2003.

③ Condoleezza Rice, "Rethinking the National Interests".

"邪恶帝国"(evil empire),到将萨达姆比作撒旦(Satan)的情人①,这样的"正邪"两分法才是"民主—专制"两分法的基础。而且美国在中东对付这样一个邪恶国家是在力量范围内的,是可做的(doable)正义事业。

因此,无论伊拉克政府是否拥有大规模杀伤性武器,是否对周边地区造成威胁以及是否采用极端手段对付本国国民,推翻并更换萨达姆及其领导的伊拉克政府成为了美国在海湾战争后对伊政策的根本原则。在这一原则指导下,历经三任来自两个党派的美国总统,其对伊政策都具有强烈的连续性。三任总统中,老布什是一个富有外交经验的、谨慎的实用主义者,克林顿则是积极强调合作的自由主义者,小布什则更具有新保守主义特征。这直接影响了对伊拉克的具体手段选择,即从较为间接的施加空中压力、支持反对派武装发展壮大直至最为直接的军事入侵,都是为了达到"政权更迭"的目的。

第四节 科索沃战争:新干涉主义实践

在对科索沃战争的分析中有几个"困惑"需要解决。一是以美国为首的北约为何会在一个经济落后、民族和历史矛盾严重的地区直接采取军事干涉行动,保护人权和人道主义考虑是否真的可以推动国家采取这种行动?二是关于美国打击南联盟的指导战略,国内外学者多采用了新干涉主义的说法。新干涉主义同美国行为动机的关系是什么?国家利益和意识形态动机在何种程度上塑造了美国的干涉行动?本节将首先评估美国在科索沃实施干涉的强度,之后评述主要的解释模式及其缺失。接着,本节将梳理美国在科索沃问题上的政策重点,尤其是对以科索沃事件为契机崛起的新干涉主义(New Interventionism)进行分析,解释以美国为首的北约实施干涉的动机问题。

一、干涉强度的评估:一意孤行的干涉

以美国为首的北约对南联盟的军事行动是在没有获得联合国授权

---

① 在美国一部家喻户晓的动画片《南方公园》(South Park)中,萨达姆被描绘成撒旦的情人,两人联合起来准备统治地球。可见,萨达姆的"恶魔"形象已经深入人心。

下实施的,这使行动的正当性饱受诟病。但如果跳出国际法的讨论,我们可以发现,美国甘愿突破行动正当性的限制而执意实施干涉行动,推动其行动的内部动机十分强大。如新干涉主义者所言,《联合国宪章》不能保障国内人权,"根本发挥不了新干涉主义者要求它发挥的作用"①,因此是时候抛开联合国以保证美国不受过时的、不正当的国际法的制约。②虽然实施干涉的克林顿政府在对外政策宣示中不断强调国际合作与多边主义行动方式,表示不在联合国框架下解决科索沃问题是迫不得已,是因为联合国内部无法在南联盟拒不遵守安理会决议的处理问题上达成共识。然而从对索马里干涉时要求联合国授权才行动,到伊拉克禁飞区行动中任意解释联合国决议,再到在科索沃战争时撇开联合国、单独组织盟国行动,美国行为的单边主义倾向性日益加强,这种趋势没有因为政府推行的具体战略不同而发生改变。

从军事角度衡量,美国在科索沃实施的干涉强度很高。在战争中,美国及其北约盟国共动员部署了3.8万名军事人员,出动飞机1000多架,战舰40多艘(其中美国提供飞机730架,舰艇24艘),在78天的空袭中总共出动3.2万架次,从空中和海上向南联盟发射了数千枚导弹、两万多吨炸弹。北约整个行动的花费高达数百亿美元。③

北约的行动也承受了相当大的国际压力。第三世界国家对美国绕过联合国安理会的行动十分不满。1999年3月24日,北约开始实施轰炸,次日,里约集团(The Rio Group)代表拉美国家发表声明,对北约行动表示担忧,对北约不遵守联合国宪章第53和54条规定使用武力表示遗憾,呼吁各方恢复谈判,和平解决争端。④在1999年第54届联合国大会上,巴西外长在发言中提出应该公平应用人道主义干涉原则,他质疑:"为什么某些困境引起频繁地使用某些手段,而另一些困境却没有引起这种情况呢?为什么人类在地球上某些地方遭受的苦难引起

---

① Stephen Stedman, "The New Interventionists", Foreign Affairs, Vol. 72, No. 1, 1993.
② Ibid.
③ "Kosovo War Cost?", BBC, Oct. 15, 1999. http://news.bbc.co.uk/2/hi/europe/476134.stm.
④ Hernan Vales, "The Latin American View on the Doctrine of Humanitarian Intervention", Journal of Humanitarian Assistance, Feb. 14, 2001.

的愤慨要大于在别的地方引起的愤慨呢?"①作为南亚大国的印度也认为,北约的单边行动违反了《联合国宪章》和其他所有国际规范,是一种直接侵略;国际社会决不能成为少数有特权的国家的人质。②

对南联盟的传统盟友俄罗斯来说,北约的轰炸使它同西方国家的关系降到了自冷战结束后的最低点。除了正式表态反对北约军事干涉南联盟内政外,俄罗斯总统叶利钦甚至发出了战争威胁,警告北约不要逼迫俄采取军事行动,否则就会发生欧洲战争,甚至发生世界大战。③俄罗斯还派出舰队在北约轰炸期间穿越博斯普鲁斯和达达尼尔海峡,开往地中海。在空袭即将结束之际,俄空降兵还抢在北约部队之前快速行动,占领了科索沃普里什蒂纳机场。

中国主张在联合国框架下政治解决科索沃问题,对北约军事干涉南联盟内政持强烈的反对态度。时任中国常驻联合国代表秦华孙1998年9月在审议安理会第1199号决议案时表示,"科索沃地区的局势目前正趋于稳定,不存在大规模的武装冲突,更不存在冲突加剧的情况,中国不认为那里的局势对国际和平与安全构成威胁"。④在审议安理会第1203号决议案时,秦华孙表示中国反对"借安理会决议对南联盟施压、干涉南联盟内政"的行为,对"一些区域组织做出了对南联盟采取军事行动、干涉其内政的决定"表示遗憾。⑤1999年5月8日,北约战机轰炸了中国驻南联盟大使馆,造成三名中国记者死亡、多人受伤、馆舍损毁的严重后果。这一事件被美国和北约解释为使用错误地图的"误炸"。对中国主权的严重侵犯引发了中国国内更为强烈的反战抗议活动。中国向联合国秘书长提交了措辞严厉的"主席声明",要求安理会审议通过。⑥中国在科索沃问题上一反在联合国场合中的传统态度,

---

① 转引自魏宗雷等著:《西方"人道主义干预":理论与实践》,第83页。
② 印度对人道主义干涉的态度还可参见 Satish Nambiar, "India: An Uneasy Precedent", Albrecht Schnabel and Ramesh Thakur ed., *Kosovo and the Challenge of Humanitarian Intervention: Selective Indignation, Collective Intervention and International Citizenship*, Tokyo: United National University Press, 2000.
③ 《北约9日继续对南狂轰滥炸,俄罗斯反应强烈》,新华社,1999年4月10日。
④ UN S/PV3930, Sep. 23, 1998, http://www.un.org/chinese/peace/peacekeeping/kosovo/scpv/1998/spv3930.pdf.
⑤ 《中国反对用武力干涉南联盟内部事务》,《光明日报》,1998年10月26日。
⑥ 《秦华孙向安南转交中国政府严正声明》,新华社,1999年5月11日。

立场鲜明地反对美国和北约的军事干涉。然而中国和俄罗斯的强烈反应并没有促使美国改变其行动目标和行动方式。很明显,实力差距是美国可以无视国际压力的主要原因。离开实力,抗议与阻吓的语言仅仅是无力的"语言",主权与不干涉规范也只能是空洞的"规范",很难对国家行为产生实质影响。

美国对南联盟的干涉直接导致科索沃从塞尔维亚获得事实上的独立。干涉还使米洛舍维奇陷入政治危机并在随后的选举争议中下台,最终被引渡至海牙的国际刑事法庭受审。历经此番打击后,南联盟成员国塞尔维亚和黑山最终分道扬镳,各自成为独立国家,曾经的南斯拉夫踪迹全无。一个国家的命运在超级大国面前竟然脆弱如斯。

二、对"人道灾难"和"安全稳定论"的辨析

对于美国和北约干涉行动的解释归纳起来主要有两个方面的内容:制止人道灾难、维护欧洲安全和稳定。

北约干涉行动的最主要理由是制止在科索沃地区发生的"种族清洗"和人道灾难。作为美国的坚定盟友,英国宣布:"这是一场建立在价值观而非领土野心基础上的正义战争。我们不能容忍进行种族清洗的恶魔。我们必须奋斗不止直到情况转变。我们已经在本世纪连续两次学习到绥靖并不会奏效。如果任由邪恶的独裁者不受挑战,那么我们将来不得不牺牲更多的生命和财富来阻止他。"[1]美国决策层也持有相同的判断。美国国务卿奥尔布赖特在德国一个军营解释干涉原因时说:"这里涉及的原则是,不能让侵略得逞,不能容忍种族清洗",她还表示北约将调整战略宗旨,将重点保护欧洲的民主、稳定和人的尊严。[2]美国国防部长威廉·科恩(William Cohen)在北约总部召开的一场新闻发布会上说:"对科索沃大规模屠杀的骇人描述以及从塞族压迫下逃

---

[1] Tony Blair, "Doctrine of the International Community", Speech to the Economic Club of Chicago, Hilton Hotel, Chicago, April 22, 1999.

[2] 转引自朱明权:《科索沃战争对世界稳定的危害》,载《探索与争鸣》1999年第9期,第39—41页。

命的难民照片已经证明了,这是一场主张正义、反抗屠杀的斗争。"①克林顿在 1999 年 6 月 25 日的新闻发布会上声称,有超过 10 万名科索沃阿族人失踪,北约的行动"阻止了精心策划和系统性的种族清洗和屠杀"。②《纽约时报》报道了美国国务院对科索沃阿族遭受清洗的估计,"4 月 19 日,国务院宣布有大约 50 万名科索沃阿族人失踪或怀疑死亡"。③媒体的报道和决策层的对外讲话似乎已经将科索沃的情况确定为大屠杀和人道灾难,而美国及北约的干涉行动看上去则是在首先考虑人道主义问题的基础上做出的正当决策。

作为北约轰炸的直接诱因,南联盟同科索沃阿族人之间的冲突是民族和历史问题的集中爆发。塞族同阿族之间的民族问题由来已久,相互之间都对对方施加了不同程度的暴力。科索沃战争结束后的研究表明,科索沃阿族分离主义组织"科索沃解放军"在战争之前就犯下了为数众多的罪行。在南联盟安全部队撤离后,"科索沃解放军"对仍居住在科索沃的塞族居民大肆实施报复。然而对"科索沃解放军"犯下的暴行,西方主流媒体却没有如对塞族"种族清洗"一般长篇累牍地加以报道。据俄罗斯新闻网报道,曾任"联合国前南斯拉夫国际刑事法庭"总检察官的瑞士人卡拉·德尔蓬特(Carla del Ponte)在 2008 年出版的回忆录《捕猎》(*The Hunter*)中谈到了一次严重的反人类罪行:"1999 年,科索沃解放军武装分子劫持了 300 多名居住在科索沃的塞族人,以及阿尔巴尼亚、俄罗斯和其他国家的妇女。他们被运往阿尔巴尼亚北部地区。在一个地下实验室中,这些人的重要器官被摘除,以便在黑市上出售"。④德尔蓬特在回忆录中指控这一事件的组织者是与科索沃总理塔奇关系密切的"科索沃解放军"指挥官。然而这种对媒体来说理应

---

① William Cohen, 1999/04/07, "Secretary Cohen's Press Conference at NATO Headquarters", http://www.defenselink.mil/transcripts/1999/t04091999_t407nato.html.

② Bill Clinton, 1999/06/25, "Press Conference by the President", http://clinton6.nara.gov/1999/06/1999-06-25-press-conference-by-the-president.html.

③ Steven Erlanger, "Early Count Hints at Fewer Kosovo Deaths", *The New York Times*, November 11, 1999, A6.

④《俄函询德尔蓬特回忆录中针对科索沃塞族人暴行信息》,俄罗斯新闻网(中文版),2008 年 4 月 9 日。http://rusnews.cn/eguoxinwen/eluosi_duiwai/20080409/42102785.html.

具有十足爆炸性和权威性的消息竟然在战争结束9年之后却仍未能现身西方主流媒体。[1]瑞士外交部还因德尔蓬特书中论述与瑞士官方立场不一致而要求其暂停新书推介会。[2]对于西方媒体在科索沃问题上的"一边倒",张睿壮认为"开创了自越战以来美国新闻舆论界主动配合政府进行涉外战争宣传的先例"[3]。西方官方与媒体的立场和操守由此可见一斑。

统计数字显示,真正的人道灾难恰恰是在北约开始军事干涉之后爆发的。北约飞机的轰炸范围包括科索沃和塞尔维亚。这首先就将战火延烧到了原本没有发生冲突的地区,造成了社会恐慌。战争造成南联盟1800多名平民丧生,6000多人受伤,近100万人沦落为难民。尽管到战争结束时,阿族人逐渐返回科索沃,但大约有20万科索沃塞族人没有重返家园。[4]据塞尔维亚政府统计,从1999年12月至2001年11月,"科索沃解放军"及其他暴力团体和个人造成至少1000名科索沃塞族人被谋杀或者失踪。[5]战争使南联盟全境70%的桥梁、100%的炼油能力、50%的燃料储备、35座工厂被摧毁,10多万人因此失业,直接经济损失高达2000亿美元。有消息认为,南联盟的基础设施恢复至少需要10年以上时间。[6] 北约轰炸南境内的化工厂、炼油厂,导致大

---

[1] 笔者搜索2008年4月1日至4月30日《纽约时报》、《华盛顿邮报》、CNN和BBC网站历史记录,没有发现这一时期任何与德尔蓬特有关的消息。然而德尔蓬特并非无名小辈,她现任瑞士驻阿根廷大使。她在担任国际刑事法庭检察官期间对塞尔维亚态度强硬,并因主导对米洛舍维奇的战争罪行审判而当选2004年度《时代周刊》"欧洲英雄",见 Andrew Purvis, "Putting War on Trial", *Time Europe Magazine*, Oct. 2, 2004, http://www.time.com/time/europe/hero2004/delponte.html;德尔蓬特对国际刑事法院审理前南地区战争罪行的态度还可见: "Press Conference by Outgoing Prosecutor Carla del Ponte on International Criminal Tribunal for Former Yugoslavia", http://www.un.org/News/briefings/docs/2007/071210_Del_Ponte.doc.htm;BBC 2007年12月11日对德尔蓬特的报道:http://news.bbc.co.uk/1/hi/world/europe/1809185.stm.

[2] 《瑞士外交部禁止卡拉·德尔蓬特回忆录推介会》,俄罗斯新闻网(中文版),2008年4月8日,http://rusnews.cn/guojiyaowen/guoji_shizheng/20080408/42101420.html.

[3] 张睿壮:《"人道干涉"神话与美国意识形态》,第111页。

[4] UNHCR, "Refugees and Others of Concern to UNHCR: 1999 Statistic Overview", Geneva: UNHCR, Jul. 2000.

[5] "Victims of the Albanian Terrorism in Kosovo—Metohija", Web Site of Serbia Government, http://www.arhiva.serbia.sr.gov.yu/news/2002-07/08/325076.html.

[6] BBC report, "Eyewitness: Serbia after the War", Sep. 23, 1999.

量有害气体泄露,严重破坏了巴尔干地区的生态环境。北约甚至还把打击目标延伸到工厂、桥梁、发电厂、医院、电视台等民用设施。北约飞机还一再攻击难民车队、列车。对于这些造成平民伤亡,没有任何军事意义的狂轰滥炸,北约发言人谢伊(James Shea)最初的解释是"误炸"(mistargeted),但由于这种"误炸"天天发生,北约调整了说辞,改称之为"附带性伤害"(collateral damage),并坚持认为对公路、桥梁、工厂等民用设施的轰炸是完全合法的,因为这些设施可以提供军事用途。①北约部队还在科索沃战争中大量使用遭到国际法禁止的贫铀炸弹,给当地人和环境造成严重破坏。虽然美国宣称贫铀炸弹并无放射性,然而科索沃战争后南联盟居民癌症发病率增长30%的现象已经引起了各国关注,欧盟也出面要求北约说明贫铀弹的使用情况。②

2004年3月科索沃发生了战争结束后最大规模的民族冲突。多个塞族村镇遭到"有预谋有组织"的围攻,科索沃首府普里什蒂纳等多个城市的塞族居民被迫全部出逃,塞族居住的房屋和多座中世纪时期东正教教堂被纵火焚毁。塞尔维亚和俄罗斯都指责这是一场有计划的驱离科索沃塞族的行动。甚至北约南部防区司令也把这种大规模暴力称之为"种族清洗"。③然而这种"种族清洗"活动居然就发生在联合国和北约驻科索沃联合部队的控制范围内。"科索沃解放军"前领导人、科索沃民主党主席塔奇对于这种暴力活动竟然表示:"科索沃独立是地区稳定的先决条件"。塔奇的态度并不令人吃惊。他所领导的"科索沃解放军"原本就是依靠暴力恐怖活动起家。塔奇本人创办的黑手党集团控制了科索沃10%—15%的犯罪活动,包括走私武器、偷车、偷油

---

① 关于北约对民用设施轰炸的揭露,见 Robert Fisk, "War in the Balkans: 'Collateral damage' lies dying in a shattered Belgrade hospital", *Independent*, Apr. 14, 1999, also, Robert Fisk, "The Bloody Truth of How NATO Changed the Rules to Win a 'Moral War' in Yugoslavia", Feb. 7, 2000. 另可参见北约发言人谢伊的解释, "Morning Briefing", May 28, 1999, http://www.nato.int/koSovo/press/b990528a.htm.

② 参见《贫铀弹恐慌蔓延欧洲,欧盟召开紧急会议》,南方网,2001年1月8日;John-thor Dahlburg, "The Cloud Cast by Depleted Uranium Grows Ever Larger Over NATO", *Los Angeles Times*, Jan. 12, 2001, http://articles.latimes.com/2001/jan/12/news/mn-11523.

③ Christopher Deliso, "An Uncertain Future for the Serbian Refugees of Kosovo", Apr. 7, 2004, http://www.antiwar.com/deliso/?articleid=2257.

料、偷香烟,组织贩毒和卖淫。他同阿尔巴尼亚、捷克斯洛伐克和马其顿的黑手党保持联系,他的姐姐还嫁给了阿尔巴尼亚臭名昭著的黑手党首领。① 真正让人疑惑不解的是,美国不但没有因为塔奇在人权问题上的强硬态度和具有严重犯罪嫌疑而抵制此人,反而还积极支持其"急独"立场。在 2007 年大选中,塔奇击败了主张以和平渐进方式解决科索沃问题的科索沃民主联盟,当选科索沃总理,随后单方面宣布科索沃独立。美国的反应是立即给予承认,并宣布将向科索沃提供数亿美元的经济援助。联系到美国在科索沃问题一贯的偏袒政策,所谓的维护人权的说法就不攻自破了。

在制止人道灾难之外,维护欧洲安全与稳定被认为是遵循传统外交决策模式的政策动机。巴尔干历来都被看作欧洲最危险的地区。作为欧洲的"火药桶",巴尔干地区局势会直接影响欧洲的安全与稳定,其中最大的威胁来自科索沃难民对周边国家形成的冲击。在北约实施干涉前,科索沃阿族人口约为 180 万。根据联合国难民署公布的数据,截至 1999 年 4 月 7 日,逃离科索沃的难民人数约 40 万人,他们主要集中在阿尔巴尼亚和马其顿,有少部分在黑山共和国。②难民的大量涌入使得接受难民的国家需要承担巨大的经济、社会乃至政治成本。如原本对科索沃难民进入政治支持度极高的阿尔巴尼亚,由于难民数量激增,导致部分贫穷的阿尔巴尼亚人对政府政策产生不满。他们自己的吃住条件甚至还不如难民,却没有人进行援助。而在马其顿情况更为复杂,马其顿国内讲斯拉夫语的马其顿人和讲阿尔巴尼亚语的马其顿人在人口和政治上的平衡是脆弱的。难民的大量进入使得斯拉夫人担心这将导致阿尔巴尼亚独立运动。然而值得注意的是,真正大规模接收科索沃难民的都并非北约国家。唯一受到难民较大影响的北约国家是希腊,而希腊却坚决反对北约的干涉行动。基辛格专门从欧洲稳定角度批评了克林顿政府的科索沃政策,他认为真正可能给巴尔干地区造成威胁的是在这里出现一个独立的科索沃国家,这会刺激邻国马其顿阿

---

① "Profile: Hashim Thaci", BBC, http://news.bbc.co.uk/1/hi/world/europe/7133515.stm.

② UNHCR, "Kosovo Crisis Update, 7 April 1999", http://www.unhcr.org/news/NEWS/3ae6b80eb.html.

族人的独立愿望,甚至可能出现一个包括了现在阿尔巴尼亚在内的"大阿尔巴尼亚国"。①同样是难民问题,沃勒斯坦(Immanuel Wallerstein)在一篇评论中写道,尽管联合国难民署官员在同一时期向世界呼吁为非洲大陆的安哥拉难民提供紧急援助,然而包括 CNN、BBC 和法国 TF1 电视台在内的西方主要媒体丝毫没有提及安哥拉难民的处境,而这些难民的数量已经远远超过了科索沃。②

三、解释干涉动机:新干涉主义

美国对南联盟的干涉强度很高,直接导致了南联盟的领土变更和国内政治结构变化。新干涉主义是美国在科索沃行动的理论指导。新干涉主义的核心内容就是人道主义干涉,从这个意义上讲,"新干涉主义"并不新。但作为一种系统论述,新干涉主义明确提出了"人权高于主权"的主张,对以国家主权为基石的现有国际秩序提出了挑战,因此受到了西方学术界和决策者们的青睐。

斯蒂芬·斯特曼(Stephen Stedman)1993 年著文提出,美国外交政策出现了一种"新干涉主义"倾向。③新干涉主义者们认为国家内战威胁到了国际安全,新干涉主义者们应该寻求结束内战、停止政府对人民权利的侵害,因为"主权不再属于国家,而是属于人民"。④这篇文章被看作是对新干涉主义最早的批判性系统论述。在科索沃战争爆发时,从学界到政界,人们纷纷开始论述干涉的正当性。国际法学者迈克尔·格伦(Michael Glennon)提出,以制约国家间暴力为目的的《联合国宪章》已经不适应冷战后形势的需要,国内暴力冲突的加剧要求建立符合正义的国际法。他认为,美国在科索沃的行动是在"挑战不正义的

---

① Henry Kissinger, "Kosovo: The Risks of Open-ended Commitment", *Los Angeles Times*, Feb. 21, 1999.
② 伊曼纽尔·沃勒斯坦著,路爱国译:《难民》,评论第 16 号,1999 年 5 月 15 日,http://www.binghamton.edu/fbc/16cs.htm.
③ Stephen Stedman, "The New Interventionists", *Foreign Affairs*, Vol. 78, No. 6, 1999, pp. 128—133.
④ Stephen Stedman, "The New Interventionists".

法律"。①英国前首相布莱尔在芝加哥所做的"国际共同体"演讲已经被当作西方决策层积极推动人道主义干涉的标志性谈话。克林顿在1999年3月23日,即对南联盟开始空袭前一天发表讲话,称:"我希望我们可以生活在一个彼此友好相处的多元化世界里,而且不必担心在接下来的四十年里在这个世界的某个角落看到种族清洗的景象"。北约空袭结束后,克林顿在对驻科索沃安全部队发表的演讲中更明确说明,"人们不能因为他们的种族、民族背景、或者信仰上帝的方式而惨遭屠戮、背井离乡,甚至被彻底毁灭。如果有人要这么做,那么我们将在能力允许的范围内阻止他们"。②

新干涉主义当然不能只从倡导者的语言表述来理解。但通过新干涉主义宣示,的确可以找到影响美国实施干涉的一些基本动机。首先,新干涉主义是高度意识形态化的政策指针。新干涉主义将维护人权和人道主义同国家利益捆绑在一起,这与自由主义者对国家利益的看法是一致的。斯特曼提出,新干涉主义的根源正是在"维护人权"基础上凝聚推崇道德价值观的威尔逊自由主义与以反共主义为核心的冷战自由主义共识。③ 20世纪六七十年代,美国在越南泥足深陷。以卡特为代表的威尔逊主义者批评冷战自由派对亲美独裁政权的支持,因此卡特上任后大力推行"人权外交"。然而冷战现实使得卡特外交遭遇严重挫折,最后不得不放弃"道德征伐"的对外政策。此后里根提出"重振国威",对苏联实行"有限推回战略",唤醒了美国民众自越战后便萎靡不振的民族主义精神,同苏联展开争夺。那么冷战结束后,美国应该以什么标准处理国际事务呢?新干涉主义者就给出了自己的答案,即以人权为理由推翻、改造美国不满意的政权,从而巩固美国的霸权地位。

以自由、人权改造世界的美国意识形态动机在科索沃战争中得到了充分的诠释。南联盟与俄罗斯在民族、宗教等多方面有密切联系。塞尔维亚和俄罗斯同为斯拉夫民族,并且都信仰东正教。南联盟执政的社会党,其前身为南斯拉夫共产党。尽管是通过选举上台,但在西方

---

① Michael Glennon, "The New Interventionism", *Foreign Affairs*, Vol. 78, No. 3, 1999, pp. 2—7.
② Eugene Wittkopf, *American Foreign Policy: Pattern and Process*, p. 86.
③ Stephen Stedman, "The New Interventionists".

眼中南联盟仍是"欧洲最后的共产主义堡垒"。在美国看来,一方面南联盟(塞尔维亚)属于俄罗斯的势力范围,另一方面还与共产主义有着千丝万缕的联系,这样的政权是美国维护在欧洲的霸权地位的障碍。美国人还对南联盟面对压力时坚持国家主权原则、拒不妥协的态度十分恼火。在1999年1月19日的国家安全会议上,国务卿奥尔布赖特宣布,"南联盟总统米洛舍维奇胆敢违抗国际社会的意志,北约就将对南联盟正式启动空中打击方案"①。她的意见得到了克林顿的支持。对南联盟的战争随即进入了积极筹划之中。

其次,新干涉主义反映了美国重塑国际秩序的意图。理查德·哈斯(Richard Haass)在《外交事务》上撰文提出,为了保护自身利益,美国应该利用现有对世界事务的主导权建立一套国家行为规范,这其中包括促进国家间合作和发展新的对外干涉指导方针。②对于单极体系中的霸权国来说,维护和巩固霸权地位除了加强自身实力外,塑造有利自身的国际秩序同样十分重要。在科索沃问题上,美国绕过联合国中会遭遇到的限制,利用北约实施打击就是一次重要的实践。1999年北约成立50周年时,成员国首脑们在4月于华盛顿举行的会议上通过了《联盟战略概念》(The Strategic Concept of Alliance)。这一指针的特殊之处在于确认北约不仅要保护成员国安全,而且北约军队还可以被用于"冲突预防和危机管理",并且新概念提出在对危机进行干预时,可以"个案处理"或根据"共识"采取行动,这就等于能够绕开联合国授权自由活动。③在此战略出炉之前,奥尔布赖特就已经表达过同样意思的立场,她表示北约在21世纪"将负担其19个成员国领土以外的历史使命,科索沃不过是个试验场",在科索沃实施军事行动是因为"我们正在重新确立北约作为欧洲土地上民主、稳定和人的尊严的捍卫者这样一

---

① Tara Lavallee, "Kosovo, Coercive Diplomacy and the Bureaucratic Politics Model: Understanding US Policy Choices", paper present to the annual meeting of International Studies Association, 2007, p.19.

② Richard Haass, "What to Do With American Primacy", *Foreign Affairs*, September/October 1999.

③ NATO, "The Strategic Concept of the Alliance", http://www.nato.int/docu/handbook/2001/hb0203.htm.

个核心目标"。① 从这个意义上讲，美国在科索沃并不是要取得具有现实意义的地缘战略或经济利益，其主要目标就是努力促成一套有利自身行动的规则，尤其是将北约作为美国全球安全战略服务的工具，巩固整体国家利益的需要。

第五节 案例总结：新干涉主义的特征

中东对美国是极具战略重要性的地区。美国在中东的利益是十分明确的，即保证自己在该地区的主导地位，防止出现地区霸权，遏制对美敌对的国家，必要时改变这些国家的政权。当萨达姆在对美国利益攸关的地区公然吞并科威特、严重违反国际法时，美国便将这样一个麻烦制造者贴上了"敌人"的标签。"政权更迭"也就成为了美国此后对伊拉克政策的核心目标。"维护利益"、"制裁暴君"，国家利益和意识形态动机充分结合在一起，为美国对伊拉克的行动划定了基本路线。因此，尽管在不同时期采取的具体政策手段不同，即或者谨慎地寄希望于伊拉克发生内乱，或者莽撞地直接出兵入侵，但对伊政策的核心目标从来没有改变。

同时也要看到，由于权力不受制约，美国对伊拉克政策脱离了合理的国家利益要求范畴。老布什谨慎地对待伊拉克，不愿意直接涉足这个复杂的地区。克林顿则在打击伊拉克问题上的表现较为积极，在任内扩展了禁飞区范围，还发动了"沙漠之狐"行动，但仍然以空袭为主要手段。为了消灭树立已久的敌人，小布什全然不顾主要大国，甚至部分盟国的反对，直接出兵入侵伊拉克。从成本—收益计算，入侵伊拉克的行动是不划算的。但在更深层次的意识形态鼓动之下，消灭一切邪恶敌人的动机占据了上风。

联合国难民事务高级专员绪方贞子（Sadako Ogata）曾称赞禁飞区

---

① 刘建飞：《美国与反共主义——论美国对社会主义国家的意识形态外交》，北京：中国社会科学出版社，2001年版，第197页。

"是一个成功的人道主义干涉案例"①。如果从行动效果看,禁飞区计划的确在客观上保护了伊拉克库尔德人和什叶派穆斯林。然而作为美国"政权更迭"目标中的一环,保护人权目标的选择性更强。长达十几年的经济制裁给伊拉克人民造成了更为严重的人道灾难,"以石油换食品"计划进展艰难,再到如今的战火蔓延不熄。这种"美国制造"的人道灾难再一次说明,在推动美国对外干涉的根本动机中,人权因素不在其列。伊拉克成为了一个国家利益和意识形态动机相互推动的典型案例。

与此类似,我们在科索沃看到的干涉是一场超级大国及其盟国主宰弱小国家命运的现实演绎。推动美国实施干涉的动机是复杂的,其中包含了在不同分析层次上的因素:如决策者的价值观、媒体和舆论的影响、国内政治因素,等等。做出具体干涉决定往往是这些因素综合作用的结果。然而在众多影响因素中,有一条主线是明确的,国家利益和意识形态动机仍然发挥着根本性作用。

从国家利益需求来说,美国打击南联盟带来的实际收益并不明显。已经分崩离析的南联盟,尽管其与俄罗斯具有种种传统联系,但却并没有能力在欧洲对美国利益构成迫切和现实的威胁。而且从程度高低衡量,科索沃民族冲突带来的人道危机也远远逊于同一时期在非洲等地发生的饥饿和难民问题。然而,因为这一事件发生在对美国国家利益具有重要影响的欧洲,自然就成为了政策关注的焦点。

美国在科索沃的行动是维护霸权的长期利益与民族意识形态相混合的产物。作为霸权国,美国不能容忍在这一地区存在反对美国领导的国家,并且动用各种方法巩固和维持自身地位。当南联盟在科索沃问题上坚持强硬立场,并造成了西方舆论眼中的"人道主义灾难"时,美国民族意识形态中的"救世主"情结将南联盟领导人看成必须消灭的邪恶的一方,从而强化了实施干涉的倾向。由于缺乏有效外部制约,美国可以依据自己的主观意志和利益计算对他国采取行动,而无视国际法和国家主权规范的限制,这对现行国际秩序构成了最严重的挑战。

---

① Thomas Weiss, *Military—Civilian Interactions: Intervening in Humanitarian Crises*, Oxford: Rowman & Littlefield, 1999, p. 68.

第六章　达尔富尔问题与中国外交的应对

2003年爆发的苏丹达尔富尔（Darfur）问题包含了较为复杂的历史和现实原因。美国等西方国家严厉指控苏丹政府支持当地阿拉伯民兵对信奉原始宗教和基督教的黑人定居者进行屠杀和掠夺行动。尽管西方国家并没有直接使用武力干涉达尔富尔，但其舆论和法律准备已经十分充分。西方主流媒体、文化界等早已形成了一致声讨苏丹政府的声音。2008年7月，国际刑事法院检察官要求发布对苏丹总统巴希尔的逮捕令。2009年3月，国际刑事法院以巴希尔涉嫌在达尔富尔地区犯有战争和反人类罪，正式发布了国际逮捕令。国际刑事法院首次对一个主权国家的现任元首发布逮捕令引起了国际社会态度的两极分化。西方国家政要和人权组织叫好声不断，而第三世界国家则更多表现出了对能否真正解决当地问题的担忧。2011年，作为苏丹内战的最终结果，苏丹南部10个州通过全民公投宣布独立，成立南苏丹共和国。

西方国家在关注达尔富尔问题的同时还附带着对中国的指责。西方国家认为中国是苏丹政府的主要支持者，因此将达尔富尔问题迟迟不能解决归咎于中国在联合国等场所的阻挠。西方对中国在国际人道主义事务上的非难较为充分地表现了其在现实利益和意识形态相互作用下实施的人权外交以及其中蕴藏的人道主义干涉倾向。同时，深入分析达尔富尔问题也为中国今后处理相关问题提供了最直接的参考。

本章将首先梳理导致苏丹达尔富尔问题爆发的因素，之后对西方介入这一问题的原因进行分析，最后将评估中国所受到的外部压力以及做出的反应。

第一节　达尔富尔冲突的缘起与发展

达尔富尔问题爆发的原因错综复杂,其中包含了历史宿怨和现实环境等多方面的因素。由于外部势力的介入,达尔富尔问题从一国的内部事务发展成了高度国际化和政治化的焦点事件。

一、达尔富尔冲突的根源

苏丹一度是非洲面积最大的国家。2011年1月,南部苏丹举行了独立公投,超过60%的南部苏丹人选择从苏丹分离。7月9日,在经过6个月的过渡期后,南苏丹共和国正式独立,联合国随即接纳其为第193个成员国。苏丹共和国正式一分为二。南苏丹独立前,苏丹全国人口约4000万,其中阿拉伯人占39%,黑人占52%。北方苏丹人主要信奉伊斯兰教,而南方居民大都信奉原始部落宗教,另有少部分信奉基督教。从这一数据可以看出,苏丹南北方在种族和宗教信仰上有着巨大的差异。这也是苏丹内部冲突频繁的一个重要原因。产生这种两极化现象的根源在于苏丹获得独立前英国殖民统治者的"分而治之"政策。从1924年起,英国殖民者规定:北纬10°以北的苏丹人不能前往南方,北纬10°以南的苏丹人不能前往北方。这种政策的目的在于阻止北方伊斯兰教向南部扩展,另一方面也有利于基督教在南部的传教活动。英国人的殖民政策无疑固化了苏丹南北方的差异,并直接导致苏丹独立后相继爆发了两场旷日持久的内战。

2001年"9·11"事件后,苏丹总统巴希尔转变原来激进的对外政策,积极配合美国反恐,驱逐了国内的极端组织。这一做法得到了美国的欢迎。在以美国为代表的国际社会的斡旋下,苏丹南北方于2005年签订了《全面和平协议》,结束了长达二十余年的内战。然而这一和平协议就其本质而言仍然是在外部压力下达成的妥协,并没有彻底解决南北方的矛盾。因而在和平协议签订后,双方仍有不同程度的冲突发生。在南北冲突的大背景下,达尔富尔问题成为了苏丹内部冲突的集中爆发点。

在南苏丹独立之前的数年间,由于被认定发生了"种族屠杀",苏丹几乎一直是西方媒体报道最多的非洲国家。达尔富尔地区位于苏丹西部,由3个省份组成,面积约50万平方公里。该地区种族部落繁多,主要包括生活在北部信奉伊斯兰教的阿拉伯人,以及生活在南部信奉原始宗教和基督教的黑人。达尔富尔在阿拉伯语中的意思是"富尔人的家园",富尔部族是该地区最古老、最主要的原住民。从13世纪中叶起,穆斯林开始征服该地区,15世纪前后当地建立起了"富尔王国"。随后几百年间,它先后被埃及、奥斯曼帝国和英国控制。1917年,达尔富尔被正式并入英国统治下的苏丹。[1]苏丹南北方分离后,达尔富尔地区仍然属于苏丹领土。

联合国秘书长潘基文在2007年曾发表一篇关于达尔富尔问题的文章。文章指出,气候变化造成的食物和水资源匮乏等生态危机是达尔富尔问题的起因,解决冲突就必须从造成冲突的根源着手。[2]历史上的苏丹曾雨水丰沛、土地肥沃。黑人与阿拉伯人各自以农业和游牧业为生,双方交流正常,很少产生冲突。但到20世纪六七十年代,随着人口膨胀、放牧过度,这里的荒漠化现象加剧,习惯于逐水而居的阿拉伯牧民被迫南迁,并因争夺水草资源与当地黑人部落发生冲突。80年代中期至90年代初,干旱袭击了苏丹大部分地区,达尔富尔等西部省份情况尤其严重。阿拉伯族居民与当地黑人部落之间因争夺土地和水源而冲突增多。由于武装冲突长期不断,该地区许多地方一直处于混乱状态。在长期的冲突中,达尔富尔人分为两派,一派是以黑人为主的定居者,另一派则以游牧的阿拉伯人为主。达尔富尔地区黑人居民相继成立了两支武装力量,以政府未能保护土著黑人的权益为由,要求实行地区自治,与政府分享权力与资源,展开反政府武装活动。2003年,北达尔富尔州首府被反政府武装攻陷,达尔富尔危机爆发。很多西方媒

---

[1] 许亮:《达尔富尔问题研究新视角——〈透析达尔富尔〉评介》,载《西亚非洲》2007年第11期,第75页。

[2] Ban Ki Moon, "A Climate Culprit in Darfur", *Washington Post*, Jun. 16, 2007. http://www.washingtonpost.com/wp-dyn/content/article/2007/06/15/AR2007061501857.html.

体在报道达尔富尔危机时有意无意地忽略了冲突的历史背景,认为达尔富尔危机始于 2003 年,其实 20 世纪 70 年代末生态环境的恶化才是危机开始的源头。

为了击败反政府武装,苏丹政府军借助阿拉伯人武装与叛军作战。但这股民兵力量的参战实际上恶化了局势。它与反政府军之间的战事导致黑人部落与阿拉伯游牧部落在该地区的矛盾更加激烈。一旦反政府军获胜,达尔富尔地区的阿拉伯人将遭驱逐、打压或沦为"二等公民";反之,当地非洲黑人部落也将永无宁日。因此,战事的发展使对立双方日渐以种族划界,纷纷投靠各自阵营,使冲突染上了种族冲突的色彩。

潘基文的文章较为公正地揭示了达尔富尔危机爆发的根源是经济落后、资源匮乏、生态恶化等无法轻易解决的痼疾。在这一问题上,他与中国的看法是相似的。中国政府达尔富尔问题特别代表刘贵今表示,达尔富尔问题的实质不是种族屠杀,"达问题产生的根源是贫困和欠发达,只有解决了发展问题,才能促进达问题的最终解决"。[①]

另一方面,苏丹政府的社会治理方式也存在严重问题,这无疑也加剧了黑人与阿拉伯人之间的矛盾。在政治方面,喀土穆政权自苏丹独立之日起就掌握在阿拉伯人手中。非洲黑人在中央和地方都处于无权地位。而苏丹国家的统治者对于从 20 世纪 70 年代开始冒头的达尔富尔危机也没有进行合理与有效的管理,甚至还支持阿拉伯民兵对黑人村落展开军事行动。这在客观上导致冲突愈演愈烈。

在经济方面,苏丹政府一直重点投资中央地区而忽视了对其他地区的发展援助。因此其他地区的经济、教育和基础设施建设都远远落后于中央地区,处于被边缘化的地位。苏丹还是非洲的产油大国之一,但南达尔富尔省的石油收益也被喀土穆政府控制,地方无缘置喙。政治与经济上的不平等地位致使达尔富尔黑人对中央政府的不满与日俱增,这也成为了该地区冲突难以解决的重要原因。

应该说,达尔富尔冲突的原因在部分第三世界国家中具有典型意

[①]《中国政府达尔富尔问题特别代表刘贵今大使举行中外媒体吹风会》,中国外交部网站,2007 年 5 月 29 日,http://new.fmprc.gov.cn/ce/ceun/chn/xnyfgk/t466328.htm。

义。一方面,国家社会整体发展迟缓甚至停滞,贫穷、饥饿和环境恶化等问题导致人民生活困苦,成为产生冲突的深层根源。另一方面,政府治理出现问题,无法做到公正公平地化解社会矛盾,引发民众不满,导致社会动荡,进而直接引发冲突。因此,面对这一类汇集了政治、经济、宗教,以及种族因素的事件,仅仅依靠控制冲突本身是无法彻底解决的。

二、西方国家介入——达尔富尔问题的国际化

从历史上看,西方国家对于整个苏丹的关注由来已久。苏丹于1956年独立后同西方的关系就较为紧张,后来还一度同美国断交。现任苏丹总统巴希尔1989年通过军事政变上台。上台之后巴希尔还同时兼任总理、武装部队总司令和国防部长等职务,集军政大权于一身,并从1993年起连选连任总统至今。因此在西方眼中,巴希尔政权从一开始就带有"原罪",巴希尔是"非法"的"暴君"和"独裁者"。[1]巴希尔上台后还在全国范围内推广伊斯兰教法,被认为是伊斯兰原教旨主义的支持者。1993年美国国务院将苏丹列入"支持恐怖主义国家"名单中,并从1996年开始对苏丹实施制裁。[2]

然而达尔富尔爆发军事冲突伊始,西方国家政府并没有立即做出反应。联合国相关机构在达尔富尔冲突爆发之初就以提出报告等形式要求国际社会关注当地局势。然而这些呼吁并没有得到足够的回应。联合国人权事务高级专员办事处(OHCHR)于2003年3月发布了第一份关于苏丹事务的报告。同年9月,联合国发起了一次为达尔富尔筹款的活动。然而这些活动并没有引起国际社会对达尔富尔问题的关注。整个国际社会在2003年中对达尔富尔问题始终"保持着安静"。[3]

---

[1] 参见 David Blair, "Sudan Dictator Omar al-Bashir Committed Darfur Genocide", *Telegraph*, Jul. 14, 2008, http://www.telegraph.co.uk/news/worldnews/africaandindianocean/sudan/2403770/Sudan-dictator-Omar-al-Bashir-committed-Darfur-genocide.html.

[2] "State Sponsors of Terrorism", U. S. Department of State. http://www.state.gov/s/ct/c14151.htm.

[3] Darren Brunk, "Dissecting Darfur: Anatomy of a Genocide Debate", *International Relations*, Vol. 22, No. 25, 2008, p. 28.

从2003年冲突开始之后长达一年多的时间里,美、英、法等主要西方国家政府几乎没有对达尔富尔发生的冲突做出过正式回应。同样,西方民间对于达尔富尔问题看上去也毫无兴趣。根据统计,2004年3月,英国全国范围内的报纸仅刊登了2篇涉及达尔富尔的消息。[1]《纽约时报》在同一时期刊登了5篇标题包含"达尔富尔"一词的报道和社论。[2]然而这种漠不关心的情况从2004年4月开始发生了戏剧性的变化。英国媒体在4月至6月底的时间段中刊登了334篇标题包含"达尔富尔"的文章。《纽约时报》的文章在4月上升到12篇。《华盛顿邮报》、法国《世界报》(le Monde)和CNN的报道也具有同样的增长趋势。[3]

西方官方和民间对达尔富尔的关注可谓在一夜之间发生了大转变。从政界、学界到非政府组织、新闻媒体,全都对达尔富尔投入了巨大精力。小布什总统在此期间针对达尔富尔问题第一次发表讲话,要求制止苏丹政府进行的"种族灭绝"行动。人权组织"国际危机组织"(International Crisis Group)在2004年3月发表了第一份关于达尔富尔冲突情况的调查报告:"达尔富尔问题浮现:苏丹的新危机"。[4] 4月初,另一个活跃的人权组织"人权观察"(Human Rights Watch)也发布了对于危机的研究报告,强调国际社会需要纠正危机产生的根源。[5]

有研究认为,整个西方态度的转变在很大程度上源于美国态度的

---

[1] Lexis Nexis Search, March 1st, 2004 to March 31st, 2004. http://web.lexis-nexis.com/professional.

[2] The New York Times Archive Search, March 1st, 2004 to March 31st, 2004. http://query.nytimes.com/search/query? frow=0&n=10&srcht=a&query=&srchst=nyt&submit.x=48&submit.y=1&submit=sub&hdlquery=Darfur&bylquery=&daterange=period&mon1=03&day1=01&year1=2004&mon2=03&day2=31&year2=2004.

[3] Darren Brunk, "Dissecting Darfur: Anatomy of a Genocide Debate", p. 29.

[4] ICG Report, *Darfur Rising: Sudan's New Crisis*, March 25, 2004. http://www.crisisgroup.org/home/index.cfm? id=2550.

[5] HRW Report, *Darfur in Flames: Atrocities in Western Sudan*, Apr. 2, 2004.

变化。①美国各种势力在达尔富尔问题升级和国际化过程中起到了重要作用,其中美国政府的立场变化十分关键。而导致美国立场变化的选举因素不容忽视。随着大选临近,小布什政府对于达尔富尔冲突从外部观察者和批评者转变为了积极参与者。2004 年是卢旺达大屠杀 10 周年,整个国际社会正在对这一事件进行反思。国际人权组织等团体将达尔富尔比作另一个卢旺达,立即凸显了解决达尔富尔问题的紧迫性和重要性。一方面,小布什政府可以借克林顿当年处理卢旺达事件反应迟缓在国内攻击民主党政策,另一方面,小布什希望通过高举人道主义旗帜、强力宣导"维护人权"来获取更多支持,改变其在反恐战争中穷兵黩武的单边主义政策造成的恶劣影响。最后,高调介入达尔富尔问题还可能获得国内宗教团体、黑人和人权组织的支持,争取更多选票。因而达尔富尔成为了小布什政府挽回自身形象、获取利益的一个最佳场所。

美国政府因而开始强势介入达尔富尔问题。小布什总统 4 月发表声明,公开要求苏丹政府制止达尔富尔地区"针对当地原住民的野蛮行径"。美国国会在 7 月将达尔富尔冲突界定为"种族大屠杀"。美国调查团继而在 9 月认定了国会的界定。②美国政府以苏丹政府犯有战争罪行为由多次在联合国安理会推动对苏丹政府的制裁。但由于中国坚持不能贸然对苏丹实施制裁措施,美国在安理会的提案均未能通过。中国在联合国的态度是日后遭到西方指责的重要原因。这将在下文中进行分析。在通过安理会实施制裁不成后,美国单方面开始了对苏丹的制裁行动。美国宣布禁止本国公民和企业同苏丹政府控制的国营和合资公司进行贸易往来。2007 年 6 月,小布什总统在出席八国集团峰会时表示,"如果联合国不能在达尔富尔问题上采取有效行动,美国将

---

① 参见 Darren Brunk, "Dissecting Darfur: Anatomy of a Genocide Debate"; Linda Melvern, "Rwanda and Darfur: The Media and the Security Council", *International Relations*, Vol. 20, No. 1, 2006; 王建伟:《中美在处理苏丹达尔富尔问题上的冲突与合作》,载《美国问题研究》2008 年第 1 期。

② 罗建波、姜恒昆:《达尔富尔危机的和解进程与中国国家形象的塑造》,载《外交评论》2008 年第 3 期,第 45 页。

自己采取行动",包括考虑在苏丹实施"禁飞区"。①

相对于美国的制裁和武力恫吓,英、法、德等欧盟成员国主要强调在外交谈判的基础上政治解决达尔富尔问题。欧盟外交部长会议多年来不断通过决议,对达尔富尔问题表示忧虑,呼吁各方停止暴力冲突、保障平民安全和确保人道主义行动顺利进行。同时,欧盟也希望通过向达尔富尔地区派遣维持和平部队,协助解决当地的人道主义问题。②

另外,美国的人权组织和社会活动家在这一过程中也起到了推波助澜的作用。如好莱坞明星安吉丽娜·朱莉、米亚·法罗,著名导演斯皮尔伯格等人都积极呼吁国际社会关注达尔富尔问题。西方社会名流们纷纷在达尔富尔问题上表达意见,其对公众舆论的引导作用不容小觑。以美国为基地的"拯救达尔富尔运动"更是整合了人权组织、社会精英和宗教团体的力量,主张对该地区实施人道主义干涉,阻止"种族清洗"和"大屠杀"。③

三、政治解决的进展与挫折

尽管美国一直坚持认为达尔富尔发生了"种族灭绝",在处理该地区问题上保持着强硬的立场,但国际社会处理达尔富尔问题的主线仍然是在政治谈判的基础上进行的。其中,联合国和非盟的作用较为显著。

作为维护国际和平与安全的权威机构,联合国多次讨论了达尔富尔问题并做出了相关决议。在国际社会的积极斡旋下,苏丹政府和达尔富尔两大反政府武装"苏丹解放军"和"正义与平等运动"先后举行了多轮谈判,并于2004年4月在乍得首都达成了停火协议。根据协议,非盟向达尔富尔派驻了7000人的维和部队以监督冲突各方遵守停火协议。

2006年5月5日,经过7轮谈判之后,苏丹政府代表团与"苏丹解

---

① Caren Bohan, "Bush Considers No—fly Zone for Darfur an Option", *Reuters*, Jun. 6, 2007, http://www.alertnet.org/thenews/newsdesk/L06911094.htm.

② David Brunnstrom, "EU Urges Fast Darfur Transition, Constructive Talks", *Reuters*, Aug. 1, 2007.

③ 王健、汪舒明:《美国犹太人与"拯救达尔富尔运动"》,载《现代国际关系》2008年第7期。

放军"的主要派别在尼日利亚首都阿布贾签署了《达尔富尔和平协议》。达尔富尔和平进程取得了重大进展。根据这项协议,反政府军将被解散。同年11月,苏丹政府原则上同意在达尔富尔地区部署联合国和非盟混合维和部队的"安南三阶段方案"。

2007年7月31日,联合国安理会一致通过第1769号决议,决定向苏丹达尔富尔地区派遣约2.6万人的联合国和非盟混合维和部队。根据决议,这支部队将由2万名军人及6000名警察和文职人员组成,其任务期初步定为12个月,以取代自2004年开始部署在那里的非盟维和部队。决议援引《联合国宪章》第七章,授权维和部队在必要时使用武力,用以自卫和保护人道主义救援人员和平民的安全。① 8月1日,苏丹政府宣布接受联合国安理会决议,并将同联合国和非盟合作落实决议。在混合维和部队中,中国提供了300人的工兵部队。

就在苏丹达尔富尔局势趋向缓和,和平进程取得重大进展,苏丹政府也开始配合国际社会的外交努力时,国际刑事法院首席检察官却于2008年7月指控苏丹总统巴希尔犯有战争罪和反人类罪,请求法院发布逮捕令。国际刑事法院于2009年3月正式宣布接受对巴希尔的控罪申请,发布国际逮捕令。国际刑事法院发言人称,预审分庭的法官认为,在2003年7月至2008年7月期间,巴希尔作为苏丹总统和苏丹武装部队总司令,涉嫌蓄意下令对苏丹达尔富尔地区的平民发动袭击。逮捕令上列举了巴希尔7项罪行,包括5项反人类罪和2项战争罪。国际刑事法院敦促苏丹政府积极配合国际刑事法院逮捕并移交巴希尔,并称如果苏丹政府拒绝合作,法院可能做出有关苏丹政府不合作的裁定,并将此事提交给联合国安理会。②

逮捕令发布后,美国、英国、法国、德国和加拿大等西方国家对这一决定表示欢迎。而不少国家和组织都对国际刑事法院的决定表示担忧。非盟和阿盟都对巴希尔表示支持。埃及外长表示安理会应当承担起相应的责任,确保苏丹的和平。他呼吁联合国安理会召开紧急会议,

---

① UN S/ Res. 1769, http://www.un.org/chinese/aboutun/prinorgs/sc/sres/07/s1769.htm.

② 《国际刑事法院对苏丹总统巴希尔发出逮捕令》,新华社,2009年3月5日。http://news.xinhuanet.com/world/2009-03/05/content_10944724.htm。

商讨延缓国际刑事法院执行其决定。俄罗斯总统驻苏丹特使也认为，国际刑事法院的这一举动开了一个"危险的先例"，可能对苏丹以及整个地区的局势产生消极影响。①中国外交部发言人在例行记者会上也表示，中国一贯主张国际刑事法院的有关举措应有利于苏丹局势的稳定以及达尔富尔问题的妥善解决。②

国际社会的担忧并非杞人忧天。这是国际刑事法院自 2002 年 7 月成立以来，第一次对一国的现任国家元首发出逮捕令。这一事件无疑给全面彻底解决达尔富尔问题蒙上了阴影。巴希尔对于国际刑事法院发布的逮捕令嗤之以鼻，指责某些西方国家奉行双重标准，企图利用国际刑事法院干涉苏丹内政，破坏苏丹的和平与稳定。③而苏丹政府重申其并非《国际刑事法院罗马规约》的签署国，因此不接受该法院的管辖。苏丹与西方国家，尤其是美国的关系原本就十分紧张。苏丹政府曾经以怀疑"具有殖民主义动机"为由拒绝了西方国家参与混合维和部队，表示只接受中国和巴基斯坦军人。国际刑事法院的决定更被苏丹政府看作是"白人法庭"的偏见，进一步降低了其与西方改善关系的可能。

更重要的是，国际刑事法院的决定还直接动摇了国家主权原则，对现行国际秩序的基础构成了严重威胁。④国际刑事法院发布的逮捕令虽然与武力直接干涉别国内政仍有差别，但在一定程度上代表了西方宣扬已久的"人权高于主权"的人道主义干涉理念在与联合国系统密切相关的国际法律实践中得到了运用，为西方大国突破主权原则提供了一个十分危险的先例。

---

① 《国际刑事法院对苏丹总统巴希尔发出逮捕令》，新华社，2009 年 3 月 5 日。http://news.xinhuanet.com/world/2009—03/05/content_10944724.htm。
② 《2009 年 1 月 8 日外交部新闻发言人秦刚举行例行记者会》，中国外交部网站。http://www.fmprc.gov.cn/chn/gxh/tyb/fyrbt/jzhsl/t530933.htm。
③ 《苏丹表示将继续与联合国保持合作》，新华社，2009 年 3 月 5 日。http://news.xinhuanet.com/world/2009—03/05/content_10944831.htm。
④ 参见张睿壮：《警惕西方以"人道主义干预"为名颠覆国际秩序》，载《现代国际关系》2008 年第 9 期。

第二节　西方介入的原因分析

美国是介入达尔富尔乃至苏丹问题最为积极和深入的西方国家。正是在美国的极力推动下,达尔富尔问题才从苏丹国内冲突上升为国际热点问题。尽管美国等西方国家到目前为止仍然没有使用武力干涉苏丹内政,但其介入达尔富尔的方式充分体现了人道主义干涉理论与实践的特征。

一、西方介入的依据

美国等西方国家介入达尔富尔问题的首要依据是认为苏丹政府在该地区实施了"种族灭绝"。目前西方主流观点认为,在2003年至2006年的冲突中,已经有超过20万人死亡,大约200万人流离失所,350万人需要依靠人道主义援助生活。①人权组织指出苏丹政府在达尔富尔冲突中扮演了积极的角色。人权组织的调查认为,苏丹政府直接支持了阿拉伯民兵武装"贾贾韦德"(Janjawiid)的作战行动。从2003年至2004年初,政府军曾派出轰炸机、战斗机和武装直升机协同贾贾韦德的地面武装进攻"非阿拉伯人"村庄。②此外,政府军士兵甚至还直接参与了进攻,制造了大量伤亡及强奸、绑架和掠夺财产等罪行。③

对于苏丹政府的行为,美国从官方到民间都一口咬定其进行了有组织的"大屠杀"和"种族灭绝"行动。2004年9月,美国国务卿鲍威尔宣布苏丹达尔富尔地区的杀戮为种族灭绝,并认为苏丹政府和它支持

---

① 对于达尔富尔冲突造成的伤亡数字,各方给出的数据差异很大。如苏丹政府统计截至2007年,大约7000人在冲突中死亡。英国议会委员会的调查结果是大约30万人死亡。一些人权组织的估计数字更高。一般认为该地区冲突造成的伤亡约数十万人而不是数万人。参见 Darren Brunk, "Dissecting Darfur: Anatomy of a Genocide Debate", *International Relations*, p. 41.

② Human Rights Watch, "Darfur in Flames: Atrocities in Western Sudan", *Human Rights Watch*, Vol. 16, No. 5, Apr. 2004, p. 16.

③ United Nations, "Report of the United Nations High Commissioner for Human Rights and Follow Up to the World Conference on Human Rights: Situation of Human Rights in the Darfur Region of the Sudan", May 2004, p. 12.

的阿拉伯民兵难辞其咎。①小布什总统也多次发表谈话,认为当地进行的是"种族灭绝大屠杀"。如他在 2005 年 7 月接受记者采访时就声称,美国"是一个将那里的情况视为种族灭绝大屠杀的国家……我们对达尔富尔的局势给予十分严重的关注"。②赖斯则认定达尔富尔地区的人道危机规模空前,她表示:"有些人显然在苏丹犯有反人类罪,必须将犯下这些罪行的人绳之以法"。③在民间,媒体、人权组织和一些个人也认为苏丹政府是制造达尔富尔冲突的罪魁祸首。然而,民间组织的信息来源却值得怀疑。因为从达尔富尔冲突爆发以来,苏丹政府几乎驱赶了所有西方国家的人权组织以及志愿者。这些民间组织无法得到第一手资料,其消息大都来源于本国政府和人道主义干涉倡导者们的宣传。

因此,对于"种族灭绝"和"大屠杀"的说法,有研究者提出了异议。他们认为,在达尔富尔爆发的是政府军同反政府武装之间的内战,并非有组织的"种族灭绝"。联合国和欧盟的调查团发现在达尔富尔的确存在严重的人道灾难,然而造成灾难的就是战争本身,不是所谓的"种族灭绝"行动。④这些调查团发现叛军一样对平民犯下了很多违背人道主义的严重罪行。调查团还指出,苏丹政府并不具备实施种族灭绝的意图。这是判定"种族灭绝罪"的关键性指标。在苏丹,60%的军队和警察是黑人,而叛军中也有对喀土穆政权不满的阿拉伯人。根本无法将政府军与反政府军间的战斗看作是针对某一特定群体(如黑人)的屠戮行为。另外,也有研究表明,反政府武装得到了同样在人权领域受到批评的乍得政府的支持,其根本动机是要削弱苏丹政府。⑤因此,达尔富尔局势的根本属性是国家内战,不能轻易用"种族灭绝"来描述。

"种族灭绝"被认为是人类历史上最严重的罪行之一。"Genocide"

---

① Glenn Kessler and Colum Lynch , "US Calls Killings in Sudan Genocide; Khartoum and Arab Militias Are Responsible, Powell Says", *Washington Post*, Sep. 10, 2004.
② 参见王建伟:《中美在处理苏丹达尔富尔问题上的冲突与合作》,第 54 页。
③ 同上。
④ 沙伯力、金健强著,吴铭译:《斯蒂文·斯皮尔伯格,中国和达尔富尔》,载《国外理论动态》2008 年第 6 期。
⑤ Huseyin Akturk, "Humanitarian Intervention in Darfur: A Viable Option?", http://www.turkishweekly.net/op−ed/2419/humanitarian−intervention−in−darfur−a−viable−option.html.

一词最初融合了希腊文"genos"(意为"种族"、"部落")和拉丁文"cide"(意为"谋杀"),是专门针对纳粹德国大规模、有计划地屠杀犹太人而创造出来的。①联合国于 1948 年通过了《防止及惩治灭绝种族罪公约》,使之成为世界公认的具有法律意义的犯罪行为,被扣上"实施种族灭绝"帽子的政府和个人无异于可以"人人得而诛之"的"全民公敌"。正因如此,"种族灭绝"就不再是一个单纯的法律概念,它总是被渲染成一个具有强烈意识形态倾向的政治问题,成为大国操弄和政治斗争的牺牲品。大国回避卢旺达种族灭绝问题的逻辑现在又反向施加到了达尔富尔问题上。"种族灭绝"在西方多种势力的共同鼓噪下形成了看待达尔富尔问题的主流观念,为西方国家未来可能采取的行动提供了充分的理论和舆论准备。

三、介入动机的分析

以美国为首的西方国家为什么会如此强势地介入达尔富尔问题呢?除了选举需要和国际人权运动的持续推动等因素外,行为者的动机还有值得深入探讨之处。

首先,美国在苏丹的战略和经济利益因素不容忽视。从战略层面上看,从"9·11"事件之后,非洲在美国外交政策中的地位有上升趋势。正如在第五章中提到的,非洲在反恐和能源等问题上对美国的重要性在不断加强。2006 年 12 月,美国总统小布什委派辛迪·考维尔为驻非洲联盟的特使。这是第一个非洲以外国家向非盟委派专职特使。②她在接受采访时表示,自己被任命为驻非洲联盟特使显示了非洲的战略重要性与日俱增。她认为美国进口石油总量的 15% 来自于非洲,因此具有十分重大的经济利益。

从反恐的角度看,苏丹并没有构成对美国的现实威胁。巴希尔总统通过政变上台后执行了激进的对外政策,苏丹国内政治势力同极端主义组织之间也有着千丝万缕的联系,因而在"9·11"事件之前,苏丹与美国的关系一度十分紧张。1998 年美国在其驻坦桑尼亚和肯尼亚

---

① 王锁劳:《达尔富尔"灭绝种族论"剖析》,载《亚非纵横》2008 年第 6 期,第 22 页。
② 王建伟:《中美在处理苏丹达尔富尔问题上的冲突与合作》,第 46 页。

大使馆遭遇"基地"组织的恐怖袭击之后,指责苏丹也卷入其中,轰炸了苏丹首都喀土穆的一家制药厂,造成了人员伤亡。但从"9·11"事件之后,苏丹政府一反先前政策,在反恐问题上与美国保持了合作态度,两国关系开始有所缓和。美国中央情报局与苏丹情报部门保持着畅通的工作关系。美国还直接介入推动苏丹南北和平谈判,帮助双方达成了《全面和平协议》。

因此,石油因素是很多观察者认为美国积极介入达尔富尔问题的一个重要动机。苏丹的地质条件得天独厚,具备形成大型油田的潜质,据估计其石油储量可能居世界第二位。但由于技术力量薄弱和战乱原因,苏丹石油开发进程较为缓慢,直到 1999 年,在中国石油天然气公司的帮助下,第一批苏丹原油才离开出口码头。① 由于石油开采和出口的深入进行,苏丹国民经济状况有所好转。英国《经济学家》杂志 2007 年的一篇文章指出,"很少有哪个国家像苏丹这样,在如此短的时间受益于'黑金'的魔力如此之多。在过去 7 年,苏丹摆脱了 20 世纪 90 年代初濒临崩溃的状态,其 GDP 增加了两倍,这全部拜赐于石油的发现和开采。它如今是非洲增长最快的经济体。流光溢彩的办公楼在首都喀土穆多了起来"。②

事实上,由于美国在 20 世纪 90 年代初就将苏丹列入了支持恐怖主义名单,并对苏丹实施过军事打击和经济制裁,因此苏丹石油行业被中国、马来西亚、印度和加拿大等国主导,美国石油公司早就被排除在分享苏丹石油收益之外。因此美国石油公司急切希望能够返回苏丹。美国政府借达尔富尔问题恢复对苏丹的影响的动机是存在的。

除了现实的利益追求之外,美国等西方国家的意识形态也发挥了至关重要的作用。从自由主义意识形态出发,美国和西方国家对于巴希尔政权这类"独裁者"和"流氓政权"的基本态度是憎恶和鄙视。这种情绪在相关政府和人权组织有意识的引导下转变为了对其所有"恶行"的无需分辨即加以认定。这种好莱坞式的"好人"或"坏人"的简单两分

---

① 中国驻苏丹使馆经商处:《中石油在苏丹石油项目的来龙去脉》,2002 年 5 月 8 日。
② "Sudan: The Oil Factor", *Economist*, Jun. 23, 2007. http://www.economist.com/world/middleeast-africa/displaystory.cfm?story_id=E1_JPSSNNS.

法正是苏丹"种族灭绝论"能够在西方世界迅速蔓延的重要原因。当通过西方媒体和人权活动家向其听众们反馈"亲眼所见"的达尔富尔地区的人道主义灾难情况时,一种发自内心的拯救情绪油然而生。①没有人会关注不同声音,更不会有人听取当事者的辩解。在人权和道义语言之下,对苏丹的指责和恐吓已经违背了基本事实和国际关系准则。因此,苏丹总统巴希尔才会在2005年联合国大会上抨击关于达尔富尔是"虚构的暴行"的谎言,带有强烈意识形态色彩的犹太团体是制造这些谎言的源头。②当国际刑事法院发布对巴希尔的逮捕令后,苏丹常驻联合国代表愤怒地说:"事实上,安理会今天没有解决达尔富尔的责任问题。相反,它揭露了一个事实,即刑事法院的原始意图是针对发展中国家和弱国的,它是一个实施文化优越性和强加文化优越性的工具。这是那些认为在这个充满不公正和暴政的世界上垄断优越的人的工具。"③

政治和民族意识形态相结合为美国等西方国家介入达尔富尔问题提供了强有力的支持。美国不断在联合国安理会提交制裁和排除维和部队的决议案,欧洲国家也纷纷表示了对达尔富尔人道主义状况的关注。国际整体舆论环境完全被西方世界主导。正是在这一条件下,西方指责的矛头指向了中国。而由于在达尔富尔问题中牵涉到所谓的"中国因素",西方国家在有关达尔富尔问题的讨论中更加热衷于谈论"中国的责任"和"中国威胁"。

第三节 中国面临的压力及其应对措施

在达尔富尔问题上,美国等西方国家不仅指控苏丹政府,也连带指责中国为苏丹提供支持,阻碍联合国的行动,是造成达尔富尔问题迟迟无法解决的帮凶。这是改革开放以来中国第一次与西方世界在国际人

---

① 参见王健、汪舒明:《美国犹太人与"拯救达尔富尔运动"》。
② American Jewish Committee, *American Jewish Year Book*, 2007, New York, 2007, p.73.
③ 转引自王锁劳:《达尔富尔"灭绝种族论"剖析》,第25页。

道主义事务上的碰撞,也是中国实力不断增长、海外利益不断扩展,以及企业实施"走出去"战略过程中遭遇到的重大挑战,对中国与苏丹的正常投资贸易关系,乃至对中国的国家形象构成了很大的威胁。因此,中国在这一问题上的应对措施值得我们进行认真的反思和探索。

一、西方对中国的指责和压力

中国与非洲国家有着传统的友好合作关系。中国同苏丹的政治、经济联系也十分密切。但恰恰是这种友好关系成为西方在达尔富尔问题上指责中国的借口。西方国家在"中国威胁论"的基础之上指控中国在非洲实施的是"新殖民主义"。反过来,由于沾染了"中国因素",达尔富尔问题在国际上的影响也急剧上升,成了所谓的"焦点"问题。

西方的指责集中于中国在联合国安理会中反对对苏丹采取制裁措施。由于中国认为达尔富尔问题的根源在于发展落后,该地区存在人道主义危机但并非"种族灭绝",这一事件属于苏丹内政。因此中国的最初立场是认为外部势力不应该过多干涉,即使干涉也须由地区性组织,如非盟来承担,同时坚决反对强制性制裁措施。中国的这一立场在2004年7月安理会讨论中有较为明显的体现。当时美国向安理会提出了一项决议草案,提出如苏丹政府未能满足解除达尔富尔阿拉伯民兵武装并逮捕其领导人的要求,安理会将考虑对苏丹政府采取包括制裁在内的有关措施。中国不满美方提出这一草案,尤其是其中包含威胁对苏丹政府采取强制性措施的内容,因而投了弃权票。[①]同年9月,美国再次向联合国提出新的决议草案。中国方面希望美国对该决议草案进行修改,认为在当前形势下,施压并威胁使用制裁无助于问题的解决,只会增加复杂因素。[②]中国的态度被认为是为解决达尔富尔问题有意设置障碍。

西方主流媒体认为,中国之所以纵容苏丹政府,对"种族灭绝"漠不

---

① "Security Council Demands Sudan Disarm Militias in Darfur, Adopting Resolution 1556(2004) by Vote of 13－0－2", UN Press Release, Jul. 30, 2004. http://www.un.org/News/Press/docs/2004/sc8160.doc.htm.

② 《孔泉:中国希望美国修改达尔富尔问题新决议草案》,人民网,2004年9月14日。http://people.com.cn/GB/shizheng/1027/2784273.html.

关心,关键在于中国从苏丹获得了巨大的石油利益。①从 20 世纪 90 年代中期开始,中国石油公司在苏丹大量投资钻探和开采石油。应该说,正是中国帮助苏丹建设了完整的石油产业。中苏能源合作既是中国奉行"能源多元化政策"的结果,也是中国企业"走出去"战略的重要组成部分。这种合作也为苏丹带来了丰富的外汇收入,改善了其国内经济发展状况。从 2002 年以来,中国一直是苏丹的第一大贸易伙伴。2007 年,苏丹全年出口石油及石油制品 84.19 亿美元,其中向中国出口就高达 70 亿美元。②然而,正是这种双赢合作成为了饱受西方国家诟病的问题根源。

西方认为,中国正在非洲执行"新殖民主义"政策,中非贸易并没有改善当地人民的生活水准,中国同苏丹、安哥拉和津巴布韦等西方眼中"问题国家"的交往"阻碍了对这些国家的民主改造"。③这种论调究其实质,不过是早就被过度炒作的"中国威胁论"的翻版。它暗含了西方世界对中国实力大幅增长的担忧和恐惧,以及对中国这个具有不同意识形态的国家深入参与国际事务的不确定感。借由达尔富尔问题对中国施加压力,西方国家一方面希望就此"敲打"中国,使中国在对待与苏丹这类同西方世界格格不入的国家上有所顾忌;另一方面也促使中国进入"主流国际社会",按国际社会的"标准"活动。因此,西方对中国施加压力也表现出了"硬"和"软"的两面。

在"硬"的一面,西方国家国会、媒体和人权组织等对中国大加挞伐,并将很多关系中国切身利益的问题,如奥运会等,与达尔富尔联系在一起。如有美国学者将达尔富尔问题无法彻底解决归咎于中国,建议将"达尔富尔"与 2008 年北京奥运会挂钩,以便"迫使中国领导人做出选择:要么努力制止达尔富尔的灭绝种族,要么经常面对奥运会被作

---

① Peter Goodman, "China Invests Heavily in Sudan's Oil Industry", *Washington Post*, Dec. 23, 2004. http://www.washingtonpost.com/wp-dyn/articles/A21143-2004Dec22.html.

② 转引自孙学峰、金峰:《试析中国参与解决达尔富尔问题的基本方式》,载《国际论坛》2009 年第 3 期。

③ 参见 Albert Bergesen, "The New Surgical Colonialism: China, Africa, and Oil", in George Steinmetz ed., Sociology and Empire. Durham: Duke University Press, 2008. Khadija Sharife, "China's New Colonialism", *Foreign Policy*, Sep. 25, 2009.

为凸显中国犯罪的工具"。①设在巴黎的"记者无国界"组织和设在纽约的"保护记者委员会"也呼吁世界各国抵制北京奥运会。美国有专栏作家甚至将北京奥运会称为"种族灭绝奥运会"。②2007年5月,美国108名众议员和90多名参议员联名给中国国家主席胡锦涛写信,要求中国向苏丹施加压力。信中暗示,除非中国改变对苏丹政策,否则2008年北京奥运会可能变成中国形象的灾难。③

在另一方面,西方国家政府大多采用软性语言敦促中国对苏丹施加压力。它们不断在政策宣示中表明,中国在达尔富尔等问题上的立场和具体行动是评判其是否为国际社会中负责任大国的标准。如美国国务卿赖斯就表示,中国在非洲的影响日益增强,能够为帮助终止达尔富尔的种族灭绝大屠杀发挥重大作用。她表示对北京很有信心,"我确实相信中国政府现在将履行承诺,利用他们同喀土穆政府的关系力促政府推动'终止达尔富尔危机'"。④南北苏丹分离后,有分析者也提出,由于在苏丹存在巨大的石油利益,中国应该调停双方在边界及石油利益划分上的矛盾。⑤

无论西方世界所采用的方法如何,它们的目标都是一致的,即希望中国能够改变所谓的对巴希尔政权的支持,接受外部势力对苏丹内政的干涉。然而,坚持主权原则,反对干涉内政恰恰是中国外交的基本原则。在一直坚持的原则底线、长时期的双边友好关系以及现实的能源利益与越来越强烈的外部压力之间如何进行选择成为考验中国外交应变能力的重要课题。

二、中国的应对措施

中国在苏丹存在明显的政治经济利益,维持与苏丹政府的良好关

---

① Eric Reeves, "Push China, Save Darfur", *The Boston Globe*, Dec. 17, 2006.
② Nicholas Kristof, "China's Genocide Olympics", *The New York Times*, Jan. 24, 2008. http://www.nytimes.com/2008/01/24/opinion/24kristof.html?_r=1.
③ "Lantos, House Colleagues Send Strong Message to Chinese President, Demand Action on Darfur", US House of Representative, House Committee on Foreign Affairs, May 9, 2007.
④ 转引自王建伟:《中美在处理苏丹达尔富尔问题上的冲突与合作》,第64页。
⑤ Reem Abbas, "China Could Oil the Peace Process", Oct. 3, 2011, http://ipsnews.net/news.asp?idnews=105321.

系符合中国国家利益。中国不能也不应该轻易在外部压力下放弃这些利益。然而面对由西方国家指责所产生的巨大国际压力,中国在应对达尔富尔问题的具体措施上也进行了一些调整。

从 2006 年开始,中国开始较为积极和主动地参与达尔富尔问题的解决。2006 年 11 月,联合国秘书长安南提出了分三阶段向非盟驻达尔富尔部队提供支援的计划,即:第一阶段,联合国向非盟部队提供价值 2100 万美元的军事装备和物资,并派遣近 200 名军官、警官和文职官员,在非盟部队中担任参谋和顾问等职务;第二阶段,联合国支援非盟部队的人员和装备将达到一定规模;第三阶段,在达尔富尔完成部署联合国和非盟混合维和部队,其指挥权归联合国。中国对安南计划表示支持,认为这一计划是可实现的。2007 年 2 月,国家主席胡锦涛正式出访苏丹,同巴希尔总统进行了会谈,提出处理达尔富尔问题的四项原则,即尊重苏丹主权和领土完整;坚持对话和平等协商;非盟、联合国等应该在达尔富尔维和问题上发挥建设性作用;促进地区局势稳定,改善当地人民生活条件。①对联合国作用的强调意味着中国希望苏丹能够接受安南计划,认可联合国和非盟混合维和部队。

随后,中国又向达尔富尔地区派遣了 5 个特使团,外交部部长助理也多次访问苏丹。2007 年 5 月,中国政府任命刘贵今为非洲事务特别代表,全力围绕苏丹达尔富尔问题展开工作,劝说苏丹在接受安南三阶段方案上显示更多灵活性。②2007 年 6 月,苏丹政府表示同意接受联合国和非盟混合部队。中国在其中的外交努力至关重要。

中国的政策调整在一定程度上获得了美国政府的肯定和欢迎。美国副国务卿内格罗蓬特在 2007 年 10 月美中关系全国委员会的一次晚宴上表示,美国对中国在达尔富尔问题上的作用表示赞赏。美国负责东亚和太平洋事务的助理国务卿柯庆生 2008 年 3 月在国会作证时提出,"中国从一开始帮助苏丹政权避免国际压力,到与国际社会采取一致做法的转变具有重大意义。美国将继续敦促北京向苏丹施压,使之

---

① 《胡锦涛同苏丹总统巴希尔会谈》,《人民日报》,2007 年 2 月 3 日。
② 《中国政府达尔富尔问题特别代表举行中外媒体吹风会》,中国外交部网站,2007 年 5 月 29 日。http://ipc.fmprc.gov.cn/chn/zlk/t324245.htm。

接受和促进全面部署有助于提供这一安全保障的联合国与非盟混合部队。"① 当然也要看到,西方整体舆论对中国在达尔富尔问题上至今仍然存有偏见。"中国纵容苏丹实施屠杀"的印象在部分西方人的脑海中已经根深蒂固。这也是美国导演斯皮尔伯格公开宣布辞去北京奥运会开幕式艺术顾问时给出的重要说辞。他们往往根据长期以来媒体和人权组织所灌输的印象发表对中国的看法,反而并不关注中国真正做了什么。

中国在压力之下不得不对达尔富尔政策进行调整。但为了不对中国和苏丹关系造成实质性伤害,中国政府仍然维持了以政治对话方式解决问题,反对强制性干涉的基本立场。中国要求部署维和部队必须得到当事国的同意,否则就不可向其派遣军队。当事国"同意"是联合国维和行动三原则之一,是尊重和维护国家主权与领土完整的必要程序。然而,随着冷战结束,尤其是人道主义干涉理论与实践的发展,不经当事国同意而实施独断的干涉行动在西方国家的支持下越来越有取代传统维和行动的趋势。鼓吹在达尔富尔实施"人道主义干涉"的声音也得到了西方社会的广泛支持。因此,中国坚持尊重主权原则的立场也将受到越来越大的压力。从一定程度上看,这种压力是中国参与西方主导的国际社会时必须承受的。始终坚持以政治方式处理达尔富尔问题是中国在当前国际环境中维护自身利益、同时避免同西方世界直接冲突、适当缓和外部压力的最佳选择。

另一方面,中国还加大了对苏丹的人道主义援助力度。中国政府迄今向达尔富尔地区提供了 8000 万人民币的人道物资援助,并向非盟在达尔富尔地区执行维和的特派团捐款 180 万美元。② 中国政府的目的是希望通过加大资助力度解决冲突产生的根源问题。

三、评估中国的外交应对

从总体上看,中国在苏丹达尔富尔问题上的应对措施是符合中国国家利益与维护苏丹局势稳定要求的。然而,尽管中国在解决达尔富

---

① 转引自王建伟:《中美在处理苏丹达尔富尔问题上的冲突与合作》,第 67 页。
② 贺文萍:《苏丹达尔富尔问题与中国的作用》,载《西亚非洲》2007 年第 11 期。

尔问题上发挥了巨大的作用,仍有相当一批西方媒体和公众对中国在苏丹乃至在整个非洲的政治和经济活动持强烈的批评态度。之所以产生这些批评的声音,一方面可以理解为西方对中国当前在非洲发挥愈来愈大影响力的焦虑;另一方面,我们也可以从这些批评中发现在某些政策执行过程中的确出现了问题。

西方各种类型的批评体现了对中国崛起以及对外影响日益增加的忧虑。在美国等西方国家看来,随着中国实力的不断上升,中国的海外利益必然也会随之扩展,而这种利益扩展对西方意味着什么是具有不确定性的。对于美国而言,中国的崛起更具有对其霸权地位的潜在威胁。尽管中国不断宣示"不称霸"与"合作共赢"的外交战略,但美国对于中国的戒备从来都没有放松。这一点可以从美国政界和学界的各种谈话和报告中很明确地看出。正如前文所言,将中国在人权和人道主义事务中的行为大加鞭挞是西方的一贯做法,也是一种"行之有效"的策略。因此,外部批评源于中国崛起所产生的结构性矛盾。批评和施压是这种结构性矛盾的一种表现,很难从根本上消除。

另一方面,中国外交在执行中的确有值得反思之处。例如,从达尔富尔问题被国际化直至 2008 年奥运会前夕,中方对苏丹政府所做的工作仍不够充分。其中的关键因素可能在于对外交指导思想的理解有所偏差。实际上,坚持主权原则和不干涉他国内政并不妨碍中国在解决他国内部冲突中发挥建设性作用,如提供力所能及的人道主义物资援助、利用长期以来在当地形成的良好关系为双方谈判牵线搭桥、创造条件等方面,中方都可以有所作为。而且,这些做法与通过干涉的方式取得政策目标的思路是截然不同。此外,当西方开始热炒"达尔富尔问题"中的"中国因素"时,中方的解释和澄清工作相对滞后,尤其在针对西方普通民众的舆论工作上还有较为明显的欠缺。这需要中国进一步加大推进"公众外交"的力度,全方位地向西方公众展示中国的外部形象。

总之,中国需要以更为灵活有效的方式处理崛起时期面临的外交挑战,既在事关主权和国际秩序的关键问题上坚持原则,又能通过具体的外交策略树立起温和、谦恭、负责任的国家形象。

第四节 小结

达尔富尔问题牵涉到复杂的政治、经济、宗教、乃至生态环境因素。然而其根源仍然是社会发展落后、人民绝对贫困等民生问题。想要彻底解决这些问题就必须从这些根源入手,否则只能造成问题更加复杂,难以处理。但美国等西方国家在利益需求和意识形态偏见的综合作用下,将苏丹国内部分地区的人道危机界定为蓄意的"种族灭绝",并强力主导对苏丹政府的制裁行动。这种变化充分反映了美国及其盟友在处理发展中国家问题时,挟超强实力与有利的国际舆论环境,肆意打压、干涉小国和弱国的霸道倾向。这种霸道倾向还集中表现在国际刑事法院不顾传统国际法中的主权豁免原则,对一国现任国家元首发布逮捕令的事件中。这一事件具有很强的象征意义,即"人权高于主权"已经走入国际法实践,大有变成新的国际行为准则的趋势。尽管主权原则不会因为这个孤立事件就被推翻,但在美国等西方大国的持续推动下,主权原则被逐渐消解的危险性依然存在。南部苏丹的独立并没有涉及达尔富尔问题,达尔富尔地区目前仍然处于苏丹的领土范围之内。因此,我们不能排除在一定内外条件下达尔富尔问题再次集中爆发的可能性。

还要看到的是,将达尔富尔问题与中国挂钩,借此向中国施加压力同样体现了西方国家的利益和意识形态作用。因为随着实力的不断壮大,中国必然需要向海外拓展利益。在这一过程中,中国与西方,尤其是美国的利益摩擦和碰撞将不可避免地增加。而由于中国在坚持主权原则与互不干涉内政的基础上发展与西方眼中"有问题"的第三世界国家的关系,这往往会给西方提供攻击中国的"口实"。在整体舆论上,西方将中国作为"流氓政权"的支持者口诛笔伐,制造麻烦,严重破坏了中国的国家形象,为中国的和平发展道路增添了困难。因此,中国需要在坚持主权原则的底线之上,采取更加灵活的立场应对相关问题。

随着自身实力的不断发展,中国将要继续面对如何有理、有利地处理与西方关系的问题。达尔富尔也许是一个契机,可以帮助中国进一步思索如何更有效地创造有利的国际环境、有力地维护国家利益的问题。

结　论

本书认为,冷战后西方人道主义干涉是以美国为代表的西方社会寻求建立符合西方利益的国际秩序的一种重要工具。这一观点通过对西方人道主义干涉的理论和实践进行剖析而得到了检验。本章将首先对相应的检验结果进行总结,之后将据此预测人道主义干涉未来的发展趋势,最后则会为中国在应对人道主义干涉和国际人道主义议题时应该持有的立场和可能的政策方向提供建议。

第一节　研究结果分析

一、案例研究比较

本书的案例研究集中检验了干涉者的行为动机问题。就冷战后实施人道主义干涉最为频繁的美国来看,在索马里和卢旺达案例中,20世纪90年代非洲对美国国家利益重要性的总体低下导致了美国介入这一地区事务的主观意愿和实际行动程度都较低。在非洲当地出现较为严重的人道主义问题时,美国也主要透过联合国与地区性国际组织发挥作用,并不直接作为主导力量介入当地事务。对于卢旺达这样同美国毫无直接利益关系的地区,人道主义和意识形态的动力显然都不足以推动一次军事干涉。而在索马里,对主要军阀恶行的反复宣传,激化了美国及其民众对这类人物的负面认识。尽管不构成对美国利益的直接威胁,美国仍然将行动升级,派出小规模特种部队对军阀实施抓捕。同样,英、法等其他西方大国在非洲地区的行动也受到各自在实力地位、传统关系、现实利益和意识形态等方面因素的影响,并没有直接就人道主义灾难事件做出及时和有效的回应。可以说,在冷战结束初期,非洲发生的人道主义灾难本身并没有为西方带来足够的干涉动机。

然而随着在不同地区利益需求程度的变化,美国实施干涉的可能性也在发生显著的改变。美、英、法三国实施的"禁飞区"计划在一定程度上为伊拉克北部库尔德人和什叶派穆斯林提供了安全保护,但也给伊拉克国内带来了新的人道主义问题,"禁飞区"在国际法上的合法性也饱受质疑。通过历史比较可以发现,人道主义因素在西方实施"禁飞区"计划的动机中所起到的作用并不显著,推翻萨达姆政权才是其实施长期军事干涉的主要目标。人道主义灾难恰巧成为了美国等国借以实施干涉的契机而已。在欧洲,出于霸权国对重要地区事务主导权的追求,不服从美国领导的"流氓国家"被看作是对现实利益的威胁。尽管这些国家的存在并不直接影响美国的相对权力地位,但美国仍会尽可能压制乃至消灭这类政权。民族意识形态在美国干涉南联盟中起到了实质性作用。在民族意识形态影响下,诸如南联盟之类的国家是"坏"的,甚至是"邪恶"的,因而必须加以改造和惩罚。这一认知无疑帮助决策者们塑造了倾向于实施干涉的舆论和民意氛围。

在达尔富尔问题上,美国及其盟国并没有对苏丹直接采取军事行动,然而西方国家对其施加的各种制裁是十分明确而严厉的。通过一系列针对苏丹政府的政治和法律举措,西方国家有效地扩展了如"人权高于主权"、"保护的责任"等人道主义干涉基本观念。这种观念的扩展在建立新的霸权秩序的过程中甚至比使用武力更为有效。另一方面,西方国家将达尔富尔问题政治化、国际化,并借此对中国进行指责,充分反映了基于利益和意识形态需求的行为动机。2011年南苏丹宣布独立。然而南北苏丹的紧张关系并没有因为分裂而得以缓解。同时,达尔富尔问题也并未因南苏丹独立而得到根本解决。

从认知发展的角度分析,美国等西方国家政府对人道主义干涉的认识是渐进式的。当它们认识到人道主义干涉作为一个能有效满足对外干涉需求的工具时,其使用人道主义干涉的频率明显增加了。案例研究所关注的行为动机是解释西方人道主义干涉行动的重要工具。本书承认,在具体政策层面影响美国等西方国家实施人道主义干涉的动机是多重的。本书重点考察的是与建立霸权秩序密切相关的国家利益和意识形态动机,因而对媒体、公众舆论、领导人个人价值观等影响干涉的因素做了简化处理。这并不表明上述因素不重要,而是为了凸显研究目的而采取的必要简化。

二、冷战后人道主义干涉的理论缺陷

在一个理想化的人道主义干涉中,干涉的正当性来源于:第一,行动目标的纯粹性,即干涉就是为了拯救人的生命;第二,行动选择的不可替代性,即除了使用武力之外无达成目的的其他手段;第三,行动过程的无害性,即不造成与目的无关的其他伤害。然而在现实中,这种理想化的人道主义干涉是无法存在的。这也是人道主义干涉引发巨大争议的根本原因所在。

从人道主义干涉理论的构成方式来看,由于理想化的人道主义干涉并不存在,因此其倡导者们需要以不断增加特设性质($ad\ hoc$)的解说来扩展人道主义干涉的概念。如将人道主义干涉的目的从拯救人的生命扩展为较为模糊和易变的人权保护,从而使人道主义干涉的目的很难准确地判定。又如从人道主义干涉的本意上理解,"维护人道"应该作为唯一的行为动机。而现有论述则将附带有"人道因素"的干涉也称为人道主义干涉。这种内涵随时发生变化的论述导致无法清晰界定行为动机,干涉的合法性与正当性也就无从谈起。如果借用理论发展的模式进行衡量,冷战后的人道主义干涉学说既无法解决既有的现实矛盾(如多重干涉动机、干涉目标与后果的脱离等),也不能获得新的见解并建立能够被广泛接受的学说。因此,冷战后西方的人道主义干涉理论属于具有特设性质的产物,从总体上看是一种在理论上退步的学说。[1]

---

[1] 参见[英]拉卡托斯著,兰征译:《科学研究纲领方法论》,上海:上海译文出版社,1999年版。

以理论的实质内容而言,"人权高于主权"是冷战后人道主义干涉的出发点。但在国际关系的大环境中,"人权"是无法作为"主权"的对立概念而独立存在的。本书认为,以国际无政府状态为研究前提,人权与主权原本不是对立的两个概念。以现代人权运动为论述主体的人道主义干涉理论也有意无意地忽略了主权对于国际正义的作用。国家由于资源禀赋不同,相互间的差异是绝对的。在无政府状态下,主权是对人权最为有效的保护。因此在价值观上,我们认同人权的重要作用,但对于将人权置于主权之上的现实可能性与真实目的却不得不表示怀疑。

三、冷战后人道主义干涉的实践危害性

人道主义干涉的最大危害来自于其实践过程。人道主义干涉的实践特征是其目标的虚伪性和后果的危害性。诸多史实业已表明,干涉通常是大国针对小国的单向度行为。在这一过程中,大国会使用各种借口为自己的行为寻找合法性与正当性。冷战后由美国所主导的人道主义干涉基本上属于这一类型。

从案例研究的结果来看,人道因素在美国决定干涉行动时没有起到过决定性作用。真正在其中发挥作用的是国家利益和意识形态因素。对于冷战后实力超强的美国来说,民族意识形态的作用十分强烈。在民族意识形态的影响下,美国根据中小国家对自身领导地位的接受程度划分"好"、"坏"。对那些拒不服从美国的"流氓国家"肆意发动攻击,完全无视国家主权原则与国际规范。而对于真正的"人道灾难",美国则可以以自身的利益需求进行选择性介入。美国实施的干涉既严重违反了以《联合国宪章》为基础的主权国家体系,又往往在实践中形成了更为恶劣的人道灾难,其危害性的确值得我们提高警惕。

布热津斯基认为,"人权是当代最具吸引力的政治理念"。[①]人权和道义无疑是人类在发展历程中不断追求的崇高目标,但在现实中,当人们寄希望于通过外部力量来维护人权时,以主权国家为主体而构成的

---

① [美]兹比格纽·布热津斯基著,军事科学院外国军事研究部译:《大失败:二十世纪共产主义的兴亡》,北京:军事科学出版社,1989年版,第303页。

国际政治固有逻辑则将这一愿望美好却不切实际的道义论述破坏殆尽。本书对人道主义干涉的深入研究再次证明了这一关键问题。

第二节 人道主义干涉的发展趋势

一、基本判断

人道主义干涉作为一种政治/法律思潮不会消失。在国际关系中我们总要面对这样的问题：当一国内部发生由民族、种族、宗教等原因导致的大规模侵犯人权现象时，是否应该对该国国民提供保护？应该采取何种措施实施人民保护？理想化的、纯粹从人道主义出发的外部干涉常常被视为处理这种问题最为简便有效的手段。在一种既能够广泛凝聚共识、尊重国家主权，同时又公正、公平和透明的解决方法得到完善发展之前，人道主义干涉始终会是选项之一。这是由国际关系现实所造成的，无法以人的意志为转移。

我们更需要担心的是以美国为首的西方人道主义干涉行动。在今后较长的一段时间里，单极结构的国际体系仍然没有质的变化。作为一个在历史上就有着较为强烈的对外干涉倾向的国家，失去外部有效制约的美国在对外行为上逐渐远离了审慎原则。人道主义干涉充分暴露了美国利用超强实力建立一个更加有利于自身的霸权秩序的意图。值得注意的是，在建立新的霸权秩序的过程中，美国对外干涉所使用的理由可以层出不穷，既可能是维护人道主义，也可以是反击恐怖主义。但万变不离其宗，对外干涉始终是为大国特定的利益与意识形态服务的。这不能不让我们更加清楚坚持国家主权原则的重要意义。一旦主权原则被各种更具道义与吸引力的理念逐渐侵蚀，乃至完全破坏，那么很难想象还有任何法律和实际的屏障可以保护弱小国家的基本生存。国际社会要么进入一个纯粹弱肉强食的丛林世界、陷入完全的无政府混乱,要么转变为层级式的帝国体系,或者二者兼而有之。①

此外,尽管美国同其西方盟国在政治、经济和战略利益等诸多方面可能存在竞争关系,在遵守国际规范和尊重联合国权威问题上的表现也有显著差异,但在以"意愿同盟"(Coalition of Willing)之类的方式充当"世界警察"以合法使用武力方面却有着高度一致的看法。②例如在利比亚危机中,英、法两国在实施干涉上的表现甚至比美国更为激进。在西方国家看来,当联合国这样的权威国际机构无法按其要求运作时,"民主国家"有必要联合起来共同应对世界各地出现的侵犯人权行为。由此可见,人道主义干涉在西方仍有极为强大的支持力量,在特定条件下存在再度泛滥的极高可能性。

二、制约因素

尽管人道主义干涉思想和西方国家对外干涉行为不会消失,但制约西方实施人道主义干涉的因素也同样存在。这些制约因素包括干涉主客体双方的能力和意愿问题。

一方面,干涉主体遭遇实力下滑。"9·11"之后,小布什政府制定了"先发制人"战略,完全抛开联合国,并且还不顾部分盟国的反对,入侵伊拉克。这正是单极权力不受制约,意识形态作用急剧膨胀的结果。正如在国内政治中"绝对的权力导致绝对的腐败",在国际政治里"绝对的权力"更为危险,我们不能期望霸权国的决策者们主动地谨慎行事,成为"良性霸权"。唯一能从根本上节制美国行动的就是其霸权权力的下降。小布什在伊拉克的莽撞行动恰恰达到了其他国家无法完成的目的,即过度消耗美国的霸权权力。同时,霸权权力还是一个相对概念,随着中国等新兴国家能力不断上升,国际金融危机的冲击等,霸权权力相对下降的美国在对外干涉上会采取较为谨慎的态度,干涉强度也应该会有所减弱。例如在利比亚和叙利亚问题上,奥巴马总统的态度比之小布什明显更为慎重,在行动上更倾向于提供间接的军事援助或为

---

① Benedict Kingsbury, "Sovereignty and Inequality", in Andrew Harrell and Ngaire Woods ed., *Inequality, Globalization, and World Politics*, New York: Oxford University Press, 1999, p.86.

② 参见赵晨:《"干涉的义务"与利比亚危机》,载《欧洲研究》2011年第3期。

盟国提供后勤保障,而非直接参与军事打击行动。随着相对实力的下降,西方在人道主义问题上也开始更多地寻求在联合国框架内的解决办法,并同中、俄等大国开展多边合作,以期降低单方面实施干涉行动可能遭遇的风险。

另一方面,人道主义干涉尚未达成任何规范层面上的共识。尽管在单极体系下,霸权国可能创造有利于自身的行为规范,但在阻止西方人道主义干涉发展上,其他国家并非完全被动、毫无作为。正如科索沃案例所显示的,美、英等西方国家的实践变成了一个有效的反面教材,当第三世界国家对于人道主义干涉实践保持强烈的质疑和反对时,继续强行推动这一问题的收益并不理想;不但很难建立关于人道主义干涉的国际规范,反而促使其他国家保持高度的警惕。除了科索沃战争造成的冲击之外,有学者也认为,由于伊拉克战争恶劣的"榜样效应",导致即使认同"人道主义干涉规范"的国家也开始对美、英等国极有可能的"滥用"行为表示忧虑,因而西方目前不太可能在诸如达尔富尔等颇具争议的地区实施强制性的人道主义干涉行动。[①]以上事实表明,尽管困难重重,第三世界国家对于西方提出的"规范"仍然具有一定的选择空间。同时,对于诸如"保护的责任"等花样翻新的人道主义干涉理念,我们也应该保持清醒的头脑,予以坚决抵制。

第三节 政策建议

研究冷战后西方人道主义干涉的根本出发点是为中国在处理相关问题上的基本立场和方法提供政策建议。中国作为一个正在崛起中的大国理应对国际社会负担起与能力相适应的责任,但这并不代表中国必须对西方主流观念照单全收。"负责任的大国"绝不等同于在法理和实践层面上认同削弱国家的主权权利。坚持主权原则不仅有利于中国

[①] Alex Bellamy, "Responsibility to Protect or Trojan Horse? The Crisis in Darfur and Humanitarian Intervention after Iraq", *Ethics & International Affairs*, Vol. 19, Issue 2, 2005.

的自身利益,也有利于在冷战后时代维持相对和平与稳定的国际秩序。

一、反对人道主义干涉的正当化

首先,本书澄清了人道主义干涉的实质问题。"名"与"实"的分离是国家在执行外交政策时的常见现象。人道主义干涉议题并不新鲜,其中争议纠结于行动是否合法与正当的问题上。然而,经验研究的结果却表明,美国在执行人道主义干涉时的根本动机与其自美西战争之后开始的对外干涉并无二致,尤其是民族意识形态的作用具有很高的延续性。也就是说,人道主义干涉究其实质与"人道"无关,制止人道灾难和维护人权充其量只是干涉的附带效果,如果干涉本身并未造成更大人道灾难的话。这种"改头换面"式的对外干涉在历史上并不鲜见。其实从美国对待人道主义干涉时的具体反应来看,作为一种干涉形式,美国对于人道主义干涉具有很强的选择性。这表现在尽管西方,尤其是欧洲民间和学术界在人道主义干涉上保持着持续的热度,但美国官方从来没有将人道主义干涉作为正式政策看待。因为理想意义上的人道主义干涉——即因人道危机而发动干涉、解救人民——对于美国来讲也是一把双刃剑,它既可以按照美国的意愿挥向其不满的国家,也可能使美国在一些利益关联性不强的地区背上沉重负担。在人道主义干涉问题上,美国采用的是"只做不说"和"为我所用"的实用主义态度,这种态度更明确体现出维护人权并不是一种一以贯之的外交政策目的,深藏其下的国家利益和意识形态动机才是美国外交政策的本来面目。

其次,现行国际秩序建立在国家主权平等和互不侵犯原则基础上。二战之后,中小国家的基本生存需要得到了国际法保证,国家领土兼并、国家因外敌入侵灭亡的情况基本消失,尽管这种保证并不有力,常常遭到各种侵犯。然而,人道主义干涉理论的目标恰恰是颠覆国家主权的不可侵犯性。人道主义干涉正当化造成的危险是极其巨大的。因为国家(尤其是中小国家)失去了赖以维护自身生存的第一道屏障——主权和不干涉原则(当然,这道屏障并不能代替实力的对抗)。而其他国家,尤其是国际体系中的大国可以在人权和人道主义的旗号下采用合乎"正当性"的干涉行动。问题的关键是,定义人权状况和"人道灾难"的权力掌握在西方"国际社会"手中,这种话语权可以针对任何不受西方欢迎的国家使用。①北约对南联盟发动的科索沃战争即为明显的例证。

综上所述,对于一个名不副实且动机可疑的危险行动,如果赋予了其正当性就等于破坏了现有国际秩序的所有基础。尽管这个基础可能并不公正,也充满了各种瑕疵,但起码这是目前保证国际社会和平与稳定行之有效的方法。因此,在国际社会中反对人道主义干涉的正当化应该是中国外交在处理相关问题时的基本出发点。

二、全方位维护联合国权威

在面对美国等西方国家针对人道危机而采取军事行动时,首先需要辨别"危机"本身的性质。由于在当前单极体系中对于霸权国的制衡力量缺失,美国在对外干涉问题上曾一度达到毫无顾忌的程度,对伊拉克发动战争即是这种国家力量难以受到有效制约的表现。但随着美国在伊拉克遭到严重挫折,其外交政策开始表现出重回多边主义的迹象。需要警惕的是,美国国内对帝国主义和新保守主义的批判在另一层面上表现出自由主义意识形态影响增强,对人权的关注可能更为明显。在这种情况下,一方面要警惕美国的意识形态狂热抬头,另一方面需要进一步维护联合国在处理国际人道主义问题时的主导地位,维护以《联合国宪章》为基石的现行国际秩序的权威。

提高联合国处理人道主义问题的能力是维护联合国权威的最好方法。人道危机和人道灾难从来不是孤立出现的,它们总是伴随着一个国家或地区的政府治理、民族矛盾和权力冲突等问题产生。因此作为一个伴生性问题,解决人道危机和人道灾难的根源才是最有效的应对策略。以冷战后大规模人道危机比较集中的非洲为例,西方殖民主义和冷战遗留下的政治、经济、社会和民族问题严重影响着非洲国家的发展。在一些国家,经济发展停滞甚至倒退,政府治理不力(有的甚至不存在能实施有效管理的政府,如索马里)。这些问题如不积极加以解决,新的人道危机随时可能爆发。对于存在此类危险的国家,应该在现

---

① 参见张睿壮:《警惕西方以"人道主义干预"为名颠覆国际秩序》,载《现代国际关系》2008年第9期。

有人道主义事务解决框架中增加预警机制,在事态失控之前主要通过政治、经济手段积极介入。毕竟,卢旺达大屠杀中百万人丧生的人间惨剧绝对不应该重演。

三、积极参与国际人道主义问题的解决

随着国家实力的增强,中国的利益范围也在不断扩展,因此对外政策也需要做出相应调整。对于一些同中国自身利益密切相关,但同时又内部矛盾重重的国家和地区,中国应该发挥积极作用,协助解决相关人道主义问题。这种积极性首先体现在如上文所述对联合国解决人道主义问题的支持、对在联合国主导框架(也包括部分地区性国际组织,如阿盟、非盟等)内处理相关事务提供帮助。

另外,积极参与处理部分已转化为国际热点的地区问题。如前文所分析的,这些地区问题之所以成为热点,其关键在于其同西方国家的利益具有或多或少的联系。针对这样的问题,本书提倡采取一种分割处理的方法,即清醒地分辨问题的焦点,将主要矛盾,如政治利益分配、民族矛盾等与伴生性问题,即人道主义问题区别对待。对于问题的主要方面,应该依据自身国家利益为标准确定立场。要积极反对西方将这类十分复杂的、带有一定结构性矛盾的国内问题与人权和人道主义问题混为一谈,更要反对将类似问题主要归结成人道主义问题。而对于当事国,则需要敦促和帮助其尽快妥善解决,不能让人道主义问题演变到人道危机和人道灾难的程度,给其他利益相关国家以可乘之机。

四、建立替代人道主义干涉的行动模式

如果说前述三点内容代表了中国在面对相关问题时应该持有的基本立场的话,那么建立一个替代现有西方人道主义干涉论述的行动模式则可能是在具体政策上取得突破的有益尝试。

这种模式的首要原则是在联合国框架下实施行动。尽管联合国在采取行动时可能存在效率低下等问题,但它毕竟是迄今为止最能体现主权平等的场所,也是第三世界国家抵御西方霸权的有力工具之一。在联合国框架下的行动能够最低限度保证对主权原则和现行国际秩序的尊重。具体而言,必须坚持安理会是实施国际人道救援行动的唯一

合法机构。无论在何种情况下,其他国家和国际组织都不具有与之同等的法律和政治地位。

同时,还应该保证新的行动模式的公正性和透明度。所谓公正性是指对于同一性质的事件采取相同的处理原则。透明度则是指行动的决策过程、相关证据应该公之于众。公正性和透明度的要求是一种限制性措施,其主要目的是尽量降低相关国家通过人道主义干涉获取利益的可能性。换言之,行动的目的必须是单一的,即对人的救援。除此之外,附带其他利益诉求的行动都不能被认为是合法行动。

建立这种行动模式将是一个漫长而困难的过程,但其意义十分重要。因为面对人道危机和灾难的发生,"袖手旁观"的态度反而会助长西方借人道主义事务继续巩固自身的道义高地、掌握国际社会的话语权。中国应该在与自身实力相符的前提下合理利用联合国平台,积极主动地推动在替代性行动模式下解决相关的人道主义问题。假如再次发生类似卢旺达大屠杀等事件时,中国可以主动地在联合国安理会推动通过人道救援决议,并且提供相应的人员、装备和资金支持。因为在联合国框架下的行动既保证了对主权和不干涉原则的尊重、有利于维护现行国际秩序,还有助于中国在国际人道主义事务中发出自己的声音,打破西方国家的人道主义话语权垄断。

中国外交是以维护国家利益为基本职责的。随着实力的不断增长,中国在国际体系中的地位也会相应变化,中国国家利益的要求也会随之改变。其中最主要的变化将体现在利益区域的扩展和议题的增加上。在这一过程中需要主动地进行政策上的调整。因此,如何在关系到核心国家利益的关键问题上站稳立场,同时灵活处理一些边缘性的,或属于低级政治的问题,树立起负责任大国的形象,这是值得今后中国外交进一步思索的课题。

参考文献

一、中文文献

[1] 迟德强:《从国际法看人道主义干涉》,载《武汉大学学报(哲学社会科学版)》2006年第2期。

[2] 陈玉刚、俞正梁:《国家主权的层次分析》,载《欧洲》2001年第3期。

[3] 韩召颖:《美国霸权、均势与美国大战略——〈美国无敌:均势的未来〉评介》,载《美国研究》2007年第2期。

[4] 贺鉴、蔡高强:《从国际法视角看冷战后联合国维和行动》,载《现代国际关系》2005年第3期。

[5] 何曜:《作为冲突解决的国际干预》,载《世界经济研究》2002年第6期。

[6] 黄海涛:《国际关系理论合成问题浅析》,载《外交评论》2008年第3期。

[7] 李滨:《伊拉克战争对国际秩序的影响》,载《世界经济与政治》2003年第6期。

[8] 李少军:《论干涉主义》,载《欧洲》1994年第6期。

[9] 李少军:《干涉主义及相关理论问题》,载《世界经济与政治》1999年第10期。

[10] 刘丰:《实证主义国际关系研究:对内部与外部论争的评述》,载《外交评论》2006年第5期.

[11] 刘明著:《国家干预与国家主权》,成都:四川人民出版社,2000年版。
[12] 秦亚青:《层次分析法与国际关系研究》,载《欧洲》1998年第3期。
[13] 秦亚青:《权力·制度·文化——国际政治学的三种体系理论》,载《世界经济与政治》2002年第6期。
[14] 秦亚青:《权势霸权、制度霸权与美国的地位》,载《现代国际关系》2004年第3期。
[15] 秦亚青著:《权力·制度·文化》,北京:北京大学出版社,2005年版。
[16] 秦亚青:《观念的力量》,载《世界经济与政治》2005年第10期。
[17] 秦亚青著:《霸权体系与国际冲突:美国在国际武装冲突中的支持行为(1945—1988)》,上海:上海人民出版社,2008年版。
[18] 任晓、赵可金、成帅华:《意识形态与外交政策》,载《世界经济与政治》2003年第2期。
[19] 任晓、沈丁立主编:《自由主义与美国外交政策》,上海:上海三联书店,2005年版。
[20] 时殷弘:《国际政治中的对外干预》,载《美国研究》1996年第6期。
[21] 唐永胜:《新现实与旧逻辑——发展中国家主权的脆弱性及其超越》,载《欧洲研究》2002年第3期。
[22] 王可菊主编:《国际人道主义法及其实施》,北京:社会科学文献出版社,2003年版。
[23] 王立新著:《意识形态与美国外交政策——以20世纪美国对华政策为个案的研究》,北京:北京大学出版社,2007年版。
[24] 王绳祖主编:《国际关系史》(第一卷),北京:世界知识出版社,1995年版。
[25] 王玮、戴超武著:《美国外交思想史:1775—2005》,北京:北京大学出版社,2006年版。
[26] 王晓德著:《美国文化与外交》,北京:世界知识出版社,2000年版。
[27] 王晓德著:《美国对外关系史散论》,北京:中华书局,2007年版。
[28] 王逸舟:《制约主权的十个因素》,载《天津社会科学》1994年第

1期。

[29] 王逸舟:《霸权·秩序·规则》,载《美国研究》1995年第2期。

[30] 王逸舟:《主权范畴再思考》,载《欧洲研究》2000第6期。

[31] 王逸舟:《国家利益再思考》,载《瞭望》2001年第7期。

[32] 王逸舟:《重塑国际政治与国际法的关系——国际问题研究的一个前沿切入点》,载《中国社会科学》2007年第2期。

[33] 魏宗雷、邱桂荣、孙茹著:《西方人道主义干预理论与实践》,北京:时事出版社,2003年版。

[34] 吴征宇:《人权、主权与人道干涉——约翰·文森特的国际社会观》,载《欧洲研究》2005年第1期。

[35] 肖凤城:《国际法对人道干涉的否定与再思考》,载《西安政治学院学报》2002年第1期。

[36] 阎学通著:《中国国家利益分析》,天津:天津人民出版社,1996年版。

[37] 阎学通、孙学峰著:《国际关系研究实用方法》,北京:人民出版社,2001年版。

[38] 元简:《新保守派的外交思想及其在美国的影响》,载《国际问题研究》1998年第2期。

[39] 张立平:《后冷战时代美国的保守主义思潮》,载《世界经济与政治》2002年第3期。

[40] 张睿壮:《中国应选择什么样的外交哲学?——评"世界新秩序与新兴大国的历史抉择"》,载《战略与管理》1999年第1期。

[41] 张睿壮:《也谈美国新保守主义的外交思想及其对美国对华政策的影响》,载《国际问题研究》2000年第2期。

[42] 张睿壮:《"人道干涉"神话与美国意识形态》,载《南开学报(哲学社会科学版)》2002年第2期。

[43] 张睿壮:《保守主义及其在美国的演变》,载《现代国际关系》2002年第11期。

[44] 张睿壮:《美国霸权的正当性危机》,载《国际问题论坛》2004年夏季号。

[45] 张睿壮:《现实主义的持久生命力》,载《世界经济与政治》2004年

第 7 期。

[46] 张睿壮:《中国外交哲学的理想主义倾向》,载《二十一世纪》2007年第 2 期。

[47] 张睿壮:《中国究竟值不值得美国忧虑?》,载《文化纵横》2008 年10 月号。

[48] 张睿壮:《警惕西方以"人道主义干预"为名颠覆国际秩序》,载《现代国际关系》2008 年第 9 期。

[49] 周桂银、沈宏:《西方正义战争理论传统及其当代论争》,载《国际政治研究》2004 年第 3 期。

[50] 周琪著:《美国人权外交政策》,上海:上海人民出版社,2001年版。

[51] 周琪主编:《意识形态与美国外交》,上海:上海人民出版社,2006年版。

[52] 朱立群、赵广成:《中国国际观念的变化与巩固:动力与趋势》,载《外交评论》2008 年第 1 期。

[53] [英]安东尼·吉登斯著,胡宗泽、赵立涛译:《民族、国家与暴力》,北京:三联书店,1998 年版。

[54] [美]彼得·卡赞斯坦、罗伯特·基欧汉、斯蒂芬·克拉斯纳编,秦亚青、苏长和、门洪华、魏玲译:《世界政治理论的探索与争鸣》,上海:上海世纪出版集团,2006 年版。

[55] [美]大卫·鲍德温编,肖欢容译:《新现实主义和新自由主义》,杭州:浙江人民出版社,2001 年版。

[56] [英]大卫·麦克里兰著,孔兆政、蒋龙翔译:《意识形态》(第二版),长春:吉林人民出版社,2005 年版。

[57] [英]戴维·赫尔德著,胡伟等译:《民主与全球秩序》,上海:上海人民出版社,2003 年版。

[58] [美]弗朗西斯·福山著,黄胜强、许铭原译:《历史的终结及最后之人》,北京:中国社会科学出版社,2003 年版。

[59] [美]汉斯·摩根索著,徐昕等译:《国家间政治——寻求权力与和平的斗争》,北京:中国人民公安大学出版社,1990 年版。

[60] [美]亨利·基辛格著,顾淑馨、林添贵译:《大外交》,海口:海南出

版社,1998年版。

[61] [美]杰里尔·罗赛蒂著,周启朋等译:《美国对外政策的政治学》,北京:世界知识出版社,2005年版。

[62] [美]肯尼思·汤普森著,谢峰译:《国际思想之父:政治理论的遗产》,北京:北京大学出版社,2003年版。

[63] [美]肯尼思·沃尔兹著,倪世雄等译:《人、国家与战争》,上海:上海译文出版社,1991年版。

[64] [美]理查德·哈斯著,殷雄、徐静译:《新干涉主义》,北京:新华出版社,2000年版。

[65] [美]罗伯特·基欧汉著,苏长和等译:《霸权之后:世界政治经济中的合作与纷争》,上海:上海人民出版社,2001年版。

[66] [美]罗伯特·基欧汉编,郭树勇译,秦亚青校:《新现实主义及其批判》,北京:北京大学出版社,2002年版。

[67] [德]马蒂亚斯·海尔德根:《联合国与国际法的未来》,载《世界经济与政治》2004年第5期。

[68] [英]马丁·怀特著,赫德利·布尔、卡斯滕·霍尔布莱德编,宋爱群译:《权力政治》,北京:世界知识出版社,2004年版。

[69] [德]马克斯·韦伯著,于晓、陈维纲等译:《新教伦理与资本主义精神》,西安:陕西师范大学出版社,2006年版。

[70] [美]迈克尔·亨特著,褚律元译:《意识形态与美国外交政策》,北京:世界知识出版社,1999年版。

[71] [美]斯蒂芬·范·埃弗拉著,何曜译:《战争的原因》,上海:上海人民出版社,2007年版。

[72] [意]托马斯·阿奎那著,马清槐译:《阿奎那政治著作选》,北京:商务印书馆,1993年版。

[73] [美]W.菲利普斯·夏夫利著,新知译:《政治科学研究方法》,上海:上海世纪出版集团,2006年版。

[74] [美]威廉·奥尔森等编,王沿等译:《国际关系的理论与实践》,北京:中国社会科学出版社,1987年版。

[75] [美]小约瑟夫·奈著,张小明译:《理解国际冲突:历史与理论》(第三版),上海:上海世纪出版集团,2002年版。

[76] [美]约翰·米尔斯海默著,王义桅、唐小松译:《大国政治的悲剧》,上海:上海人民出版社,2003年版。

[77] [美]詹姆斯·多尔蒂、小罗伯特·普法尔茨格拉夫著,阎学通、陈寒溪等译:《争论中的国际关系理论》(第五版),北京:世界知识出版社,2003年版。

[78] [美]朱迪斯·戈尔斯坦、罗伯特·基欧汉著,刘东国、于军译:《观念与外交政策:信念、制度与政治变革》,北京:北京大学出版社,2003年版。

二、英文文献

[79] Albright, Madeleine K.. "A Realistic Idealism: There's a Right Way to Support Democracy in the Mideast". *Washington Post*, May 8, 2006.

[80] *America's National Interests*, A Report from the Commission on America's National Interests, Cambridge, MA: The Commission, 2000.

[81] Annan, Kofi A.. *The Question of Intervention: Statements by the Secretary-General*. New York: United Nations Department of Public Information, 1999.

[82] Art, Robert J.. "Geopolitics Updated: The Strategy of Selective Engagement". *International Security*, Vol. 23, No. 3, pp. 79—113, 1998/1999.

[83] Barnett, Michael N.. "The UN Security Council, Indifference, and Genocide in Rwanda". *Cultural Anthropology*, Vol. 12 No. 4, pp. 551—578, 1997.

[84] Brands, H. W.. "The Idea of the National Interest". *Diplomatic History*, Vol. 23, No. 2, pp. 239—261, 1999.

[85] Bolton, John R.. "Wrong Turn in Somalia". *Foreign Affairs*, Vol. 73, No. 1, pp. 56—66, 1996.

[86] Booth, Ken. "The Kosovo Tragedy: Epilogue to Another 'Low and Dishonest Decade'". *Politikon*, Vol. 27, No. 1, pp. 5—18,

2000.

[87] Bull, Hedley ed.. *Intervention in World Politics*. New York: Oxford University Press, 1984.

[88] Bull, Hedley. *The Anarchical Society: A Study of Order in World Politics* New York: Columbia University Press, 1997.

[89] Cassels, Alan. *Ideology and International Relations in the Modern World*. New York: Routledge, 1996.

[90] Chandler, David. *From Kosovo to Kabul and Beyond: Human Rights and International Intervention*. London and Ann Arbor, MI: Pluto Press, 2006.

[91] Clarke, Walter and JeffreyHerbst. "Somalia and the Future of Huamanitarian Intervention". *Foreign Affairs*, Vol. 78, No. 2, pp. 70—85, 1996.

[92] Croker, Chester. "Lessons of Somalia". *Foreign Affairs*, Vol. 74, No. 3, pp. 2—8, 1995.

[93] Croker, Chester. "Engaging Failing States". *Foreign Affairs*, Vol. 82, No. 5, pp. 32—44, Sep/Oct 2003.

[94] Danish Institute of International Affairs. *Humanitarian Intervention: Legal and Political Aspects*. Copenhagen: Danish Institute of International Affairs, 1999.

[95] Destexhe, Alain. "The Third Genocide". *Foreign Policy*, No. 97, pp. 3—17, Winter 1994—1995.

[96] Donnelly, Jack. *Universal Human Rights in Theory and Practice*. Ithaca: Cornell University Press, 1989.

[97] Finnemore, Martha. "Norms, Culture and World Politics: Insights from Sociology's Institutionalism". *International Organization*, Vol. 50, No. 2, pp. 325—347, 1997.

[98] Finnemore, Martha & Kathryn Sikkink. "International Norm Dynamics and Political Change". *International Organization*, Vol. 52, No. 4, pp. 887—917, 1998.

[99] Fixdal, Mona & Dan Smith. "Humanitarian Intervention and

Just War". *Mershon International Studies Review*, Vol. 42, No. 2, pp. 283—312, 1998.

[100] Forbes, Ian and Mark Hoffman ed.. *Political Theory, International Relations, and the Ethics of Intervention*. New York: St. Martin's Press, 1993.

[101] Frank, Thomas M.. *The Power of Legitimacy among Nations*. New York: Oxford University Press, 1990.

[102] Gaubatz, Kurt Taylor. "Intervention and Intransitivity: Public Opinion, Social Choice, and the Use of Military Force Abroad". *World Politic*, Vol. 47, No. 4, pp. 534—554, 1995.

[103] George, Alexander L. and Andrew Bennett. *Case Studies and Theory Development in the Social Sciences*. Cambridge: MIT Press, 2004.

[104] Hartigan, Kevin. "Matching Humanitarian Norms with Cold, Hard Interests: The Making of Refugee Policies in Mexico and Honduras, 1980 — 1989". *International Organization*, Vol. 46, No. 3, pp. 709—730, 1992.

[105] Harvey, Frank P. and Michael Brecher ed.. *Millennial Reflections on International Studies*. Ann Arbor: The University of Michigan Press, 2004.

[106] Hawkins, Virgil. "The Price of Inaction: The Media and Humanitarian Intervention". *Journal of Humanitarian Assistance*, May 2001. http://www.jha.ac/articles/a066.htm.

[107] Hoffmann, Stanley. "The Politics and Ethics of Millitary Intervention". *Survival*, Vol. 37, No. 4, pp. 29—51, Winter 1995/1996.

[108] Holzgrefe, J. L., and Robert Keohane ed.. *Humanitarian Intervention: Ethical, Legal and Political Dilemmas*. New York: Cambridge University Press, 2003.

[109] Ikenberry, G. John & Charles Kupchan. "Socialization and Hegemonic Power". *International Organization*, Vol. 44,

No. 3, pp. 283—315, 1990.

[110] Jackson, Robert H.. *The Global Covenant: Human Conduct in a World of States*. Oxford: Oxford University Press, 2000.

[111] Jacobsen, Peter Viggo. "National Interest, Humanitarianism or CNN: What Triggers UN Peace Enforcement after the Cold War?". *Journal of Peace Research*, Vol. 33, No. 2, pp. 205—215, 1996.

[112] Jentleson, Bruce W.. "The Pretty Prudent Public: Post—Vietnam American Opinion on the Use of Military Force". *International Studies Quarterly*, Vol. 36, No. 1, pp. 49—74, 1992.

[113] Jentleson, Bruce W. & Rebecca Britton. "Still Pretty Prudent: Post—Cold War American Public Opinion on the Use of Military Force". *Journal of Conflict Resolution*, Vol. 42, No. 4, pp. 395—417, 1998.

[114] Johnson, Sterling. *Global Search and Seizure: The US National Interest vs. International Law*. Aldershot: Dartmouth, 1994.

[115] Kagan, Robert. *Dangerous Nation: America's Place in the World from its Earliest Days to the Dawn of the 20th Century*. New York: Knopf, 2006.

[116] Kartashkin, Alan V.. "Human rights and Humanitarian Intervention". in Lori Fisler Damrosch, and David J. Scheffer ed., *Law and Force in the New International Order*, Westview Press,1991.

[117] Katzenstein, Peter J. ed.. *The Culture of National Security: Norms and Identity in World Politics*. New York: Columbia University Press, 1996.

[118] King, Gary, Robert O. Keohane and Sidney Verba ed.. *Designing Social Inquiry Scientific Inference in Qualitative Research*. Princeton, NJ: Princeton University Press, 1994.

[119] Klotz, Audie. *Norms in International Relations: The Struggle against Apartheid*. Ithaca: Cornell University Press, 1995.

[120] Krasner, Stephen D. ed.. *International Regimes*. Ithaca: Cornell University Press, 1983.

[121] Krasner, Stephen D.. "Abiding Sovereignty". *International Political Science Review*, Vol. 22, No. 3, pp. 229—251, 2001.

[122] Kratochwil, Friedrich. "On the Notion of 'Interest' in International Relations". *International Organization*, Vol. 36, No. 1, pp. 1—30, 1982.

[123] Kratochiwil, Friedrich, and John G. Ruggie. "International Organization: A State of the Art on an Art of the State". *International Organization*, Vol. 40, pp. 753—776, 1986.

[124] Krauthammer, Charles. "The Unipolar Moment". *Foreign Affairs*, Vol. 70, No. 1, pp. 23—33, 1991.

[125] Krauthammer, Charles. "The Short, Unhappy Life of Humanitarian War". *The National Interest*. No. 57, pp. 5—8, 1999.

[126] Lafeber, Walter. *The American Age: United States Foreign Policy at Home and Abroad*, 2nd edition. New York: W. W. Norton & Company, 1994.

[127] Lyons, Gene and Michael Mastanduno ed., *Beyond Westphalia? State Sovereignty and International Intervention*. Baltimore: The Johns Hopkins University Press, 1995.

[128] Lund, Michael. "Underrating 'Preventive Diplomacy'". *Foreign Affairs*, Vol. 74, No. 4, pp. 160—163, 1995.

[129] MacFarlane, S. Neil and Thomas G. Weiss. "Political Interest and Humanitarian Action". *Security Studies*, Vol. 10, No. 1, pp. 120—152, 2000.

[130] Mandelbaum, Michael. "A Perfect Failure". *Foreign Affairs*, Vol. 78, No. 5, pp. 2—8, 1999.

[131] Mastanduno, Michael & G. John Ikenberry. "Toward a Real-

ist Theory of State Action". *International Studies Quarterly*, Vol. 33, No. 4, pp. 457—474, 1989.

[132] McDougall, Walter A.. *Promised Land, Crusader State: The American Encounter with the World Since 1776*. New York: Houghton Mifflin Company, 1997.

[133] McGwire, Michael. "Why Did We Bomb Belgrade?". *International Affairs*, Vol. 76, No. 1, pp. 1—23, 2000.

[134] Moravcsik, Andrew. "The Origin of Human Rights Regimes: Democratic Delegation in Postwar Europe". *International Organization*, Vol. 54, No. 2, pp. 217—252, 2000.

[135] Morgenthau, Hans J.. "To Intervene or Not to Intervene?". *Foreign Affairs*, Vol. 45, No. 3, pp. 425—436, 1967.

[136] Morgenthau, Hans J. "The Mainsprings of American Foreign Policy: The National Interest vs. Moral Abstractions". *American Political Science Review*, Vol. 44, No. 4, pp. 833—854, 1950.

[137] Murphy, Sean D.. *Humanitarian Intervention: The United Nations in an Evolving World Order*. Philadelphia: University of Pennsylvania Press, 1996.

[138] Neack, Laura. "UN Peace—Keeping: Community or Self?". *Journal of Peace Research*, Vol. 32, No. 2, pp. 181—196, 1994.

[139] Nye, Joseph. "Redefining the National Interest". *Foreign Affairs*, Vol. 78, No. 4, pp. 22—35, 1999.

[140] Nye, Joseph. *Paradox of American Power*. Cambridge: Harvard University Press, 2002.

[141] Parekh, Bhikhu. "Rethinking Humanitarian Intervention". *International Political Science Review*, Vol. 18, No. 1, pp. 49—69, 1997.

[142] Posen, Barry. "Competing Visions for U. S. Grand Strategies". *International Security*, Vol. 21, No. 3, pp. 5—53,

Winter 1996/1997.

[143] Power, Samantha. "Bystanders to Genocide: Why the United States Let the Rwanda Tragedy Happen". *The Atlantic Monthly*, pp. 84—108, Sep. 2001.

[144] Risse, Thomas, Stephen Ropp, and Kathryn Sikkink ed.. *The Power of Human Rights: International Norms and Domestic Change*. New York: Columbia University Press, 1999.

[145] Rittberger, Volker, ed.. *Regime Theory and International Relations*. Oxford: Claredon Press, 1993.

[146] Roberts, Adam. "NATO's 'Huamanitarian War' Over Kosovo". *Survival*, Vol. 41, No. 3, pp. 102—123, Autumn 1999.

[147] Ruggie, John G.. "International Regimes, Transactions, and Change: Embedded Liberalism in the Postwar Economic Order". *International Organization*, Vol. 36, No. 2, pp. 379—416, 1983.

[148] Ruizhuang, Zhang. "The Kosovo Farce and the New World Order", http://www.irchina.org/xueren/china/view.asp?id=141.

[149] Sikkink, Kathryn. "Human Rights, Principled Issue Networks, and Sovereignty in Latin America". *International Organization*, Vol. 47, No. 3, pp. 411—441, 1993.

[150] Smith, Tony. "In Defense of Intervention". *Foreign Affairs*, Vol. 73, No. 6, pp. 34—46, 1994.

[151] Solarz, Stephen J. and Michael O'Hanlon. "Huamanitarian Intervention: When is Force Justified". *Washington Quarterly*, Vol. 20, pp. 3—14, 1997.

[152] Stedman, Stephen John. "The New Interventionists". *Foreign Affairs*, Vol. 72, No. 1, pp. 1—16, 1993—1994.

[153] Steinberg, James. "A Perfect Polemic". *Foreign Affairs*, Vol. 78, No. 6, pp. 128—133, 1999.

[154] Thussu, D. K.. "Legitimizing 'Humanitarian Intervention'?

CNN, NATO and the Kosovo Crisis". *European Journal of Communication*, Vol. 15, No. 3, pp. 345—361, 2000.

[155] Waltz, Kenneth N.. *Theory of International Politics*. Beijing: Peking University Press, 2004.

[156] Waltz, Kenneth N.. "Realist thought and Neo—Realist Theory". *Journal of International Affairs*, Vol. 44, pp. 21—38, 1990.

[157] Weiss, Thomas G. "Overcoming the Somalia Syndrome: Operation Reskindle Hope?". *Global Governance*, Vol. 1, No. 2, pp. 171—187, 1995.

[158] Weldes, Jutta. "Constructing National Interests". *European Journal of International Relations*, Vol. 2, No. 3, pp. 275—318, 1996.

[159] Welsh, Jennifer M.. *Humanitairan Intervention and International Relations*. New York: Oxford University Press, 2004.

[160] Western, Jon. "Sources of Humanitarian Intervention". *International Security*, Vol. 26, No. 4, pp. 112—142, Spring 2002.

[161] Wheeler, Nicholas J.. *Saving Strangers: Humanitarian Intervention in International Society*. Oxford: Oxford University Press, 2000.

附录一　冷战后主要国内冲突一览

主要国内冲突	持续时间	有无外部军事干涉	干涉方	备注
安哥拉内战	1975—2002年	无		
第二次苏丹内战	1983—2005年	无		达尔富尔问题；2011年南苏丹公投后独立
阿富汗内战	1989—2001年	无		
利比里亚内战	1989—2003年	有	尼日利亚/西非国家经济共同体	尼日利亚领导的西非维和部队从1990年起实施干涉
索马里内战	1991年至今	有	联合国、美国	联合国人道主义援助，美国1992—1994年实施军事干涉
伊拉克内战	1991年	有	美、英、法	实施禁飞区行动
塞拉利昂内战	1992—2002年	有	尼日利亚/西共体，英国/联合国	
波黑战争	1992—1995年	有	北约	
布隆迪内战	1993—2002年	无		
卢旺达大屠杀	1994年	无		
海地军事政变	1994年	有	美国	

主要国内冲突	持续时间	有无外部军事干涉	干涉方	备 注
车臣战争	1994—1996年 1999—2001年	无		
阿尔巴尼亚冲突	1997年	有	美国	撤侨行动
科索沃塞、阿族冲突	1999年	有	美国/北约	
东帝汶独立斗争	1999年	有	澳大利亚/联合国	印尼主动邀请维和部队
利比亚内战	2011年	有	英、法、美	卡扎菲政权被推翻
叙利亚内战	2011年至今	无		大国严重对峙

本表由作者整理而成。

附录二 干预和国家主权委员会(ICISS)报告：《保护的责任》(中文版节选)①

前 言

本报告涉及所谓的"人道主义干预权利"：各国为了保护另一国家处境危险的人民而对该国采取强制——尤其是军事——行动的合适时间（如果有过的话）问题。至少在使国际反应聚焦恐怖主义的2001年9月11日恐怖事件之前，出于保护人类目的的干预的问题被看作是一切国际关系问题中有争议的老大难的问题之一。随着冷战的结束，这个问题变成了一个备受关注的问题，这在以前是从未有过的。过去十年提出过许多干预要求——其中一些得到了响应，另一些则受到了漠视，但是在是否应该进行干预（如果有这种权利的话）进行干预的方式、时机和授权来源等问题上依然是众说纷纭，莫衷一是。

政策挑战

对于据说是为了为保护人类目的的干预的外来军事干预而言，无论是已经发生的，如在索马里、波斯尼亚和科索沃，还是没有发生的，如卢旺达，一直都存在着争议。有些人认为，新的行动主义是人类良知国际化的体现，而且早该如此；另一些人认为它是对从属于国家主权的国际性的国家秩序以及各国领土不可侵犯性的令人震惊的破坏。另外，

---

① 资料来源："干预和国家主权委员会"网站，http://www.iciss.ca/pdf/Chinese—report.pdf。

有些人认为,唯一的实际问题是确保强制性干预能起到明显效果;另一些人则认为,有关合法性、过程以及可能滥用先例等问题显得更为突出。

1999年北约对科索沃的干预使这场争议达到了白热化的程度。安理会成员对此意见不一;有人声称,未经安理会新的授权而采取军事行动是合法的,但是没有进行充分的论证;有人认为,干预所造成的屠杀要比它所避免的屠杀严重得多,这给采取行动的那些从表面上看似乎是非常充分的道义理由或者人道主义理由蒙上了阴影;另外,北约盟国的行动方式也受到了诸多批评。

在1999年的联大会议上,后来又在2000年的联大会议上,联合国秘书长科菲·安南紧急呼吁国际社会,要求他们设法一劳永逸地就如何处理这些问题达成新的共识,围绕基本的原则问题和涉及的过程实现"统一步调"。他毫不掩饰地、直截了当地提出了核心问题:

……如果人道主义的干预真的是对主权的一种令人无法接受的侵犯,那我们应该怎样对卢旺达,对斯雷布雷尼察做出反应呢?对影响我们共同人性的各项规则的人权的粗暴和系统的侵犯,我们又该怎样做出反应呢?

本报告与 2001 年 9 月 11 日事件

在2001年9月11日对纽约和美国首都华盛顿的骇人听闻的袭击之前,本委员会报告已经基本完成,而且并未被视为要应付这些袭击所提出的那种挑战。我们的报告旨在为面对其它国家人类保护要求的国家提供准确的指导;它不是为了向那些面对本国国民或居住在其境内的他国国民受到袭击的各国提供政策指导。

在我们看来,这两种情况截然不同。本委员会在世界各地征求意见之后,为处理第一种情况(满足其它国家的人类保护要求)而发展的框架,不应与处理第二种情况(对本国境内恐怖主义袭击作出反应)所需的框架相混淆。与此相一致的是,与旨在保护人类的干预相比,《联合国宪章》在后一种情况下提供明确得多的军事响应授权:第51条承认,"联合国任何会员国受武力攻击时单独或集体自卫之自然权利",尽管需要将所采取的措施立即向安全理事会报告。在9月袭击后一致通过的第1368和1373号决议中,安全理事会对各国可能和应该采取的反应措施的范围有明确表示。

尽管出于上述原因,我们尚未——顺便提到之外除外——在我们报告的主体部分论述 9 月 11 日袭击提出的问题,但我们报告中的若干方面,的确与国际社会在那些攻击后一直在尽力解决的问题有某种关联。尤其是,我们报告中概述的预防原则确实看来与针对恐怖主义灾难的多边和单边军事行动均有关联。我们原则上同意在针对国际恐怖主义者以及那些庇护他们的人采取重点军事行动。但是,军事力量始终应以一种有原则的方式加以使用,显然,我们报告中概述的正确的意图、最后手段、均衡的手段和合理的成功机会的原则均适用于这类行动。

保护责任核心原则

(1)基本原则

A. 国家主权意味着责任,而且保护本国人民的主要责任是国家本身的职责。

B. 一旦人民因内战、叛乱、镇压或国家陷于瘫痪,而且当事国家不愿或无力制止或避免而遭受严重伤害时,不干预原则要服从于国际保护责任。

(2)责任基础

作为国际社会的指导原则,保护责任的基础,在于以下 4 个方面:

A. 主权概念中固有的义务;

B. 联合国宪章第二十四条中规定的安理会维护国际和平与安全的责任;

C. 人权和保护人类的宣言、公约和条约、国际人道主义法和国内法中规定的具体法律义务;

D. 各国、地区组织和安理会本身正在发展的做法。

(3)责任要素

保护责任包括三项具体的责任:

A. 预防责任:消除使人民处于危险境地的内部冲突和其它人为危机的根本原因和直接原因。

B. 作出反应的责任:采取适当措施对涉及人类紧迫需要的局势作

出反应,其中可以包括像禁运、国际公诉以及在极端情况下进行军事干预等强制性措施。

C.重建的责任:尤其在军事干预之后提供恢复、重建和和解的全面援助,消除造成伤害的原因,因为干预的目的就在于制止或避免这类伤害。

(4)优先考虑事项

A.预防是保护责任中最最重要的方面:在策划干预之前始终应该先用尽各种可供选择的预防方案,并务必提供更多承诺的资源。

B.在行使预防和反应责任时,始终应该在使用更具强制性和侵入性的措施之前考虑尽量少用侵入性的和强制性的措施。

保护责任军事干预的原则

(1)正当理由起点标准

为保护人类目的的军事干预是一种例外的,非同寻常的措施。只有在已经发生了或可能马上就要发生以下两种严重的不可弥补的危害人类的情况时才可以进行军事干预:

A.已经发生或担心发生大规模丧生(不论是否存在种族灭绝的意图),造成这种现象的原因是国家蓄意的行动,或者是国家疏于行动或无力行动,或者是一个国家出现了瘫痪的形势;

B.已经发生或担心发生大规模"种族清洗",不管实施清洗的方式是屠杀还是武力驱逐、进行恐吓或者强奸。

(2)预防性原则

A.正确的意图:干预的首要目的(不管干预国另有什么其它动机)必须是制止或避免人类遭受苦难,正确的意图应通过多边行动给予更好的保证,因为这类行动总是受到所在地区舆论和有关受害者的明显支持。

B.最后的手段:只有在尝试了每一种预防手段或和平解决危机的非军事手段后,并有充分的理由相信,不采取强硬措施便不能奏效时才能认为采取军事干预是正当的。

C.均衡的方法:计划实施的军事干预,其规模、期限和强度不应超出确保实现保护人类目标的需要。

D. 合理的成功机会：必须存在合理的成功机会，能够制止或避免人类遭受作为干预理由的苦难，而且行动的结果不能比不采取行动更加糟糕。

（3）正确的授权

A. 在授权进行为保护人类目的的军事干预方面没有一个机构比联合国安理会更好或者说更加合适。目前的任务不是寻找其它机构来取代安理会作为授权来源，而是设法使安理会的工作比现在更有成效。

B. 无论在什么情况下，在采取任何军事干预行动之前都应事先得到安理会的授权。请求干预者应正式要求给予此类授权，或者由安理会本身主动提出这个问题，或者依照联合国宪章第 99 条的规定由秘书长提出。

C. 对于任何要求对指控发生大规模丧生或种族清洗的地方进行干预的请求，安理会应迅速加以审议。在这种情况下，安理会应该设法对支持军事干预的事实真相或当地的情况进行充分的核查。

D. 安理会五个常任理事国应该达成一致意见，当事件不影响其本国切身利益时不行使否决权，在通过授权进行为保护人类目的的军事干预的决议时，而且该决议得到大多数国家支持时，不得横加阻挠。

E. 如果安理会拒绝有关建议，或者未在合理的期限内审议此事，则可选择其它替代方案：

I. 依照"联合一致共策和平"的程序召开联大紧急特别会议审议此事；

J. 地区或分地区组织根据宪章第 8 章规定，在管辖区内采取行动，随后必须请求安理会予以授权。

F. 安理会在所有的审议中应该考虑，如果安理会对于那种迫切要求采取行动的使人类良知受到强烈震撼的局势未能履行其保护责任，有关国家可能不排除采取其它方式来对付那种严重和紧迫的局势，而联合国的形象和信誉可能会因此而遭到损失。

（4）行动原则

A. 明确的目标：任何时候都有明确和毫不含糊的任务；以及与之相匹配的资源。

B. 在参与伙伴中采取共同的军事方针；统一指挥；明确和清楚的

通信和指挥系统。

C. 同意在使用武力时采取有限、渐增和渐进的原则,目标是保护人民而不是打败一个国家。

D. 符合行动概念的参与规则;规则要精确;反映均衡性原则;并且完全遵守国际人道主义法。

E. 接受武力保护不能成为主要目标的观点。

F. 最大限度地加强与人道主义组织的协调。

国家主权的含义

……

1.32 在一个以权力和资源的绝对不平等为标志的危险世界里,对于许多国家来说,主权是他们最好的防线——有时像是唯一的防线。然而,主权不仅仅是国际关系的一种功能性原则。对于许多国家和这些国家的人民来说,主权也是对他们的平等价值和尊严的一种承认,是对他们独一无二的身份和自由的一种保护,以及对他们设计和决定自己命运的权利的一种肯定。在承认这一点时,国际法中规定的所有国家主权平等之原则被确定为联合国宪章的基石(第二条第一款)。

1.33 然而,由于已经提到的种种原因,行使主权的条件——和实施干预的条件——从1945年以来已经发生了巨大的变化。许多新的国家出现了,并仍然处于巩固本身的过程中。不断在演变的国际法对国家所能做的事情规定了许多限制,不仅是在人权领域。正在出现的人类安全概念使人们在涉及各国对待本国人民的方式问题上,又产生了更多的要求和期望。许多新的行为者正在发挥国际性作用,而这在以前一直或多或少地被视为是只能由各个国家发挥作用的领域。

1.34 尽管这么说,但主权仍然是至关重要的。有足够的证据表明,有效的和合法的国家依然是确保平等分享贸易、投资、技术和通信全球化利益的最佳途径。看来能有强大的地区联盟、内部和平以及强大和独立的文明社会作保障的那些国家,在分享全球化利益中明显处于最有利的地位。他们还可能是最尊重人权的国家。在安全方面,通过有效的国家之间的合作并依靠对本国在世界上地位的信心来实现一种具有凝聚力的和和平的国际体系,而当整个国家处于飘摇欲坠、分崩离析或者普遍动乱的环境中时，实现上述目标的可能性就要小得多。

1.35 保卫国家主权，即使通过其最有力的支持者来进行，也不包括一个国家可以任意要求对本国人民为所欲为的无限的权力。委员会在世界各地进行磋商期间始终没有听到过这类要求。人们公认，主权意味着双重的责任：对外是尊重别国的主权，对内是尊重国内所有人的尊严和基本权利。在国际人权公约中，在联合国的实践中，以及在国家本身的实践中，主权现在被理解为含有这种双重的责任。作为责任的主权已成为良好的国际公民权利的最起码的内容。

……

"人道主义"干预？

……

1.39 委员会承认，"人道主义干预"这种说法已有悠久的历史，目前仍在广泛和普遍使用，在将注意力明确集中于一种特定的干预时——即那些以所谓保护或援助处于危境的人民为目的的干预时，也承认它所具有的描述性用途。但是，我们已做出了断然的决定，不采用这一术语，而希望说成是为保护人类目的的"干预"或视情况说成是为保护人类目的的"军事干预"。

1.40 在这方面，一些人道主义机构、人道主义组织和人道主义工作者表达了他们强烈反对将"人道主义"这个词军事化的意见，我们对此作出了回应：不论参与干预的那些人的动机是什么，对于人道主义救济和援助部门来说用这个词来描述任何军事行动是无法容忍的。某些政治团体认为，在这方面使用一个像"人道主义"这类从来都是表示赞许的词，往往是对这个颇有争议的问题做出了预先的判断，也就是说干预的理由事实上是否正当。委员会对此也做出了回应。

1.41 我们从一开始就认为，凡是能鼓励人们以崭新的眼光看待在主权－干预辩论中涉及的实际问题的看法，都是不无益处的。除了"人道主义干预"这个术语的问题外，在这些问题上还存在着更大的语言上的变化，以及相关联的重新确定概念的问题，委员会也认为，将它们包括进来是有益的。我们将在下一章讨论这一问题——"保护责任"的概念。

作为责任的主权

……

2.14《联合国宪章》本身是会员国自愿承担国际义务的一个实例。一方面,在给予联合国会员资格的时候,国际社会欢迎签署国作为国际社会负责任的一员。另一方面,该国本身签署《宪章》时,即承认由此产生的成员的责任。国家主权没有任何转移或减弱。但涉及一个必要的重新描述特征的过程;在内部功能和外部责任上从作为控制手段的主权到作为责任的主权。

2.15 在某种程度上,作为责任的主权在国家惯例中正得到更多的承认,这一思想具有三重意义。第一,它意味着国家权力当局对保护国民的安全和生命以及增进其福利的工作负有责任。第二,它表示国家政治当局对内向国民负责,并且通过联合国向国际社会负责。第三,它意味着国家的代理人要对其行动负责,就是说,他们要说明自己的授权行为和疏忽。就这些主权思想通过国际人权准则日益增加的影响及它在人类安全概念国际论述中日益扩大的影响而得到加强。

……

干预的决定

仅适用于极端的情况

……

4.10 在极端和非同寻常的情况下,做出反应的责任可能涉及需要诉诸军事行动。但是何为极端情况? 在确定何时采取军事干预明显正当合理的过程中应如何划线?

4.11 与其他情况一样,出发点应是不干预原则。这一个准则,对于任何背离这一准则的做法,必须具有正当理由。联合国的所有会员国都乐意维持一种各国主权、自力更生、负责而又相互依赖的秩序。在多数情况下,如果所有国家不论大小都放弃干预或干涉其他国家的国内事务,便是最符合这种利益的情况。各国内部大多数政治或民间的争议,甚至是冲突,均不需要外部国家进行强制干预。不干扰规则不仅保护各国和各国政府,也保护各国人民和文化,使各国社会能够维持它们所珍惜的宗教、民族和文明差异。

4.12 不干预准则在国际事务中相当于希波克拉底原则——首先是不伤害。对各国国内事务的干预经常造成伤害。它会破坏各国秩序的稳定,同时又煽动种族或民间争斗。如果谋求反对国家的国内势力相信,它们通过发动暴力运动能够产生外部支持,那么所有国家的内部秩序都可能受到损害。反对干预内部事务的原则鼓励各国解决本国的国内问题并防止这些问题越出本国发展为对国际和平与安全的威胁。

4.13 然而存在着一些例外情况,其中各国在维持稳定的国际秩序方面所拥有的利益本身要求它们在下述情况下做出反应:比如某个国家的国内秩序完全破坏,或国内冲突和镇压非常激烈以至于平民百姓受到大规模屠杀、种族灭绝或种族清洗的威胁。本委员会在协商过程中发现,甚至在最强烈反对侵犯主权的国家中,人们也普遍认为,针对某些类型的紧急情况,不干预准则必定要有个别例外情况。按一般的方式表述的这个观点是,这类例外情况必须是"使人类良知受到极大震撼"的这类暴力活动,或给国际安全造成明显和现实的危害,以至于需要强制性的军事干预。

4.14 鉴于国际上在危及人类的非常情况下需要跨越国界采取强制性军事行动的问题上已取得广泛的一致意见,因此这项任务是要尽量准确地界定这些非常情况,以便最大限度地增加在任何特定情况下达成一致意见的机会。在能够开始证明需要跨越国界使用强制性军事力量前,如何确定必须达到的暴力和虐待或其他侵权行为的确切起点?在做出干预决定前是否还有任何其他应当达到或必须达到的标准?

……

4.19 委员会认为,在两组广泛的情况下可以证明进行军事干预以保护人类的做法是正当的,即为了制止或避免:

■ 大规模的丧生,不论是实际发生的情况还是令人担心的情况,不论是否抱有种族灭绝意图,因为这种情况不是蓄意的国家行动就是国家陷入无人管理或无能为力的产物,或者就是国家处于瘫痪状态的结果;或是

■ 大规模的"种族清洗",不论是实际发生的情况还是令人担心的情况无论其方式是杀戮、强迫驱逐、恐怖行为还是强奸。

按我们的观点,如果上述两项条件或两项条件中的任何一项成立,干预决定的"正当理由"要素即得到充分满足。

4.20 重要的是应明确这两项条件包括什么内容和不包括什么内容。委员会的意见是,在典型的情况下,这些条件包括下列一类使人类良知受到冲击的情况:

- 由《1948年种族灭绝罪公约》框架规定的那些行动,它们涉及受到威胁的或实际的大规模丧生;
- 大规模丧生的威胁或发生,不论是否是种族灭绝意图的产物,也不论是否涉及国家行动;
- 种族清洗"的不同表现,包括系统地屠杀某个特定群体的成员以在特定地区减少消除他们的存在;将某个特定群体的成员从特定地域系统和实际地赶走;采取恐怖行为以迫使人们外逃;以及为了政治目的系统地强奸特定群体的妇女(或者作为另一种恐怖主义形式,或者作为改变该群体民族组成的手段);
- 在日内瓦公约及补充议定书和其它文件中规定的危害人类罪和违反战争法行为,涉及大规模屠杀或种族清洗;
- 国家崩溃和因此造成广大人民面临饥饿和(或)内战的境地;和
- 面对无法抗拒的自然危害或环境灾害,有关国家不愿意或无力应对,或要求援助,及正在发生或可能发生大量的人员伤亡。

4.21 在我们认定的两种广泛的情况中(丧生和种族清洗),我们将有关行动描述为必须是"大规模的",以便证明采取军事干预的合理性。我们不打算对"大规模"进行量化;因为对于有些边际事例,可能出现意见不一(例如,有时若干小规模的事件可能累积成大规模的屠杀),但是在实践中,对大多数事例将不会产生重大异议。不过,我们确实要表明的是,在对可能发生大规模屠杀的明显证据做出反应时,军事行动能够合法地作为一种防患于未然的措施。如果不能采取防患于未然的行动,国际社会在道义上会陷入站不住脚的处境,即被要求一直等到种族灭绝开始,然后才能采取行动加以制止。

……

正确的意图

......

4.33 干预的首要目的必须是制止或避免人类苦难。例如,从一开始就旨在改变边界或为了推动特定战斗群体自决要求而使用军事力量的任何情况都不能证明是有正当理由的。因此,像推翻政权这类行为不是合法的目标,尽管使该政权失去伤害其本国人民的能力或许是履行保护使命所不可缺少的——而且实现这种消除能力所必不可少的方式将是因各国国情而异的。领土的占领也许不能避免,但不应将此作为目的,而且从一开始就应做出明确的承诺,即在敌对行动结束时将领土归还主权所有国,或在条件不具备的情况下,在联合国的主持下临时管理该领土。

4.34 帮助确保达到"正确的意图"标准的一个方法是始终在集体或多边的基础上,而不是在一个单独国家的基础上进行军事干预。另一个方法是注意干预是否并且在多大程度上得到意在为其利益而进行干预的人民的实际支持。还有一个方法是注意是否考虑了并且在多大程度上考虑了该区域其它国家的意见,以及这些国家是否支持军事干预。在有些讨论中,有人将这些考虑因素认定为本身就是单独的标准,但是委员会的意见是应将它们视为正确的意图这一较大的要素中的分项因素。

4.35 人道主义动机可能不一定始终是推动进行干预国家行动的唯一动机,即便在安全理事会授权干预的框架内也是如此。完全的公正无私——没有任何狭隘的私利——可能是理想的情况,但不大可能始终是现实情况:国际关系与任何其它领域一样,各种动机混杂是活生生的事实。此外,由于任何军事行动都牵涉预算费用和人员风险,因此实际上使干预国能够在干预中要求得到某种程度的私利在政治上是必要的,而不管主要动机实际是可能多么无私。除了经济或战略利益外,这种私利可以采取下述可以理解的表现形式;比如关注避免难民外流,或在邻国为毒品生产者或恐怖分子建立一个庇护所。

......

安全理事会未能采取行动时

……

6.28 我们已经很清楚地表明了我们的观点,即在涉及为了保护人类的军事干预的任何问题上,安全理事会应是第一个呼救港口。但是问题依然是,它是否应是最后一个。鉴于安理会过去不能或不愿发挥人们期望的作用,如果在人道主义问题或人权问题处于严重的危急关头,安理会明确拒绝进行干预的提案,或者安理会未能在合理的时限内处理这类提案,要说服别人相信,履行保护责任的其它可供选择的方法可以完全不予考虑是非常困难的。在这方面的选择方案是什么呢?

……

区域组织

……

6.31 另一个可能性是由某个区域或分区域组织在其界定范围内进行集体干预。许多人类灾难跨越国界后将对邻国造成重大的直接影响,其表现形式包括难民流动或邻国叛乱集团利用别国领土作为基地等。因此这类邻国通常具有强烈的共同感兴趣的议题——其中只有一部分出于人道主义的动机——迅速有效地处理这种灾难。人们早就认识到,在区域或分区域组织范围内行事的邻国经常(但不是总是)比联合国处于更有利的行事地位,而且对于宪章第51条的解释已经在这方面给予它们很大的灵活性。

6.32 一般的情况是,区域内各国对冲突大标题背后的问题和背景更为敏感,也更熟悉介入冲突的行为者及其性格,而且也更加关心监督恢复和平与繁荣。所有这一切应有利于调动必要的意愿来履行保护责任并促进可持续性和后续行动。

6.33 尽管如此,拥有广泛的区域成员的各个组织一般情况下并未表现出干预成员国事务的明显热情。一个起阻碍作用的考虑因素经常是担心干预之虑,一旦放虎归山就可能让其掉头反咬一口;今天的干预者可能成为明天干预的对象。几乎可以肯定,任何集体组织的多数成员几乎都是幅员较小和实力较弱的国家,它们怀疑其中最强者的动机,而且不愿意批准强国对弱小同伴的干预。不过在非洲,有时也在南北美洲,各国承认区域和分区域组织有权在某些情况下对成员国采取行动,包括军事行动。非统组织建立了预防、管理和解决冲突的机制,从而增强了该组织处理这类局势的能力。

6.34 当某个区域组织不是针对其成员国或在其成员国家范围内行动,而是针对非成员国行动时,引起的争议就大得多。这是批评北约组织在科索沃行动的一大因素,因为科索沃不在北约组织的范围的。然而北约组织争辩说,科索沃的冲突具有超越北约组织边界并造成严重破坏的可能性,因此同它有着直接的关系。实施军事行动的其它区域和分区域组织的行动严格限于其地理边界内的成员国。

6.35《联合国宪章》第八章承认区域组织和区域安排的合法作用。正如我们已经指出的,严格地说宪章的文字要求区域组织的行动始终应经安全理事会事先授权。但正如我们也指出过的,在最近的一些例子当中,批准是在事后或事件发生后获得的(利比里亚和塞拉利昂),而且今后这方面的行动也可能有某种回旋余地。

后 记

本书是在我的博士论文基础上修改而成的。

今天手捧这部虽不算厚重,却也凝结无数心血的成稿,恍惚间好似又回到了2001年刚刚踏入南开园的那个夏天。从对学问懵懂不知为何物,到如今站在三尺讲台上授业解惑,十几年的光阴如白驹过隙,转瞬即逝,心中不禁感慨万千!

首先要感谢我的授业恩师张睿壮教授。张老师是中国国际关系学界公认的大家,其学问精深、治学严谨、分析问题鞭辟入里,实乃我辈学习的楷模。这篇博士论文,大到主旨立意、小到案例选择,都是在张老师的不断引导和修正下完成的。无奈本人驽钝,浑噩中颇费吾师心力,想来实在惭愧不已。在此衷心感谢张老师多年来对我的关心与指导,点滴滋味,学生自然铭记在心。

感谢南开大学国际关系系韩召颖教授、吴志成教授和王翠文副教授对我的无私帮助。韩老师是我的硕士导师。他引领我迈入了国际关系学科的大门,并不断激励我沿着学术研究的道路坚定地走下去。吴老师既是成绩斐然的学者,也是肩负重担的管理者。他对待学问一丝不苟的精神,深深地影响着我的治学态度。王老师在学术上和生活中都对我关怀备至,寥寥数语却常常饱含鼓励与支持。

感谢中国社会科学院世界经济与政治研究所李少军研究员和袁正清研究员、外交学院朱立群教授、北京大学国际关系学院王正毅教授、华中师范大学政治学研究院胡宗山教授和南开大学历史学院赵学功教授。他们在博士论文开题、评阅和答辩过程中给我提出了许多极为宝贵的意见和建议,为我后续修改论文指明了方向。

感谢刘丰和张蒂长期以来为我提供的所有帮助。与刘丰在学术上的讨论和切磋使我受益匪浅。他还阅读了我的博士论文初稿,提出了很多有重要价值的建议。谢谢张蒂在我论文写作的关键时期帮助查找文献资料,使我能够顺利完成论文。感谢陈小鼎和周舟,是你们的支持和陪伴给予了我前进的勇气。我很庆幸,正是在这些良师益友们的支持和帮助下,我才最终完成了自己生平的第一部学术著作。

最后,我要特别感谢我的家人。多年来,我的父母坚定地支持我走学术之路,帮助我解决年轻人不得不面对的困难和挑战。"谁言寸草心,报得三春晖",如今我也已为人父,更能体会父母之爱的无私博大。谢谢爱妻王骥对我的全心付出。同为大学青年教师,你在出色完成教学科研任务的同时,还将家庭生活安排得井井有条而又丰富多彩,使我可以充分享受学术之外甜美的生活滋味。毋庸讳言,我现在取得的每一点成绩全因有你的陪伴。我把这本书献给爱妻和我俩那可爱的女儿——圆圆。

从2001年至今,我在南开园中的生活既有取得成绩时的欢欣荣耀,也有面对挫折压力时的低迷痛苦。但无论如何,这条学术之路是我自己的选择,我还将坚持不懈地继续前行。

黄海涛

2014年5月于南开西南村

南开大学出版社网址：http://www.nkup.com.cn

投稿电话及邮箱： 022-23504636　　QQ：1760493289
　　　　　　　　　　　　　　　　　QQ：2046170045(对外合作)
邮购部：　　　　　022-23507092
发行部：　　　　　022-23508339　　Fax：022-23508542

南开教育云：http://www.nkcloud.org

App：南开书店 app

　　南开教育云由南开大学出版社、国家数字出版基地、天津市多媒体教育技术研究会共同开发，主要包括数字出版、数字书店、数字图书馆、数字课堂及数字虚拟校园等内容平台。数字书店提供图书、电子音像产品的在线销售；虚拟校园提供 360 校园实景；数字课堂提供网络多媒体课程及课件、远程双向互动教室和网络会议系统。在线购书可免费使用学习平台，视频教室等扩展功能。